中国经济：
从大调整迈向高质量发展

周景彤　著

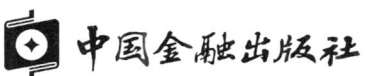

责任编辑：黄海清
责任校对：潘　洁
责任印制：张也男

图书在版编目（CIP）数据

中国经济：从大调整迈向高质量发展/周景彤著.—北京：中国金融出版社，2020.4
ISBN 978-7-5220-0388-7

Ⅰ.①中… Ⅱ.①周… Ⅲ.①中国经济—经济发展—文集 Ⅳ.①F124-53

中国版本图书馆 CIP 数据核字（2019）第 277613 号

中国经济：从大调整迈向高质量发展
Zhongguo Jingji: Cong Datiaozheng Maixiang Gaozhiliang Fazhan

出版
发行　**中国金融出版社**

社址　北京市丰台区益泽路 2 号
市场开发部　（010）63266347，63805472，63439533（传真）
网上书店　http://www.chinafph.com
　　　　　（010）63286832，63365686（传真）
读者服务部　（010）66070833，62568380
邮编　100071
经销　新华书店
印刷　保利达印务有限公司
尺寸　169 毫米×239 毫米
印张　23.25
字数　360 千
版次　2020 年 4 月第 1 版
印次　2020 年 4 月第 1 次印刷
定价　81.00 元
ISBN 978-7-5220-0388-7
如出现印装错误本社负责调换　联系电话（010）63263947

目 录
○○○ Contents

第一章 外部经济环境巨变背景下中国经济转型

护航经济高质量发展	001
概要	009
全球经济格局变化对我国经济带来的挑战	013
贸易摩擦对我国不同行业的影响分析	023
迈向高质量发展阶段中国潜在增长率估算	038
从"三步走"到"两阶段"——中国现代化进程的历史与未来	068
从增长动力衰减看经济结构调整的紧迫性	080
如何延缓结构变化引起的经济下行压力	088
消费主导型是我国经济结构调整的主攻方向	099
从"人口红利"到"人口负债"	106
我国是否存在资本过剩问题?	112
"一带一路"倡议背景下我国产业布局新思路	120

第二章 供给侧结构性改革统领调控政策新思路

概要	131
供给侧结构性改革的"前世"与"今生"	134
供给侧结构性改革与"里根经济学"	142
为何要多措并举"降成本"?	150
突出就业导向的背景与措施	159
充分发挥市场和政府"两只手"的作用	168
我国债务置换与美国 QE 的比较及其影响	173

第三章 房地产市场与调控政策	概要	181
	"房住不炒"：主要国家和地区房地产调控经验与借鉴	185
	外部冲击与我国房地产政策调整	207
	房地产市场"租购同权"的影响与建议	214
	棚户区改造中的商业银行支持策略	227
	债券融资能否助推保障房建设	234

第四章 瞄准服务实体经济的金融改革	概要	243
	金融供给侧结构性改革的背景、内涵及影响	246
	新一轮金融业对外开放的特点与影响	258
	"双支柱"调控框架的作用与方向	263
	金融助力防范化解地方政府债务风险	272
	存保制度，护航金融安全	281
	不良资产证券化如何走稳走好	288
	银行业如何更好地服务实体经济	296
	银行流动性管理对货币供给的影响	305
	金融助力农业企业"走出去"	311

第五章 国际经验借鉴	概要	321
	治理通货紧缩的国际经验及启示	325
	世界城市化主要模式及其启示	332
	金融在工业化与城镇化进程中的支持作用	340
	货币增长是通货膨胀的主因吗	356

参考文献		363
后记		365

护航经济高质量发展

外部环境和内部条件的深刻变化,将我国经济发展推到了一个十字路口。特别是2018年以来,中美经贸摩擦一波三折、不断升级,实质性影响开始持续显现,产业结构升级和新旧动能转换,外需萎缩叠加内需减速,导致我国经济下行的压力明显增大。经济下滑不仅影响就业和收入、影响经济和社会稳定,也隐含着各种金融风险,不利于经济向高质量发展迈进。特殊时期需要特殊举措,要实事求是、立场坚定、积极应对,重检和评估"六稳"政策,为我国经济迈向高质量发展和行稳致远保驾护航。

一、贸易战叠加全球经济减速,高质量发展外部环境生变

自国际金融危机爆发以来,全球经济复苏曲折、艰难、复杂,直到2016年底才开始走上了难得的同步复苏的势头。但"好景不长在",仅仅过了一年半后,也就是2018年年中以来,全球经济动能减弱、速度放缓。美国10年期国债收益率跌至2年期下方,形成国债收益率曲线倒挂,这预示着未来经济很可能进入衰退。7月,美国ISM制造业指数跌至51.2,连续4个月刷新2016年以来的最低点;非制造业指数也跌至53.7。美联储前主席耶伦在接受《华尔街日报》采访时说,美国经济衰退概率已明显上升。摩根大通全球制造业

PMI 指数不断放缓，OECD 领先指数显著下降，全球 GDP 与综合 PMI 指数也在放缓。正因为这样，IMF 将 2019 年全球经济增速调低 0.2 个百分点至 3.3%。世界银行发布报告，预计 2019 年全球经济增长 2.5%（市场汇率法），较 6 月预测下调 0.1 个百分点；2020 年增长 2.5%，较 6 月预测下调 0.2 个百分点。世界贸易组织（WTO）下调 2019 年、2020 年两年全球贸易增速预测至 1.2% 和 2.7%，较 4 月预测分别下调 1.4 个和 0.3 个百分点。

一波未平一波又起。进入 2019 年第二季度以来，中美经贸摩擦再度升级。美国于 2019 年 5 月 10 日将 2000 亿美元中国输美商品加征的关税从 10% 上调至 25%。当年 6 月底，中美两国元首会晤。中美第十二轮高级别贸易磋商于 7 月底在上海结束。但 8 月 2 日，美国总统特朗普突然宣布将于 9 月 1 日起对我国输美国的另外 3000 亿美元商品加征 10% 关税。8 月 5 日，离岸、在岸人民币对美元汇率相继"破七"，中国宣布暂停购买美国农产品。8 月 7 日，美国财政部宣布将中国认定为"汇率操纵国"。与此同时，日韩贸易摩擦也愈演愈烈。同年 7 月 1 日，日本宣布对出口韩国的三种半导体产业的原材料加强了管制和限制。

纵观近年来全球发展历程，有四个趋势值得关注。一是逆全球化愈演愈烈，全球经贸摩擦此起彼伏，市场变成了最稀缺的资源，这和过去几十年的情况相比发生了根本性的变化。二是国际经贸规则正在重构，封闭化、碎片化越来越明显，经济全球化、市场化备受挑战。三是全球产业链、价值链分工格局正在由垂直型向水平型回归，冲击全球投资和贸易。四是全球经贸摩擦正在向科技、金融、教育、地缘政治乃至意识形态等领域蔓延。第二次世界大战以来全球建立起来的理性、文明和秩序正在受到威胁。

二、中国经济新旧动能转换，高质量发展需要"空中加油"

过去 40 年，中国经济实现了高速发展，但随着国际环境和内部条件发生重大变化，目前中国经济走到了一个关键期。从 2019 年上半年经济表现来看，第一季度总体好于市场预期。但从第二季度开始，受政策边际调整、全球经济减速以及中美贸易摩擦升级等因素的影响，我国宏观经济景气明显下降，第二季度 GDP 增长 6.2%，比第一季度回落了 0.2 个百分点，是改革开放以来的最低增速；第三季度宏观经济景气进一步下探，GDP 增速又为 6%，全年预计增长 6.1% 左右。具体来看：

一是经贸摩擦实质性影响显现，出口大幅下滑。2018 年我国出口总体不错，全年增长 9.9%。但 2019 年以来，经贸摩擦实质性影响开始显现、全球经济减速等因素使得出口显著放缓（接近零增长，其中对美国出口下降 8.1%），进口负增长（其中从美国进口下降 29.9%）。尽管 7 月有略微好转，但未来形势依然不容乐观。因为此前加征关税的滞后效应还将显效，中美经贸摩擦演进路径不明，严重影响市场信心。而且，经贸摩擦还影响全球产业链和价值链的格局。实地调研显示，由于中美经贸关系的不确定性仍将且可能在很长一段时间内持续，有些地方部分外企有转移投资或转移部分产品线的意愿。

二是稳投资效果不如预期，投资增速不升反降。2018 年第四季度以来，政府加大了基础设施补短板政策的实施力度，这对缓解基建投资下行进而稳定投资发挥了重要作用。比如，基础设施建设投资（不含电力）累计增速由 2018 年 9 月的 3.3% 回升到 2019 年 4 月的 4.4%，扭转了去年以来基建投资持续下滑的趋势。但基础设施投资面临着需求比较旺但资金支持不够的困境。自 2019 年 5 月以来，投资增速又开始放缓，7 月降至 3.8%，9 月末小幅回升到 4.5%。而制造业投资增速则由 2018 年前 9 月的 8.7% 放缓到 2019 年前 9 月的 2.5%，大幅放缓了 6.2 个百分点。另外，"房住不炒"取向不变，中央进一步明确不将房地产作为短期刺激经济的手段，预计未来房地产投资将高位回落。尽管制造业投资 7 月有小幅反弹，但未来反弹空间和可持续性存疑。总之，投资存在很大的下行压力。

三是经济下行加上政策调整，消费全面减速。2019 年前三季度社会消费品零售总额增长 8.2%，同比放缓 1.1 个百分点。由于汽车排放标准转换、房地产调控收紧等原因，8 月当月消费仅增长 7.5%，增速比 6 月放缓了 2.3 个百分点。经济景气放缓、失业率上升，收入少增，同时叠加政策调控影响汽车、住房和家电等相关消费，未来消费将继续承压。

在需求减弱作用之下，工业生产也出现放缓。2019年前三季度规模以上工业生产增长5.6%，比上年同期放缓0.8个百分点。工业企业效益由正转负，2019年前三季度下降2.1%，而2018年同期增长14.7%。同时，服务业增长也在放缓。

三、把时间维度拉长观察中国经济：高质量发展任重道远

目前，中国经济传统增长动能在衰减，新兴增长动能在培育和快速成长，新旧动能处在转换的关键时期。人口数量型红利衰减，劳动力成本不断上升，储蓄率不断降低，潜在增长率下降，这些都是制约经济增长的不利因素。另外，国际金融危机之后，我国经济增长依赖高出口和高投资的时代正在过去。过去支撑经济高增长的"高出口带动高生产""高生产再带动高投资"这种"外循环"模式，正在向"国内消费拉动工业生产""工业生产再带动投资"这种"内循环"模式转变，但这个转变需要一个过程。

从产业轮动角度看，近几年新产业、新业态增长很快，但是一些传统行业的体量很大，新兴行业较快增长弥补不上传统行业留下的动力空缺。因此即使不考虑中美经贸摩擦的影响，中国经济自身也存在下行压力。只不过中美经贸摩擦叠加全球经济减速，进一步加大了中国经济下行的压力。

从长期来看，我国经济发展依然有相当大的潜力和韧性。一是巨大的市场是推动我国经济持续发展与行稳致远的重要条件。二是居民消费的非物质化、个性化、信息化等趋势明显，消费结构升级提供持续增长的动力源。三是科技创新水平持续提升，创新驱动越来越强，产业结构转型升级不断推进。四是实施区域协调发展战略，形成拉动经济的新增长极。五是我国政府宏观调控能力不断提高，经验不断丰富，并且政策工具多、空间足。但要把这些潜力转变成现实，需要把握三个方面：一是改革开放的方向不能变；二是没有战争等重大冲击；三是追求公平正义和民主法治，实现包容性发展。

四、特殊时期需要特殊应对，为高质量发展腾出时间窗口

一是正视困难，稳定预期。尽管我国经济发展潜力大、韧性足，但当前面临很大的现实挑战。特殊时期需要特殊举措。需要把困难估计得充分一些。我国经济正在爬坡过坎的关键时期，加上贸易战和全球经济减速带来的外部冲击，导致目前和未来的下行压力都比较大。按目前态势发展下去，2019 年第三、第四季度实现企稳困难很大。近期有关部门对宏观运行中存在的困难和问题分析得很全面、很客观，各方面应就此达成共识，并且以适当的方式和市场进行沟通。

二是加快实施"六稳"政策。2018 年"7·31"中央政治局会议提出"六稳"政策已实施了 1 年时间。可根据前期政策实施效果和最新形势变化，对"六稳"政策进行重检和调整。"六稳"政策方向不能变，力度还可以增大，同时要明确重点。充分发挥各种高端智库的作用，加大对宏观经济景气的监测预警和调查研究，为科学决策提供及时有效的支持。有些政策调整（比如汽车国五国六标准转换）可考虑延后，更不搞"一刀切"。环保新旧政策要有连续性和稳定性，也要给企业留下转换的时间。

三是降准降息政策窗口已经打开。货币政策总体适度，但传导机制依然不畅，后端融资成本偏高。以疏通货币政策传导机制为目的的利率市场化提速，LPR 新政策开始实施，"两轨并一轨"迈出实质性步伐。但近期可考虑通过降准和新政策工具引导市场利率和社会融资成本的下降。金融对外开放尤其是资本项目的开放要稳妥审慎，谨防特殊时期国际炒家借机做空中国。

四是鼓励自主和改善性住房需求。"房住不炒"和住房消费并不矛盾。房地产市场过热和过冷都不利于宏观经济以及金融系统的稳定。未来，在分城施策、强化城市政府主体责任的同时，一方面堵住房地产过度融资，防止炒高地价和房价；另一方面可考虑调整政策，满足居民自主性和改善性需求。保持市场稳定不论对企业、居民和政府各市场主体，还是整个宏观经济和金融系统来说，都是最理想的状态。

第一章
外部经济环境巨变背景下中国经济转型

概　要

随着经济全球化程度的提高，中国作为全球第二大经济体，在全球经济中所拥有的地位和影响力不断上升。2018年，中国GDP总量为13.6万亿美元，排名世界第二，增量为世界第一。随着开放程度的不断加大，经济全球化对于中国而言既是机遇也是挑战。因此有必要从宏观的视角探讨全球化格局对我国经济的影响，在回顾历史的基础上，进一步分析我国经济在当前和未来一段时间发展过程中面临的重大机遇和挑战，为中国经济迈向高质量发展提供政策性建议。

本章以从外部到内部的方式，分析了外部经济环境变化对我国经济发展带来的重大挑战，重点分析了中美经贸摩擦对我国不同行业就业的影响；通过不同模型估算出未来若干年中国的潜在增长率，预判中国未来经济变动趋势；从"三步走"到"两阶段"探讨我国现阶段经济发展战略的继承性与可行性；根据增长动力衰减强调我国经济结构调整的紧迫性，提倡向消费主导型经济转变，扩大内需，促进劳动生产率持续增长，为"后人口红利时期"的发展做好转变；通过不同模型的测算，回答了目前我国是否存在资本过剩问题，并提出相应的政策性建议；展望未来，积极应对外部冲击叠加内部调整带来的挑战，借助"一带一路"倡议为我国产业布局提供新思路。

具体体现在以下方面：

第一，各主要经济体政策的溢出效应对我国宏观政策形成制约，国际经济环境趋于复杂、多变,全球贸易、投资、技术和金融等各种形式的保护主义此起彼伏,外部发展环境明显趋紧。中国对外政策面临平衡好自身发展与承担国际责任、提高国际认同的综合化考量。

第二,2018年以来,中美经贸摩擦不断升级,对就业市场的冲击主要集中在纺织服装等消费品制造业、电子通信等设备制造业,但整体影响有限。受冲击对象主要为中小企业、外资企业和东部地区的企业,应密切关注中美经贸摩擦升级对我国重点区域、重点行业、重点企业的影响,做好前瞻性、全方位准备,避免冲击企业经营和居民就业。

第三,通过生产函数法估算中国1978—2018年及未来10年的潜在增长率。从供给角度看,我国经济的潜在增长率和实际增长率当前都呈现下行趋势,并且随着产业结构和人口结构的变化,我国劳动生产率增速将趋于放缓,潜在增长率逐步回落是趋势。从需求角度看,在当前收入水平及增长假设下,为保持合理稳定的经济增长速度,保持一定比重的投资仍是关键;长远来看,鼓励和促进消费是经济持续稳定增长的重要手段。结合供给和需求看,未来潜在增长率趋于下降,为使经济增长尽可能达到潜在增长率水平,应在消费和投资之间找到促进经济稳定发展的平衡点。

第四,在回顾历史"三步走"战略下,进一步解读"两阶段"战略的系统性、继承性与连续性等。从过去的实践、未来发展条件看,新时代全面建设社会主义现代化国家前景可期。预计我国人均GDP将在2021—2025年超过12000美元,GDP规模将在2030—2035年超过美国,在悲观情形下,到2050年我国人均GDP大约为美国的31.2%,乐观情形下约为美国的41.6%。

第五,当前中国经济发展中面临投资、出口、人口三大传统增长动能衰减的主要矛盾,有必要及时进行经济结构调整,政策上应针对以下三个主要矛盾进行发力。即投资持续下降而消费动力不足;劳动力成本优势逐渐丧失、动荡多变的国际环境以及人民币汇率升值压力等使得对外贸易更添不确定性;"人口负债"取代"人口红利"后,经济持续增长的潜力减弱。

第六,随着中国经济进入新常态,经济中的结构性问题逐渐暴露,集中体现为人口红利、改革红利、开放红利和要素红利的衰减。从供给角度看,体现为供给端成本上升，全要素生产率和资本积累效率下降；从需求角度看，体现为需求端动能减弱，结构性问题突出，过去高投资增长难以为继，消费领域供需错配问题日益凸显。随着供给侧结构性改革的持续深化，经济结构调整出现了不少新亮点，如消费结构加快升级、新产业新业态不断发展壮大、区域经济结构优化等。为延缓结构性变化引起的经济下行压力，政策上还需着力于延缓潜在增长率的下行、在消费投资之间找到平衡点，积极创造有利于中国发展的外部环境。

第七，从国际经验来看，大国经济一般都是内需主导型经济。无论是短期的政策调整，还是中长期的战略部署，都需要把释放内需潜力作为基本出发点。因此，消费主导型是我国经济结构调整的主攻方向，要使我国经济保持平稳增长，需要进一步发挥消费的基础性作用。

第八，2018年我国劳动适龄人口比2017年减少了472万，下降幅度居近五年之首，从趋势上看，我国人口红利正在衰减，"后人口红利"时期已经到来。这将造成我国经济社会劳动参与率降低、老龄化加快和人口抚养比上升、农村剩余劳动力不断减少甚至枯竭等问题，对我国经济高增长的持续性造成一定阻碍。为应对人口红利衰减，有必要加大人力资本投资、提升全社会的人力资本水平，大力推动技术进步，使两者成为提升劳动生产率的重要途径。

第九，资本快速积累是过去40年我国经济增长的主要拉动因素。为回答我国是否出现资本过剩问题，通过资本边际生产率法、AMSZ准则、储蓄率判别法等方法进行模拟，结果显示当前我国储蓄率偏高，资本效率下降，总体上存在一定程度的资本过剩问题。基于内外部因素剖析的资本过剩原因，政策上应界定和明确政府职能，发挥政府引导作用、促进对外直接投资，提高资本回报率、进一步促进居民消费，优化投资与消费结构。

第十，随着外部环境和内部条件发生深刻变化，尤其是2018年以来，中美经贸摩擦不断升级，对我国经济实质性影响持续显现，产业结构升级和新旧动能转换还在路上，外需萎缩加上内需走弱，我国经济下行的压力显著增大。但从长期来看，我国经济发展仍有较大的潜力和韧性。特殊时期需要采取特殊举措，政策上，要态度鲜明、积极应对，重检评估和加快落地"六稳"政策，为我国经济迈向高质量发展创造条件。

第十一,"一带一路"倡议为平衡国内区域发展提出了新思路。不仅为中西部地区开拓了中亚、西亚以及欧洲的新的市场空间,而且有利于带动产业、资金等资源流向中西部地区,应对当前东部地区成本上升和转型压力增大、制造业加快对外转移等问题,促进制造业向中西部转移,加强东、中、西部之间的经济联动性。在"一带一路"倡议实施过程中,建议充分利用"一带一路"倡议大力推进的有利契机,加强区域间合作,优化国内产业链布局,引导产业链中下端的加工制造业、劳动密集型产业向中西部转移,政策上提供相应的支持与保障,共同推动国内不同区域协调发展。

全球经济格局变化对我国经济带来的挑战[*]

经过40年的长足发展，作为全球第二大经济体，中国在全球经济中所拥有的地位和影响力与改革开放之初已不可同日而语。从国际比较来看，中国GDP总量（2018年为13.6万亿美元）排名世界第二，增量为世界第一，对外开放程度不断加大，这不仅意味着中国经济对外溢出效应越来越大，而且也意味着国外经济对中国经济的溢回效应在增大。因此，在经济全球化背景下，我国经济政策在关注国内外经济形势变化的同时，也要将政策的外溢和溢回效应纳入考量的范围。

一、政策跨境溢出效应明显，宏观政策协调难度加大

经济全球化程度较过去大幅提升是我国宏观政策面临的一个重要变化。第二次世界大战后世界经济总体上一直朝着经济全球化方向发展，金融全球化程度也在不断提高。随着经济规模不断增大、国际化程度不断提高、"走出去"步伐不断加快，中国与其他国家的经济金融联系也更加密切。这大大增加了全球经济和其他经济体的政策对中国的影响，外部政策及中国自身政策的溢出和

---

[*] 本文于2018年1月撰写，2019年8月修改。

溢回效应不断增强，中国宏观调控受到的外部约束也不断增多。

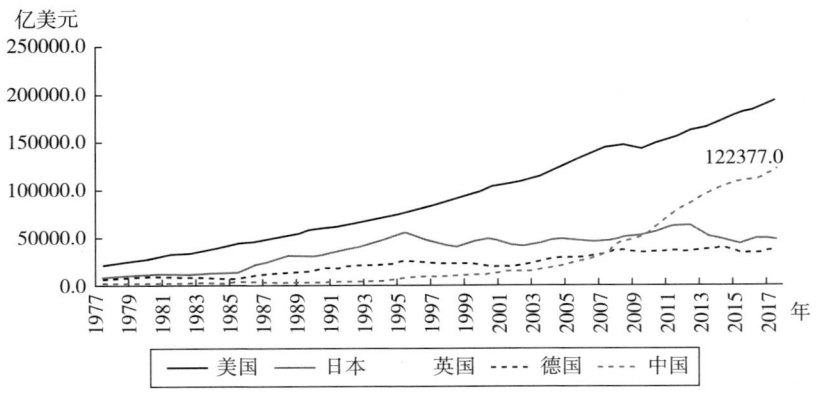

资料来源：Wind，中国银行研究院。

图1 主要国家GDP规模的变化

（一）各主要经济体的政策溢出效应明显，将对我国宏观政策形成制约

第一，美国货币政策开启正常化以及近期可能再次发生转变，将对其他国家经济和政策产生较大影响。作为全球最大的经济体，美国的经济和政策都是影响全球经济、资本流动和各国货币政策取向的重要力量。近几年，随着美国货币政策正常化步伐加快，美联储加息缩表，美国利率开始回升，带动了全球金融市场利率中枢上移和借贷成本的提高。同时美元走强，影响全球流动性状况，使得跨境资本加快从新兴市场撤出并回流至美国。随着美国进入加息周期，人民币对美元汇率在双向波动中呈现阶段性下行趋势。2017年以来，在国内经济企稳、美元指数走弱、跨境资本流动管理趋严和引入逆周期因子等因素影响下，人民币汇率稳中有升。未来美国货币政策的变化，仍是影响人民币汇率的重要外部因素，会进一步加大国内利率与汇率政策的协调难度，影响中国货币政策和宏观调控的效果。2019年以来，美国经济复苏动能减弱、全球经济减速概率上升，美联储货币政策面临再次转向的可能，加息缩表进程明显放缓，甚至降息。事实上，2019年8月1日，美联储公布降息25个基点，将联邦基金利率目标区间下调至2%~2.25%，为2008年国际金融危机以来首次降息。

第二，主要经济体货币政策分化。近两三年，各经济体经济复苏的步调并不一致，经济分化导致了货币政策分化。发达经济体告别过去同步宽松局面，货币政策调整的步调也有所差异：新西兰率先加息，美国经济温和复苏，并于2015年开启了加息周期；同期的欧洲、日本等经济体依然徘徊在衰退的边缘，货币政策保持宽松，并在2014年底开始实施"负利率"政策。2017年以来，随着经济的逐步回暖，加拿大、欧洲、英国等主要经济体开始加息或实施QE规模缩减计划。与此同时，新兴经济体货币政策同样分化，过去在发达经济体货币政策持续宽松时，俄罗斯、巴西曾连续加息；随着主要发达经济体货币政策正常化，为促进国内经济复苏，巴西、俄罗斯等国又开始下调基准利率。但进入2019年以来，全球经济复苏动能减弱，一些经济体货币政策走上宽松通道，美联储、欧洲央行、英格兰银行、印度储备银行、澳大利亚储备银行等央行均搁置了原先的紧缩计划，印度在各大经济体中率先并连续降息。近期较大范围的降息潮逐步显现，除哈萨克斯坦、阿塞拜疆、乌克兰、马来西亚、菲律宾等新兴市场国家外，新西兰、澳大利亚等发达国家也加入了降息的行列。

各国货币政策分化会引发国际资本流动加剧，增大国际外汇市场、利率市场、股票市场、大宗商品市场的投机性和波动性，冲击各经济体货币汇率和市场稳定，从而加大新兴市场国家利率与汇率政策的协调难度。此外，货币政策分化不仅使政策实施国难以达到预期的宏观经济目标，还会引发国际上"以邻为壑"的恶性竞争，使跨境资本流动方向发生逆转，诱发新的金融风险。

第三，"双顺差"格局正在改变，管理资本流动和稳定汇率的难度增大。外汇占款在过去很长一段时间内曾经是我国调剂货币的重要渠道。但近些年来，这一情况正在发生变化。一是经常项目顺差规模增长放缓。2018年，经常项目顺差为490.9亿美元，比2017年减少了1461亿美元，而2008年这一数字则为4205亿美元。二是受产业、资本和金融"走出去"等方面的影响，我国资本项目由过去的顺差转变为逆差。2018年，资本账户逆差5.7亿美元，2008年则为顺差30.5亿美元。三是市场在人民币汇率形成过程中发挥越来越大的作用，由过去的单边升值转为双向波动。同时，受中国与主要经济体经济发展、通胀水平和货币政策取向等方面的差异影响，国际资本流动方向也在发生变化，进而对国内的流动性、人民币汇率、市场利率等方面产生影响。由于"双顺差"格局的变化，我国管理资本流动、补充货币和稳定汇率的难度明显增大。

（二）中国宏观政策也会影响其他经济体

作为经济大国，中国因素已成为影响全球经济的关键变量。在大宗商品方面，随着中国经济规模的增大，中国原油需求量占世界的比重不断上升（2018年超过13%）。与此同时，中国原油对外依存度较高，有71%的原油需要进口，这意味着中国需求对全球原油市场有较大的影响。中国需求对国际大宗商品价格所产生的影响，反过来又会影响国内的通胀水平。不过，更值得关注的是，虽然中国对大宗商品的进口依赖度越来越高，对国际大宗商品市场的影响力也与日俱增，但随着大宗商品市场的"金融化"发展，中国更多的是国际大宗商品价格的被动接受者，缺乏对大宗商品价格的定价权。这不仅会通过价格渠道影响宏观调控措施，也关系到工业经济安全、能源安全和国家经济利益等问题。

在贸易投资方面，中国对通过全球价值链紧密连接的国家或地区影响显著，如韩国、马来西亚、澳大利亚、巴西等。这些经济体在很大程度上受到中国贸易投资活动影响。在金融方面，受中国经济地位上升、人民币国际化程度提高和使用范围扩大等影响，中国金融发展和市场运行对全球金融市场的影响明显增加。

二、大国博弈加剧，我国经济发展外部环境明显趋紧

在改革开放以来的前30年，我国经济发展面临的外部环境总体上是趋好的，尤其是第三次国际产业转移和中国加入世界贸易组织为典型，这对我国经济"起飞"和快速成长发挥了至关重要的作用。但在2008年国际金融危机后，中国经济发展的外部环境明显趋于复杂、多变，尤其是近些年来，全球贸

易、投资、技术和金融等各种形式的保护主义此起彼伏，外部发展环境明显趋紧。

（一）全球产业链、价值链重构，贸易体系重塑，世界贸易正面临罕见困局

近年来全球贸易陷入数十年不遇的困境。截至 2016 年底，全球贸易增速已经连续 5 年低于 GDP 增速，出口额从 2014 年的 19 万亿美元大幅下降了 16%，至 16 万亿美元。无论是中国、墨西哥这样的出口型发展中国家，还是韩国等新兴工业化经济体，近年来外贸增速均表现低迷。2017—2018 年全球贸易增速有所提升，但远不及 10 年前的贸易增速。

这反映出当前全球贸易的低迷不只是单个国家自身要素成本上升、有效汇率升值等结构性问题或是外部需求放缓等周期性因素造成的，而是因为全球贸易正在发生一些结构性的变化。一个明显的变化就是各国尤其是发达国家开始重新重视制造业，以美国为代表的发达经济体在危机后将供应链转向国内，实施"再工业化"，特朗普政府更是通过减税等措施不遗余力地吸引全球企业到美国投资设厂。这使得全球贸易体系由过去的垂直型向水平型回归，全球价值链链条缩短，价值链国际分工深化带来的贸易发展遇阻。虽然 2017 年以来随着全球主要经济体的逐步复苏，贸易增速明显好转，但是在"再工业化"背景下，全球价值链分工体系正在重构，其影响将较为深远。加上美国发动的全球贸易摩擦、世界经济复苏动能减弱，在可预见的未来，全球贸易形势不容乐观。

（二）各国投资和贸易保护主义抬头，"逆全球化"趋势上升，当年全球化的倡导者纷纷转变为反对者

据 WTO 报告，自 2008 年以来，二十国集团（G20）国家出台的贸易限制措施达到 1671 项，其中 1263 项（占 76%）仍在实施。从 2015 年 10 月至 2016 年 5 月末，G20 出台的各项贸易保护主义措施多达 145 项，相当于每周出台 5 项限制举措。中国则是遭受各国贸易保护的热点地区。2017 年上半年，

我国产品共遭遇来自15个国家和地区发起的37起贸易救济调查案件，涉案金额53亿美元，虽然较上年同期有明显降低，但与过去5年同期相比，仍然处于高位。

（三）全球经济"碎片化"正在替代"一体化"，国际经贸规则正在再造

受全球经济贸易低迷、各大经济体经济分化和反全球化思潮的兴起（其中以美国总统特朗普发动的贸易战为代表）的影响，以WTO为代表的全球多边贸易体制的地位和作用逐渐降低，取而代之的是贸易规则谈判与投资规则谈判并重的各类双边、多边和区域性贸易和投资体制安排。在当前及未来阶段，各种区域性的自由贸易协定将大幅增加，这可能导致国际投资和生产的转移与重新布局，使得全球产业链、价值链开始重构，将深刻影响国际贸易、投资和其他经济活动，对全球经济复苏带来更大的压力，这都对中国未来的贸易、投资和监管等提出了新的更大的挑战。

（四）"前有前敌，后有追兵"，中国制造面临"两头夹击"竞争压力

近年来，中国比较优势的来源正在从充裕的廉价劳动力和土地成本转变为资本积累。而在这一转折期，中国在全球市场中正面临一些新的问题。一方面，美、德、日等发达国家在高端供给方面具有先发优势。特别是"再工业化"的提出，美国积极推动的减税计划，将对中国产业竞争力提升和经济转型升级提出更高要求；另一方面，在中低端供给领域面临低收入国家如印度、越南和菲律宾等国的追赶。这些发展中经济体在成本、基础设施、环境等方面的优势正在不断凸显，将在吸引外资、传统产品出口方面与中国进行有力竞争。

三、中国对外政策变得更加进取，面临平衡好自身发展与承担国际责任、提高国际认同的综合化考量

经过40年的快速发展，中国已经成为全球第二大经济体，综合国力大幅

提升，对外合作的定位也开始有所转变。近几年来，中国更加积极寻求融入和参与国际经济贸易规则体系，着力推动多哈回合贸易谈判，提出加入服务贸易谈判申请，促进环境产品清单和信息产品扩围谈判。在全球治理和规则重构方面表现更加积极进取。"一带一路"倡议获得越来越多国家的响应，亚洲基础设施投资银行（AIIB）应运而生，成功举办两届"一带一路"国际合作高峰论坛（2017年和2019年）；践行结伴但不结盟的外交理念，积极构建全球伙伴关系网络。截至2018年底，中国已与178个国家建立了外交关系。中国推动与澳大利亚、韩国、亚太、欧亚大陆等国家和地区签订自由贸易协定，成功举办APEC、G20会议，在国际事务和全球治理中扮演着越来越重要的角色（见图2）。

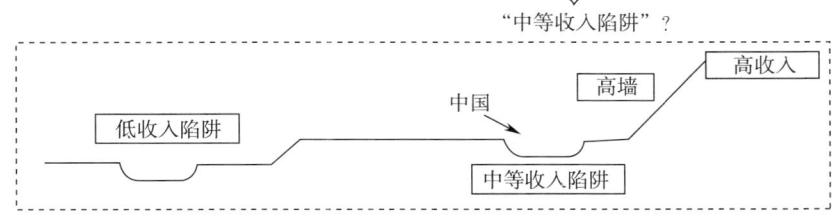

资料来源：Wind，中国银行研究院。

图2　中国经济成长的四个发展阶段

中国成为全球第二大经济体，综合实力显著提升，意味着中国将在国际事务中承担更多的责任，这在客观上也要求中国的宏观政策制定要考虑和权衡更多因素。一是如何平衡好自身经济发展与承担全球协调责任。在承担更多国际责任的过程中，需要考虑的不仅仅是本国的经济效益，还需要考虑各国利益的协调、政治、国际关系等各个方面因素。二是如何提高中国发展理念的国际认同。改革开放 40 年来，随着中国经济的快速增长，国际上"中国崩溃论"与"中国威胁论"交替出现，不少人对中国的崛起怀有疑虑甚至是敌意。2017 年美国《国家安全战略报告》甚至将中国列为美国的主要威胁[①]。因此，中国需要加强对自身发展实践和经验的总结，让更多国家理解、接受和认同，这也是中国推进"一带一路"倡议、参与国际规则制定、协调国际合作的重要保障。

中国经济体量已经足够大（GDP 总量占全球比重达到 15%），这是中国与其他经济大国进行政策协调的有利条件，能提升中国的话语权和软实力，增强谈判筹码。同时，中国宏观政策要解决的问题众多，增加就业、去产能、保护环境、保证能源供给、扩大贸易、对外投资等，每一项目标改善都能对其他经济体带来巨大影响。因此，在国际政策协调中，需要把握好以下几个方面。

第一，在国际协调中要体现中国的根本利益。在国际经济交往中，基于不同的立场和利益，不可避免会发生矛盾和冲突，我们要反对美国的霸权主义，不能无原则地妥协退让，要维护本国的合理利益。这既需要原则和立场，更需要策略和技巧。应该在尊重经济规律和国际惯例的基础上，通过协商对话处理分歧，避免对抗和两败俱伤，促进实现互利共赢。在国际经济政策的互动与博弈中，与国内财政、货币政策协同配合，适应复杂多变的国际形势，提高中国宏观调控的绩效，保障本国利益。

第二，提高中国的话语权，要循序渐进、量力而行、积极稳妥。要防止保守主义，但更要防止冒进主义。作为经济大国，中国要承担国际义务，但也要协调建立责任共担机制，承担与自身国力相对等的义务。

第三，倡导全球化和自由贸易，反对保守主义和逆全球化思潮。未来要着力推动国际社会达成合作共赢的发展共识，更要把共识化为行动，建立多赢的、商业可持续的国际化准则。继续推动国际货币体系、国际贸易体系、大宗商品价格形成机制的改革和完善，促进经济全球化和区域经济一体化。

第四，由商品"走出去"向商品、资本和产能"走出去"并重转变，要做好相应的公共服务。资本和产能"走出去"，这是中国经济发展到特定阶段

---

① 这是特朗普总统上台后的首份《国家安全战略报告》，长达 68 页，是奥巴马政府时期的 2 倍，主要基于"有原则的现实主义"原则。

的必然现象。但是，不能为了"走出去"而"走出去"。对于私人企业，不能使其成为向外转移资本的变相渠道。对于国企，要把符合中国战略利益、商业可持续和锻炼内功很好地结合起来。在此基础上，要以市场化为原则，去哪里、投什么、怎么投、投多少等，都应由企业独立作出决策。政府要做好公共服务。一是要与东道国加强沟通，维护中资企业的利益，不能让其利益受到非法侵害。二是驻外机构、金融机构和大型企业要联合国内外研究机构，加大目标市场调研，对东道国的历史、文化、法律、政治、自然、经济、国际关系等领域作系统研究，要成为中国企业"走出去"的探路者和向导，为"走出去"的企业提供权威、及时的决策依据。三是加大人才培养。人才稀缺是"走出去"的企业普遍反映的突出问题。引导和支持各类机构，加大对懂经营管理，同时熟悉东道国语言、文化和历史等高层次复合型人才的培养。

第五，扩大金融业双向开放，提高中资金融机构的全球服务能力。一国金融国际化程度越高，服务能力越强，越有利于一国经济的全球化。我国经济全球化发展进入新阶段，需要金融业的双向开放。随着中国企业"走出去"、人民币国际化进程加快，中资金融机构已经具备了进入主流市场的条件和基础。政府应支持中资金融机构不断提高全球服务能力，在当地经济金融中扮演更加重要的角色，在深耕本土市场的同时为中资企业铺路搭桥、穿针引线。要统筹设计中资金融机构"走出去"的政策框架和策略，加强与国际机构、外国监管机构的沟通和协调，支持有条件的中资金融机构加快"走出去"的步伐。

第六，主动作为，积极创造有利于中国发展的外部环境。准确评估世界经济政治形势及其变化，立足自身，主动作为，努力构建新形势下有利于中国发展的新环境。一要基于中国参加全球分工的需求和条件，做好"取"与"舍"的顶层设计，明确战略方向和重点。二要积极利用G20、IMF、世界银行、金融稳定理事会（FSB）等多边平台，全面参与国际经济金融政策协调，充分发挥亚投行、丝路基金、金砖国家银行等新平台优势，提升中国在国际规则制定中的地位和作用。三要通过"一带一路"建设等加强区域经济合作，加快人民币国际化，提高中国的全球影响力。

第七，充分把握全球发展大势、人类命运共同体理念，用国际社会能听得懂的语言，传递中国的理念、主张、政策、诉求。改革开放40年来，中国经济社会全面快速发展，中国发展模式和道路越来越多地获得国际社会的关注和认可。未来要加强对自身发展经验的总结。推进国际传播能力建设，创新对外传播理念、内容、形式、方法、手段，讲好中国故事，展现真实、立体、全面的中国。

贸易摩擦对我国不同行业的影响分析*

自 2018 年以来，中美贸易摩擦愈演愈烈，近期更是不断升级。近期特朗普政府将 2000 亿美元加征关税税率从 10% 提高到 25%，还准备将对中国另外 3000 亿美元输美商品加征 10% 的关税。中美贸易摩擦不断升级增大了我国外部环境的不确定性，成为影响我国经济金融稳定的最大的潜在威胁。就业是民生之本，贸易战对就业会否带来重大影响，成为社会各方面高度关切的重要议题。2018 年 7 月 31 日召开的中央政治局会议将稳就业列为"六稳"之首，2019 年的政府工作报告也首次将就业优先置于宏观政策更加突出的位置。前瞻性评估和研判贸易摩擦升级对我国就业的影响，并做好相应准备，显得十分重要。本文首先将美国公布产品清单及全部对中国进口商品匹配到我国国民经济工业行业，在此基础上分析中美贸易摩擦对我国就业的影响，并给出相应的政策建议。

一、中美贸易摩擦涉及主要行业分析

经过多年发展，中美两国经贸关系十分密切，互为第一大贸易伙伴国，需要同时关注美国对我国产品加征关税、我国对美国加征反制关税可能涉及的行业及影响。征税清单根据进出口商品的 HS 编码公布，为后续分析对我国各相

---

* 本文撰写于 2018 年，2019 年修改。

关行业的影响，首先需要将清单产品匹配到相应的国民经济行业大类中。

（一）美国对我国加征关税涉及的相关行业情况

自美国挑起贸易争端开始，2018年以来主要经历了三轮关税战。

第一轮，3月8日，美国使用232措施对进口钢、铝产品分别加征25%和10%的关税。此次涉及我国钢铝出口产品约28.8亿美元（2017年），主要影响的是黑色金属冶炼及压延加工业、有色金属冶炼及压延加工业、金属制品业三个工业行业。2017年这3个行业出口交货值合计为1067亿美元，此次钢铝产品加征关税产品金额占比为2.7%。

第二轮，6月15日，美国贸易代表办公室公布修订版的"301"对中国加征25%关税的产品清单，清单包括1102种产品，涉及约463亿美元规模，其中第一组818种总价值322.2亿美元产品关税已于7月6日生效，涉及的行业主要为通用设备、电气机械、专用设备、通信电子设备、仪器仪表5个设备制造业。第二组284种总值达140.8亿美元的产品将在公开征求意见期结束后实施，其中58.9%为设备制造业，其余为橡胶和塑料制品业、金属制品业等行业（见表1）。

表1　　　　　　　　301清单涉及产品工业行业匹配　　　　　　　单位：亿美元

序号	行业	301清单第1组	301清单第2组	合计
1	通用设备制造业	117.8	22.0	139.8
2	电气机械及器材制造业	61.9	35.0	96.9
3	专用设备制造业	47.6	11.6	59.2
4	计算机、通信和其他电子设备制造业	36.7	—	36.7
5	仪器仪表制造业	33.8	6.8	40.6
6	交通运输设备制造业	24.4	7.7	32.1
7	橡胶和塑料制品业	0.036	14.4	14.4
8	其他制造业	0.003	—	0.003
9	非金属矿物制品业	0.001	0.906	0.907
10	金属制品业	—	35.3	35.3
11	化学原料及化学制品制造业	—	7.3	7.3
12	石油加工、炼焦及核燃料加工业	—	0.007	0.007
	合计	322.2	141.01	463.22

资料来源：作者整理。

第三轮，7月10日，美国贸易代表办公室公布额外2000亿美元对中国进口产品关税清单，税率10%，以此回应中国的反制措施。8月初美国声明要把对中国2000亿美元输美产品的征税税率由10%提高到25%。此外，7月20日特朗普表示准备将对中国加征关税范围扩大至5000亿美元，这一表态意味着将对全部中国进口商品加征关税。2000亿美元产品清单基本覆盖中国大部分工业行业门类。而在美国从中国进口的5040亿美元产品（2017年）中，除了农产品外，98%（4955亿美元）的为工业产品进口（见表2）。

表2　　　　2000亿美元清单及全部产品对应的工业行业　　　单位：亿美元

序号	行业	2000亿美元清单	剩余未入清单	全部
1	计算机、通信和其他电子设备制造业	346.7	1081.9	1465.3
2	电气机械及器材制造业	262.7	121.1	480.7
3	家具制造业	219.4	24.4	243.81
4	仪器仪表制造业	170.6	31.8	242.9
5	金属制品业	141.2	34.2	210.6
6	通用设备制造业	134.7	38.4	312.9
7	交通运输设备制造业	115.2	6.1	153.3
8	化学原料及化学制品制造业	102.7	19.7	129.7
9	橡胶和塑料制品业	90.5	78.5	183.4
10	皮革、毛皮、羽毛及其制品和制鞋业	67.2	142.2	209.4
11	农副食品加工和食品制造业	52.5	5.5	58.0
12	非金属矿物制品业	50.1	47.0	98.0
13	专用设备制造业	35.0	77.0	171.2
14	纺织业	34.9	78.6	113.5
15	造纸及纸制品业	32.7	0.131	32.8
16	木材加工及木、竹、藤、棕、草制品业	28.0	8.0	36.0
17	纺织服装、服饰业	24.5	272.6	297.1
18	黑色金属冶炼及压延加工业	9.3	10.0	19.3
19	有色金属冶炼及压延加工业	8.9	17.1	26.0
20	其他制造业	6.4	80.5	86.9
21	文教、工美、体育和娱乐用品制造业	4.7	317.9	322.7
22	石油加工、炼焦及核燃料加工业	4.1		4.1
23	非金属矿采选业	3.8		3.8
24	化学纤维制造业	2.5		2.5
25	有色金属矿采选业	0.62		0.6

续表

序号	行业	2000亿美元清单	剩余未入清单	全部
26	酒、饮料和精制茶制造业	0.366	1.1	1.5
27	黑色金属矿采选业	0.015		0.0
28	石油和天然气开采业	0.014		0.0
29	煤炭开采和洗选业	0.008		0.0
30	烟草制品业	0.007		0.0
31	印刷和记录媒介的复制业		21.7	21.7
32	医药制造业		27.4	27.4
	合计	1949.33	2542.83	4955.0

资料来源：作者整理。

2000亿美元清单中，除了设备制造业（54.6%），化学、金属、塑胶等制品业（21%），还涉及家具、皮革、纺织、服装等消费品制造业（23.8%）（见图1）。设备制造业中计算机、通信和其他电子设备制造业产品占比最高，占比将近1/3，消费品制造业中将近一半为家具制造业产品。而在301清单、2000清单之外，还剩余2542.9亿美元未入清单的产品，以设备制造业（53.3%）、消费品制造业（35.4%）为主，设备制造业中计算机、通信和其他电子设备制造业产品占比仍是最高（79.8%），消费品制造业中主要为文教、工美、体育和娱乐用品制造业（35.3%），纺织服装、服饰业（30.3%）。

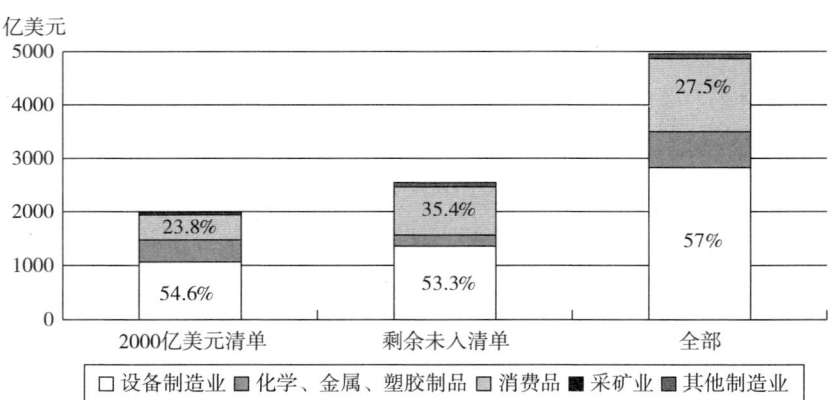

资料来源：作者整理。

图1 2000亿美元清单、未入清单及全部产品与不同工业行业匹配

（二）我国对美国反制征税涉及的相关行业情况

针对美国在经贸领域挑起的争端，我国不得不展开对等反制。为反制美国征收钢铝产品关税，2018年3月23日我国商务部宣布拟对美国128项产品加征关税，主要涉及水果及坚果制品、猪肉及制品、钢管、废铝等产品。为反制301清单，4月4日我国宣布对美国实施对等反制，公布对原产于美国的大豆等农产品、汽车、化工品、飞机等106项约500亿美元美国产品加征25%的关税。6月15日美国公布修订版301清单后，我国宣布了同等规模的新版反制清单，对原产于美国的大豆等农产品、汽车、水产品等约340亿美元进口商品对等采取加征25%的关税措施，并且从2018年7月6日起生效。另有对自美国进口的化工品、医疗设备、能源产品等约160亿美元商品加征25%的进口关税清单。为反制2000亿美元清单，8月3日我国公布对原产于美国的5207个税目约600亿美元商品清单，拟加征5%~25%的关税。根据美国统计数据，2017年我国从美国进口商品总额为1299亿美元，如果下一步贸易争端措施进一步升级，意味着我国进口自美国的商品将全部加征关税。

我国从美国进口商品总额占我国进口商品的7%，在1299亿美元进口商品中，除农产品外，有1189.2亿美元（约占91.5%）可对应到工业各行业中。进口商品主要分布在设备制造业（合计占比约52.3%）、化学原料及化学制品制造业（9.5%）、石油天然气开采等行业（5.2%），其中占比最高的为交通运输设备制造业，在从美国进口商品总额中的比重为22.5%。交通运输设备中又主要以汽车、民用飞机为主（合计占到91%），这两类产品金额分别为103亿美元、162.6亿美元（见表3）。

表3　　　　　　我国从美国进口产品对应的工业行业　　　　单位：亿美元

序号	工业行业	中国从美国进口金额
1	交通运输设备制造业	291.8
2	化学原料及化学制品制造业	122.8
3	电气机械及器材制造业	94.1
4	通用设备制造业	90.3
5	计算机、通信和其他电子设备制造业	87.3

续表

序号	工业行业	中国从美国进口金额
6	石油和天然气开采业	68.0
7	仪器仪表制造业	59.5
8	专用设备制造业	56.4
9	农副食品加工和食品制造业	46.3
10	造纸及纸制品业	41.3
11	有色金属矿采选业	39.8
12	木材加工及木、竹、藤、棕、草制品业	32.0
13	医药制造业	26.4
14	橡胶和塑料制品业	20.9
15	有色金属冶炼及压延加工业	16.9
16	纺织业	15.8
17	皮革、毛皮、羽毛及其制品和制鞋业	13.7
18	石油加工、炼焦及核燃料加工业	13.7
19	非金属矿物制品业	13.4
20	黑色金属矿采选业	8.4
21	金属制品业	7.7
22	煤炭开采和洗选业	4.0
23	其他制造业	3.9
24	非金属矿采选业	3.7
25	文教、工美、体育和娱乐用品制造业	2.3
26	家具制造业	2.1
27	烟草制品业	1.6
28	印刷和记录媒介的复制业	1.5
29	化学纤维制造业	1.4
30	酒、饮料和精制茶制造业	1.1
31	纺织服装、服饰业	1.0
	合计	1189.1

资料来源：作者整理。

二、加征关税对我国工业行业就业的影响分析

（一）决定关税影响程度的主要因素

一般来说，加征关税会提高企业成本、压缩企业利润空间、影响企业经营和就业，但美国加征关税对我国出口企业会产生多大的影响还取决于以下几个因素：

一是对美国市场的依赖程度。如果美国只是企业的部分市场，企业可以通过其他市场盈利或继续开拓美国之外的市场缓冲美国征税影响。如果美国是受影响企业的主要出口市场，加征关税会带来较大冲击。

二是我国出口企业在美国市场议价能力或成本转嫁能力，这关系到加征关税会在多大程度上影响出口产品价格。短期来看，对于出口规模大、需求弹性低的产品，企业往往具有较大的议价能力，企业能够通过加价弥补部分征税成本，同时需求量也难以明显降低。对于出口规模大、需求弹性高的产品，美国难以在短期内找到足够的替代供应方，企业仍具有一定的议价空间，但是由于需求弹性较高，需求方可以选择替代产品或者减少消费，可能会显著降低贸易额。而对于出口规模小的产品则相对较容易找到替代供应方。长期来看，美国需求方有足够的时间调整选择成本更低的替代供应方，如果我国出口企业缺乏核心竞争力、可替代程度高，美国将降低对我国的产品需求，从而影响依赖美国市场的我国相关出口企业的经营和就业。

三是我国出口企业利润空间有多大，这关系到出口企业对加征关税的承受能力。目前美国征税税率为10%或25%，如果企业本身利润率、在美国议价能力有限，加征关税会影响对美国依赖程度较高的出口企业经营，同时在此过程中汇率的波动也会影响企业对提高关税的承受能力。如果征税侵蚀企业盈利空间，企业可能会难以经营下去，也可能会相应调整，如为规避征税影响，将生产基地转移至低关税、低成本地区，从而影响我国相关行业就业。

（二）中美贸易摩擦对行业就业潜在影响预估

第一，中美贸易摩擦对相关行业就业潜在冲击主要集中在纺织服装等消费

品制造业、电子通信等设备制造业,规模约330万人。根据前文匹配各行业出口美国数据进一步分析(见表4),可以看到出口交货值占比较高的行业往往也是出口美国市场比重较高的行业。我国出口交货值占比较高的行业主要集中在消费品制造业和设备制造业。消费品制造业主要集中在纺织服装业、皮革制品业、家具制造业、文体娱乐用品制造业这4类劳动密集型行业,其出口交货值占销售产值的比重均超过20%,而这些行业对美国的出口金额占出口交货值的比重也较高,其中家具制造业比重甚至高达87%。设备制造业主要集中在通信电子设备、仪器仪表、电气机械器材,这3个行业出口交货值占销售产值的比重均超过10%,并且对美国市场依赖程度较高。通用设备、专用设备、金属制品、橡胶和塑料这4个行业对美国出口金额占销售产值的比重超过工业行业平均水平,主要是由于对美国出口占出口交货值的比重较高,均在30%以上。

根据对美国出口金额与销售产值比重估算对就业的潜在影响,各行业受影响的潜在规模合计为330.5万人(见表4),这占各工业行业从业人数的3.8%,大约会拉高失业率0.4个百分点。其中计算机、通信和其他电子设备制造业由于行业就业规模较大,其潜在受影响的就业率较高,约在82.7万人,上述纺织服装业等4类消费品制造业、电气机械及器材制造业受影响的就业潜在规模均在20万人以上,其他主要受影响较大的行业在10万人以上。需要注意的是,如果这些行业受冲击影响经营,可能会对其上下游的生产企业造成一定影响。

表4　　　　不同工业行业出口交货值及对美国出口比重情况　单位:%、万人

行业	出口交货值/销售产值	对美国出口/出口交货值	对美国出口/销售产值	从业人员	潜在影响就业
工业	10.3	27.1	2.8	8493	330.5
煤炭开采和洗选业	0.1	0.1	0.0	351.5	0.000
石油和天然气开采业	0.1	0.9	0.0	67.9	0.001
黑色金属矿采选业	0.0	20.2	0.0	41.5	0.000
有色金属矿采选业	0.1	44.1	0.1	41.9	0.027
非金属矿采选业	0.3	132.1	0.3	41.8	0.1
农副食品加工业	4.4	9.4	0.4	380.3	1.7
食品制造业	5.1	9.4	0.4	198.8	1.7
酒、饮料和精制茶制造业	1.4	4.4	0.1	147.7	0.2

续表

行业	出口交货值/销售产值	对美国出口/出口交货值	对美国出口/销售产值	从业人员	潜在影响就业
烟草制品业	0.5	0.1	0.0	18.4	0.0
纺织业	9.1	22.2	2.0	403.7	8.1
纺织服装、服饰业	21.2	44.1	9.4	396.6	37.1
皮革、毛皮、羽毛及其制品和制鞋业	24.0	39.2	9.4	250.1	23.5
木材加工及木、竹、藤、棕、草制品业	6.0	28.9	1.7	130.2	2.3
家具制造业	20.4	87.0	17.8	122.2	21.7
造纸及纸制品业	4.0	38.1	1.5	119.5	1.8
印刷和记录媒介的复制业	6.0	28.6	1.7	95.6	1.6
文教、工美、体育和娱乐用品制造业	27.9	48.7	13.6	218.1	29.6
石油加工、炼焦及核燃料加工业	1.5	3.5	0.1	83.5	0.0
化学原料及化学制品制造业	4.9	19.2	0.9	443.5	4.2
医药制造业	5.2	12.2	0.6	221.2	1.4
化学纤维制造业	6.3	3.0	0.2	45.6	0.1
橡胶和塑料制品业	11.4	31.8	3.6	315.3	11.5
非金属矿物制品业	2.8	34.5	1.0	543.5	5.3
黑色金属冶炼及压延加工业	3.6	5.8	0.2	291.6	0.6
有色金属冶炼及压延加工业	2.2	14.3	0.3	188.2	0.6
金属制品业	9.4	37.9	3.6	341.7	12.2
通用设备制造业	10.1	42.1	4.2	422.5	17.9
专用设备制造业	8.6	36.2	3.1	328.7	10.2
汽车制造业	3.9	17.3	1.6	472.6	9.7
铁路、船舶、航空航天和其他运输设备制造业	14.5	17.3	1.6	137.7	9.7
电气机械及器材制造业	13.9	31.7	4.4	591.8	26.1
计算机、通信和其他电子设备制造业	48.4	19.4	9.4	881	82.7
仪器仪表制造业	14.3	108.8	14.3	98.7	14.1
其他制造业	18.8	126.7	18.8	32.5	6.1

注：仪器仪表制造业、非金属矿采选业、其他制造业这三个行业对美国的出口金额与出口交货值比重超过100%，这可能是由于统计口径不同造成的，对美国出口金额数据来自美国，出口交货值数据来自中国，但这仍具有参考意义，说明这些行业出口美国的比重较高。

资料来源：作者整理。

第二，需密切关注中小企业的经营和就业状况。在我国出口交货值中，来自大型企业的占比自2008年国际金融危机后显著提高，目前在56%左右。中、小型企业的占比受2008年危机冲击后降低，目前分别为24.6%和19.6%（见图2）。与大企业相比，中小企业的市场多元化程度、抗风险能力均相对较低，在中美贸易摩擦不断升级的情况下相关企业可能受到的冲击会较为明显。根据这一比重估算，中型企业、小型企业的潜在受冲击就业规模在81万人和64.7万人左右，分别拉高失业率0.1个和0.08个百分点。

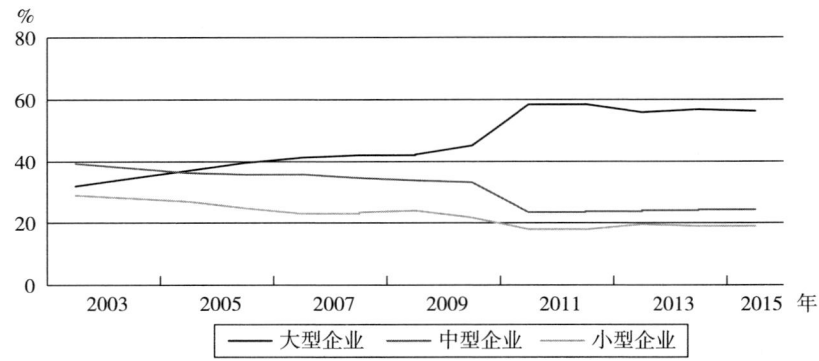

资料来源：Wind，中国银行研究院。

图2　出口交货值中不同规模企业占比

第三，加征关税一大部分冲击对象为外资企业。2008年国际金融危机后外资企业出口交货值的占比逐步降低，但占比仍在34%左右。我国出口交货值中内资企业占比为40%左右，外资企业港澳台资企业占比在26%左右。因此，中美贸易摩擦影响的不仅仅是中资企业，还会影响在中国建厂生产或加工的外资企业。如果加征关税对企业经营冲击严重，企业可能减少生产或是转移他国建厂，这都会影响国内相关就业。与内资企业相比，外资企业调整的步伐可能会更快一些（见图3）。

第四，受影响的企业主要集中在东部地区。我国出口主要集中在东部地区，2017年东部地区出口金额占我国出口总额的82%，中部、西部、东北部地区出口占比分别只有7.7%、9.8%和2.4%。而东部地区又主要集中在广

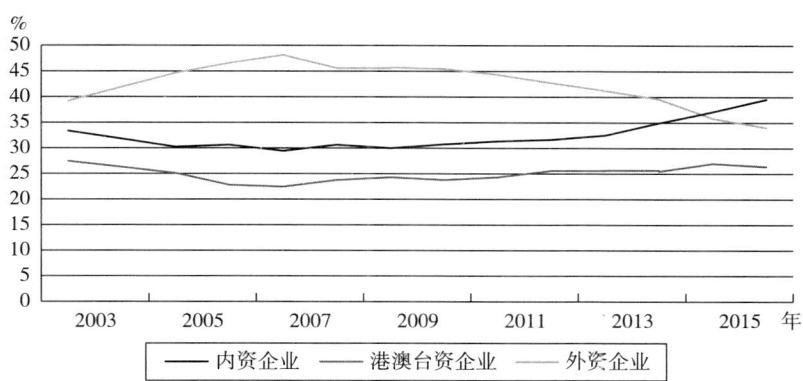

资料来源：Wind，中国银行研究院。

图3 出口交货值中内资和外资企业占比

东、江苏、浙江这三个省份（见图4），占出口总额的比重分别为27.5%、16.1%和12.7%，需要重点关注这些区域对美国出口企业情况。

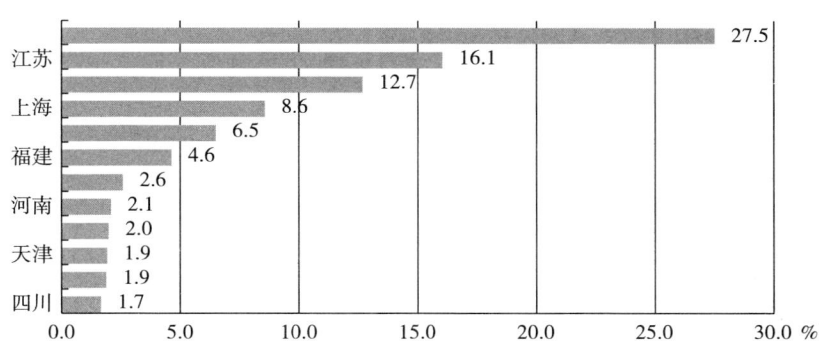

资料来源：Wind，中国银行研究院。

图4 在我国出口总额中比重较大的前十二个省份

第五，关注我国对美国反制征税措施的影响。从行业分析可以看到，我国从美国进口主要集中在交通运输、电气机械、通用设备、计算机通信电子等设备制造业，这些行业一般技术水平较高，相关产品往往具有核心竞争优势，对其加征关税可能会抬高国内相关企业成本。同时对农产品、食品等征税可能会抬升输入性通胀压力。需关注这些相关产品的征税影响。

(三) 中美贸易摩擦对相关行业就业影响总体有限

前文估计的潜在受影响就业规模约在330万人,假定这些就业全都受到影响的极端情况,这会使得失业率提高0.4个百分点,目前城镇调查失业率为4.8%,极端情况下失业率将提高到5.2%,仍在2018年5.5%的目标范围之内。而这种极端情况出现的概率较小,主要在于以下几个方面因素。

第一,我国对外出口依赖程度已明显降低,外部经济也总体复苏好转。我国工业企业出口交货值占工业销售产值的比重从2005年的19.4%降至2016年底的10.3%。我国出口总额中对美国出口比重在2008年国际金融危机后有所降低,近几年随着美国经济复苏,这一比重有所上升,2017年为19%。根据这两个数据测算我国工业销售产值中约有1.96%与出口美国有关。同时,当前外部经济总体好转,其他经济体需求仍会对我国出口形成有力支撑。特别是2018年以来新兴市场表现突出,有力地拉动了我国出口的总体增长,如2018年上半年我国对东南亚联盟、巴西、俄罗斯出口分别增长18.1%、33.9%和17.6%,远高于12.7%的总体出口增长。这些有利于我国企业应对与美国贸易摩擦带来的冲击(见图5)。

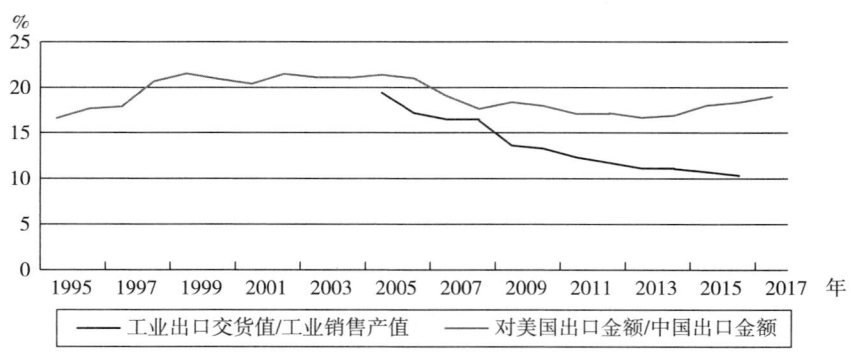

资料来源:Wind,中国银行研究院。

图5 工业出口交货值占比及对美国出口比重

第二,我国企业仍有一定缓冲空间。一是近期汇率贬值幅度较大。截至2019年8月末,人民币兑美元即期汇率为7.138,已较年初贬值4.2%,这会在一定程度上对冲加税影响。二是加征关税最终会对企业产生多大影响取决于企业的规模、市场竞争力、盈利水平、调整能力等多方面因素，并不必然会导致企业就业减少。三是即使部分企业受加征关税冲击出现经营困难，企业可通过轮休班、减少上班时间、降薪等方式缓冲影响，这也能给政府出台相应支持措施争取时间。

第三，近些年我国就业结构深刻变化，抗外部冲击能力明显增强。2017年我国服务业就业比重上升到44.9%，较2007年增加12.5个百分点，吸纳了大量就业，其较快发展也为大量劳动力提供了新的就业机会。同时，近年来随着互联网技术的蓬勃发展，电子商务、共享经济等新业态、新经济的快速发展也创造了大量新岗位，成为拉动就业的新引擎。

三、相关政策建议

当前特朗普反复多变、双方互信缺失，美国社会各界正在形成对中国施压的政治共识，短期内经贸问题可能难以通过谈判解决。未来中美经贸摩擦可能进一步政治化、长期化，经贸争端手段可能从关税战向技术、金融等非关税领域扩散。因此，虽然加征关税对相关行业就业影响总体有限，但仍要密切关注中美贸易摩擦升级对我国重点区域、重点行业、重点企业的影响，做好前瞻性、全方位准备，避免冲击企业经营和居民就业。

第一，加强对受中美贸易摩擦影响的重点区域、重点行业、重点人群就业的动态监测，制定预警机制和救助预案。各地方政府特别是对外出口集中的广东、江苏、浙江等东部省份，要摸清本区域涉美市场出口企业情况。随着贸易摩擦的进一步升级，要特别关注相关中小企业、设备制造业和劳动密集型制造业等行业企业的经营和就业状况。在关注出口企业的同时，也要关注和评估对美国加征反制关税对相关进口企业的影响，鼓励地方政府、商业协会、企业反映反制措施的影响、意见和建议。建议提前做好应急救助预案，政府可建立应急救助基金，对于相关企业减免税费负担。引导金融机构与企业共渡难关，对因贸易摩擦、市场萎缩而出现暂时困难的企业，提供持续的融资服务。对于受贸易摩擦影响的失业人群，做好转岗培训、再就业培训、失业生活保障等服务，确保就业形势稳定。

第二，引导企业积极交流合作，提升企业应对关税冲击能力。依托行业协会等平台，组织研究具有可操作性的关税规避方案，减小加征关税冲击，如选择第三国转口贸易，借道东南亚国家后再出口。政府或行业协会可组织跨境撮合，加强国内企业之间、国内企业与非美企业之间的交流，为企业寻找其他替代合作伙伴或市场，降低对美国市场的依赖。

第三，研究应对技术、金融等非关税制裁手段，推动关键、核心技术领域发展。与关税制裁措施相比，美国针对我国的技术、金融等方面的非关税制裁措施具有打击精准、进退灵活的特点，对我国行业、企业发展的影响更大，甚至可能引起企业停摆，引发局部的"解雇潮"。如对中兴制裁生效，中兴短期内将无法找到替代芯片来源，通信设备的生产供应和企业的经营将遭受严重影响。要充分重视美国非关税领域手段的影响，做好相关预判和应对准备。一方面，要尽力争取欧盟和日本，充分利用欧日与美在贸易自由化方面的分歧，推动自由贸易协定谈判，避免欧盟与日本倒向美国立场；另一方面，制裁中兴事件揭示了我国核心技术受制于人的现状，未来要针对重点短板、薄弱领域加大投入，提高我国科技创新能力。

第四，增强人民币汇率的灵活性和弹性，与实体经济实现良好互动。近期人民币汇率的波动一定程度上缓解了中美贸易战对中国出口企业的冲击和不利影响。未来建议继续推动汇率市场化改革、增加人民币汇率弹性，与实体经济继续实现良性互动。中长期来看要保持人民币汇率总体稳定态势，避免形成单边持续贬值的心理预期，引导市场更加关注人民币对一篮子货币指数的稳定形势。必要时可采取一些资本管制政策，防控跨境资本的异常流动。

第五，把握好去杠杆节奏和力度，加强政策协调配合，为企业应对贸易摩擦冲击创造良好的政策环境。下半年，我国货币政策面临的内外部环境更加复杂，应防范由于处置风险而引发新的风险。为防范企业融资渠道受阻带来的流动性风险加大、债券违约增加、社会融资规模萎缩等情况，可考虑选择合适时机再次定向降准，为企业经营营造良好的货币环境。同时，加强货币政策与宏观审慎政策的协调与配合，避免各类政策叠加带来的不利影响。

第六，真正发挥好积极财政政策作用推动减税降费，助力企业应对贸易战冲击。当前我国经济全球化程度已较过去大幅提升，贸易摩擦如果持续发酵，其影响是较为深远的，不仅影响直接相关企业及其上下游行业企业，也会加大我国制造业全球产业链的脆弱性，最终可能冲击就业稳定性。因此，未来更需要发挥好积极财政政策作用，真正推动落实降低企业成本，以提高经济发展活力，更好地帮助企业抵消贸易摩擦冲击。

迈向高质量发展阶段
中国潜在增长率估算[*]

潜在增长率对于判断短期物价形势和经济态势、分析经济增长的驱动因素、判断长期经济增长趋势具有重要参考意义，我们利用生产函数法估算了中国1978—2018年及未来10年的潜在增长率。从潜在增长率看，改革开放以来中国经济大致经历了三个周期，正好对应了中国的三次改革。各生产要素中，资本对经济增长的贡献比重最高，反映中国经济增长更多依赖投资拉动；全要素生产率对经济增长的贡献在20%~40%，在经济上升期，随着改革红利的释放其贡献比重上升；劳动对经济增长的贡献比重持续下降。展望未来，从供给角度看，潜在增长率将有所下降，乐观情形下，2019—2025年平均增长率为5.8%，2026—2030年平均增长率为4.8%；一般情形下，2019—2025年平均增长率为5.5%，2026—2030年平均增长率为4.1%。从需求角度看，在当前收入水平及增长假设下，为了保持合理稳定的经济增长速度，保持一定比重的投资仍是关键；长远来看鼓励和促进消费是经济持续稳定增长的重要手段。结合供给和需求看，未来潜在增长率趋于下降，为使经济增长尽可能达到潜在增长率水平，应在消费和投资之间找到促进经济稳定发展的平衡点。

---

[*] 本文撰写于2018年，2019年修改。

一、研究潜在增长率的目的和意义

改革开放以来中国经济以年均 9.8% 的速度高速增长，创造了增长的奇迹，未来中国经济的增长路径成为人们普遍关心的问题。在这一背景下，潜在经济增长率也成为我们对未来宏观经济增长趋势判断和政策建议的重要指标。

潜在增长率一般是指一国经济在各种资源得到充分利用的条件下所能达到的最大增长率。研究潜在增长率的意义主要体现在以下几个方面：

一是测算产出缺口率，判断短期物价形势和经济态势。短期内，受供给因素影响的潜在产出不变，实际产出主要受需求影响，通过测算实际产出偏离潜在产出的程度，可以判断通胀形势、识别经济周期状态。产出缺口大于零，说明实际产出高于潜在产出，总需求大于总供给，通胀压力上升；反之，通胀压力减轻。

二是分析经济增长的驱动因素。生产函数法从影响增长的各供给要素对潜在产出进行估算，可以得到各要素对潜在增长率的贡献度。增长核算法也可以讨论生产要素在经济增长中的贡献和一系列影响因素对生产率提高的作用。利用这些方法可以判断中国持续高增长的原因。

三是判断长期经济增长趋势。潜在增长率可以看作是经济增长的长期均衡水平，对未来宏观经济增长的趋势和相关政策具有重要意义。对潜在增长水平的判断会影响对宏观政策的建议。以我国为例，当前我国经济增速在放缓，如果认为潜在增长率仍能维持在较高水平，就意味着经济增速已经低于潜在增速，政府就应该采取一定的刺激政策保持经济增速不要大幅偏离潜在增速；如果认为潜在增速出现明显下降，就意味着经济增速的放缓是潜在增速下降的结果，政府就应该接受经济下滑的现实，不应该采取刺激政策。

二、相关研究

（一）潜在产出概念界定及研究方法

从文献看，不同的理论假设和观点下，学者们对"潜在产出"的概念理解也不同，主要有两种定义。一种是基于凯恩斯理论的理解，认为经济周期是由总需求的波动导致的，经济下降期生产要素并未被充分利用。因此，潜在产出是当经济中各种投入要素达到充分利用时的最大产出水平，潜在产出的测算对于宏观经济政策的实施具有重要作用。测算时一种方法是利用总量生产函数，另一种方法是将不引起通货膨胀的失业率和奥肯定律（产出和失业率的关系）结合进行测算。第二种方法是基于新古典理论的理解，认为受外生生产冲击影响的总供给变动决定了长期和短期经济波动。在未预期到的生产冲击下，理性代理人会根据情况调整生产，由此导致经济周期波动，经济波动并不受总需求或政策的影响。在这种观点下，产出被假设为在潜在产出附近波动，潜在产出类似于实际产出的趋势增长率。因此测算时的主要问题在于区分长期趋势部分和短期波动部分，估算方法一般为滤波。

从国内外的研究看，潜在增长率的研究方法主要有以下三类：

一是趋势分解法，对实际产出数据进行平滑处理，通过计量技术将 GDP 序列分解为趋势部分和波动部分，趋势部分即为潜在产出。这类度量方法包括 HP 滤波、BK 滤波、CF 滤波、QT 滤波、基于不可观测成分（UC）模型的 CL（Harvey - Clark）模型和 HJ 模型，其中 HP 是最常用的方法。这种方法直接从 GDP 数据本身入手，操作简便，但没有考虑经济因素，无法预测未来经济增速。

二是生产函数法，将实际的资本存量、估算的潜在就业和趋势全要素生产率（TFP，也即所谓的索洛残差）代入生产函数估算潜在产出。

三是多变量结构化分解法。引入菲利普斯曲线（或奥肯定律曲线）建立多变量系统方程组，联合估计潜在产出与菲利普斯曲线（或奥肯定律曲线）。

（二）国外研究

国外较多文献研究发达国家潜在增长率，基本也利用上述三类方法进行分析。滤波法比较简单易行，因此文献多是对技术的讨论，比如常用的 HP 滤波法，平滑参数的取值是一个重要问题，季度数据处理基本沿用 Hodrick 和 Prescott（1980，1997）1600 的取值，而年度数据分歧较大，一般取 6.25 或 100。

生产函数是最常用的方法。美国国会预算办公室（CBO）利用生产函数法估计美国的潜在增长率，结果显示2008年国际金融危机后美国潜在增长率下降到2%以下，2011年开始缓慢增加，2016年增加到2%以上，到2024年基本保持在2%~2.3%，TFP对增长的贡献在50%左右，其次是资本（36%左右）。Barrera等（2009）利用生产函数法将潜在增长率分解到资本存量、均衡的资本利用率、趋势劳动力工作时间、均衡失业率、趋势劳动参与率、劳动年龄人口、趋势TFP，研究发现美国的潜在增长率从2000年开始下降，2004年后显著地降低。未来几年，投资积累放缓、高均衡失业率、低劳动参与率、劳动时间减少及TFP增长的降低会使得潜在增长率降低，未来五年的潜在增长率在1%~2%，2014年会缓慢趋于2%。Furceri和Mourougane（2012）通过单变量自回归增长方程利用1960—2008年OECD国家的非平衡面板数据分析金融危机对潜在产出的影响，研究发现金融危机的产生会对潜在产出有长期的负面影响，金融危机会使潜在产出平均降低1.5%~2.4%，其中最主要的原因在于对资本的影响，同时危机程度越严重，影响越大。

近些年，特别是在2008年国际金融危机后，对于新兴经济体潜在增长率的研究开始增多，中国从过去10%的经济增长速度下降到目前的不到7%，印度的GDP增长率从8%左右下降到6%左右，许多其他新兴经济体的经济增长率在危机后也显著放缓，学者开始关注这种增长率的下降是否是结构性和持续性的。Sosa等（2013）利用生产函数法研究了1980—2012年19个拉丁美洲国家的潜在增长，并预测2013—2017年各个国家的潜在增长率，发现2003—2012年拉丁美洲和加勒比海地区的潜在增长主要由劳动、资本等因素带动，2003年后TFP的贡献有所提高。拉丁美洲国家的潜在增长率低于新兴市场国家，并且各个国家的差距也较大（加勒比海地区表现尤其较差），大部分增长率的差距可以由TFP的不同加以解释。按照资本和TFP的历史趋势情况，这些国家现有的增长是不可持续的，2013—2017年的平均潜在增长率为3.25%，未来提高TFP是保持高增长的重要方式。Anand等（2014）利用了滤波、生产函数、多变量方程组三种方法估计1993—2013年中国、印度和5个东盟国家的潜在增长率。结果显示近几年中国和印度的潜在增长率均呈下降趋势，中国的增长率在2006—2007年达到11%左右,之后缓慢下降到2013年的8%以下,印度的潜在增长率在危机前为8%左右,2013年降到6%~7%,这主要是因为TFP增长率的下降。而东盟五国中,除越南外,印度尼西亚、马来西亚、菲律宾、泰国的潜在增长率比较稳定且有小幅的增加。长期来看人口是重要的影响因素。比较而言,印度和东盟五国的人口优势相对较大,中国的劳动年龄人口开始减少,人口抚养比不断增加,这会降低潜在增长率。未来提高或保持潜在增长率要求进行较大范围的结构改革。

(三) 中国研究

趋势分解法:郭庆旺和贾俊雪(2004)利用HP滤波法得到1978—2002年的平均潜在增长率为9.53%。张连城和韩蓓(2009)估算1978—2007年平均潜在增长率为9.6%。

生产函数法:郭庆旺和贾俊雪(2004)利用该方法得到1978—2002年的平均潜在增长率为9.59%。

多变量结构化分解法:许如元(2005)利用多变量"卡尔曼滤波法"得出改革开放以来我国潜在增长率呈现周期性趋势,1979—2004年的中长期均衡经济增长率为8.8%左右。

利用这些方法估计出的改革开放以来的潜在增长率基本处于8%~10%。预测未来的潜在增长率时,学者们一般通过估测未来的劳动、资本和全要素生产率,利用生产函数法进行预测,个别利用与其他发达国家的经验比较或扩展生产函数后的增长核算法进行测算。相关的研究如表1所示。

表1　　　　　　　　关于中国未来潜在增长率预测的研究

	方法	结果
中国社科院经济研究所(2012)	生产函数法	2011—2015年为7.8%~8.7%,2016—2020年为5.7%~6.6%,2021—2030年为5.4%~6.3%
蔡昉(2013)	生产函数法	2011—2015年平均为7.2% 2016—2020年平均为6.1%
国家发展改革委经济研究所	生产函数法	2011—2020年潜在增长率为7%

续表

	方法	结果
中国人民银行调查统计司	生产函数法	2011—2015 年平均为 9.1% 2016—2020 年平均为 7.5%
世界银行（2018）	—	预计潜在增长率未来将下降
欧洲央行（2018）	生产函数法	2008 年以后趋于持续下降 2003—2010 年高于 10%，2011—2014 年约为 8%，2018 年后低于 6%
安信证券（2010）	生产函数法	2015 年可能降到 7% 多一些，2020 年降到 4%~7%
中金公司（2011）	生产函数法	基准情形，2011—2015 年为 8% 左右，2016—2020 年为 6% 左右；改革情形，2011—2015 年为 9% 左右，2016—2020 年为 8% 左右；2020 年降到 7.5%
中信证券（2013）	生产函数法	2012—2017 年为 8.4% 若改革效果不明显可能低于 8%
屈宏斌（2014）	生产函数法	2014—2020 年为 8.6%
国务院发展研究中心（2011）	参照成功追赶型经济体经验，利月总体数据、各省数据、消费指标预测	三种方法如下： 2011—2015 年分别为 9.7%、8.2%、9.1%，2016—2020 年分别为 6.5%、7.3%、7.1%
林毅夫等（2003）	—	2004—2014 年为 8.56% 2014—2024 年为 7.08%
林毅夫（2012，2014）	相对收入法	2008 年后的 20 年每年有 8% 的增长潜力；但潜力的实现需要一定条件，2015—2020 年增长率比较合适的区间是 7%~7.5%
王小鲁、樊纲和刘鹏（2009）	扩展生产函数后的增长核算法	基于各影响要素的预测分两种情形，一般情形下，2008—2020 年平均增长率为 6.7% 左右；乐观情形下，2008—2020 年平均增长率为 9.3% 左右

资料来源：作者整理。

1. 生产函数法。中国社科院经济研究所"中国经济增长前沿课题组"（2012）认为人口结构转型、要素弹性参数的逆转、经济结构服务化的形成是主导未来中国经济增长路径的三个主要力量。中国分配调整力度的加大及劳动力拐点的出现会改变要素弹性参数，结构服务化和减速预期又促使人们更加重视效率的提高，投资将逐步减速，未来需要更注重以效率提高来促进经济结构转型，从而使得经济均衡持续地发展。他们通过投资变动与城市化之间的统计关系判断未来投资趋势，利用生产函数估计要素弹性参数，同时，在设定技术进步和节能减排冲击效应的条件下估算中国潜在增长率。估计结果显示，2011—2015 年中国潜在增长率为 7.8%～8.7%，2016—2020 年为 5.7%～6.6%，2021—2030 年为 5.4%～6.3%。他们认为在投资减速和节能减排抑制下，技术进步是保持未来稳定增长的关键，应深化价格体制改革，强化改革市场配置的主导作用；以效率持续提高推动结构调整；以收入分配政策和节能减排措施，促进人力资本培育和创新；政策上考虑地区差异，分类指导。

蔡昉（2013）认为潜在增长率受劳动力、资本和全要素生产率等供给因素的影响，在自然失业率和趋势劳动参与率一定的前提下，15～59 岁劳动年龄人口将持续减少。随着劳动年龄人口绝对数量的下降和抚养比的提高，人口红利消失，储蓄率降低，投资率将下降，同时资本回报率的下降也会抑制投资增长率；但全要素生产率下降仍保持相对较高水平。这些因素的变化会降低未来潜在产出增长率，并且下降趋势将是一个持续的过程。作者在预测未来就业增长率、投资增长率、全要素生产率增长率的基础上得到 2011—2015 年平均潜在 GDP 增长率约为 7.2%，2016—2020 年平均潜在 GDP 增长率为 6.1%。作者认为首先应接受潜在增长率的降低，其次通过改革提高潜在增长率。

安信证券（2010）认为未来经济将受到劳动力投入、资本投入、技术进步和资本系数四个方面的负向冲击，他们采用生产函数法，对这四个方面进行假设。其中，采用比较中性的假设，到 2015 年，中国潜在 GDP 增速可能会下降到 7% 多一些的水平；更长远一些来看，到 2020 年，潜在增速将下降到 4%～7%。他们认为中国经济可能正处于潜在增速下降的起点，这种增速的下降本身并不可怕，主要风险在于调整过程中宏观政策的剧烈摆动。

中金公司（2011）认为随着加入世界贸易组织带来的全球化红利逐渐释放、农村可转移的富余青壮年劳动力减少、房地产泡沫对实体经济的挤压，自 2008 年以来中国潜在增长率明显下降，由"十一五"期间（2006—2010）的 10% 以上回落到 2011 年的 9% 左右。他们通过预测未来 10 年劳动力年龄人口增速、参照过去10年资本存量增长趋势、假设两种情形的TFP，对未来10年的经济增长进行预测。基准情形下，影响全要素生产率的科研、教育和政府效率等因素按照历史速度（2001—2007）增长，"十二五"期间（2011—2015）的潜在增长率均值为8%左右，"十三五"期间（2016—2020）为6%左右，2020年下降到5.5%。改革情形下，影响全要素生产率的因素在未来10年加速追赶美国，同时限制劳动力转移的体制和政策因素逐步消除，预计"十二五"期间（2011—2015）的潜在增长率均值为9%左右，"十三五"期间（2016—2020）为8%左右，2020年下降到7.5%。未来中国增长放缓趋势不可避免，可以通过体制和结构改革提高效率，防止增长率大幅下降。

中信证券（2013）利用滤波法、菲利普斯曲线法、索洛模型生产函数法估算了潜在增长率，前两种方法估计中国当前潜在增速大约为8%，索洛模型生产函数法估计2012—2017年的潜在增长率将从1992—2011年的9.9%放缓1.5个百分点至8.4%，如果改革效果不明显，增长率可能低于8%。他们认为以政府为中心的资源配置方式抑制了创新、导致社会腐败产生，从而降低资源配置效率，由此导致的TFP增速下降是过去五年中国经济增长下降的主要原因，未来应通过放权改革提高TFP和潜在增速。

国家发展改革委经济研究所课题组利用生产函数模型测算了我国的潜在增长率。测算结果表明，1992—2009年我国潜在增长率为10.2%。2011—2020年潜在增长率为7%，比前十年下降约3个百分点。其中，劳动力和资本变动将使2011—2020年的潜在增长率较2000—2009年降低2个百分点，环境约束的加强使潜在增长率下降0.6个百分点，外需结构性变化使潜在增长率下降0.5个百分点。其提出应采取六项发展战略和四项改革重点，前者包括：经济与社会并重的协调发展战略；创新驱动的产业结构优化升级战略；以消费升级为重点的扩大内需战略；以农民工市民化为突破口的深度城市化战略；破除资源环境约束的可持续发展战略；包容、平衡的经济大国战略。四项改革重点：一是推进以放松土地、利率、汇率等生产要素管制为重点的新一轮市场化改革；二是统筹国企改革与社保体系建设；三是推进以重建国家能力为目标的政府改革；四是加快以增加居民可支配收入为重点的收入分配改革。

中国人民银行调查统计司采用生产函数测算我国的潜在增长率。与其他研究不同的是，该研究采用了受教育年限和就业人口的乘积作为人力资本。假定"十二五"（2011—2015）至"十三五"（2016—2020）期间，资本存量年均增长率为10.1%，较前十年约下降2.0个百分点，人力资本的年均增长率为2%，比前十年下降0.45个百分点。据此推算，"十二五"期间（2011—2015）我国潜在增长率为9.1%，"十三五"期间（2016—2020）为7.5%。

国际组织对我国未来经济的潜在增长率也进行了相应测算，例如世界银行认为我国潜在增长率将在未来有所下降；对于我国潜在增长率的具体下降幅度，欧洲央行认为，我国潜在增长率自2008年以后趋于下降，在2011—2014年为8%左右，而到2018年以后则将低于6%。

屈宏斌（2014）分别从劳动力、资本存量、全要素生产率几个方面探讨对中国未来5~10年潜在增长率的影响，认为潜在增长率会由2001—2013年的10.2%左右降至2014—2020年的8.6%。劳动力方面，虽然就业人口下降，但是劳动者受教育程度的提高能部分或完全抵消人口老龄化带来的负面影响。资本方面，中国人均资本存量仍较低，中国大部分地区基础设施仍有明显短缺。此外，改革能提升全要素生产率。他们预计2014—2020年，随着改革的逐步推进落实，每年TFP增长率小幅上升——从基线情景假设的2.5%上升至3.5%——将会推动经济潜在增长率提高0.5~0.7个百分点，尽管这个TFP水平距2001—2013年6.5%的平均TFP还相距甚远。这意味着，由改革推动的TFP增长所带来的收益可能很可观，可能足以抵消人口老龄化的影响，并使未来经济增长更可持续。

2. 国际经验比较法。国务院发展研究中心（2011）总结不同类型工业化国家经济增长的历史经验和规律，测算出我国人均GDP或消费指标达到日本、韩国、德国等经济体GDP增长率下台阶时对应水平的时间点，以此作为我国GDP潜在增长率下台阶的时间点。假定增长率如日本、韩国和德国那样降低30%左右，从总体、分省、消费指标三个角度对潜在增长率进行分析，作者认为中国经济潜在增长率很有可能在2015年前后下一个台阶，时间窗口分布在2013—2017年，并提出在经济潜在增速回落之前要推动发展方式转变。第一，为社会成员提供尽可能多的公平就业机会；第二，完善公共服务体系，使社会成员有更多的人力资本积累机会；第三，建立健全鼓励创业和创新的制度，为社会成员提供尽可能多的创业和创新机会；第四，完善法治环境，加强产权特别是知识产权的保护。

林毅夫等（2003）预测2004—2014年中国经济潜在增长率为8.56%，2014—2024年为7.08%。2012年1月15日，在北京大学国家发展研究院主办的"2012朗润思·辩圆桌——学者与媒体对话"论坛上，林毅夫在关于"展望未来20年中国经济发展格局"的发言中提出，中国2008年的人均GDP为美国的21%，相当于日本1951年、中国台湾地区1975年、韩国1977年的人均收入。日本在1951—1971年维持了平均每年9.2%的经济增速，我国台湾地区在1975—1995年维持了平均每年8.3%的经济增速，而韩国在1977—1997年维持了平均每年7.6%的经济增速，这些经济体均保持了20年约8%的增长，人均GDP达到了美国的50%以上。据此推算，今后20年中国将实现年均8%的潜在增长率。2014年9月19日，林毅夫在"中国经济新常态下的企业机遇"论坛上提出，从历史经验看，自2008年开始中国靠和发达国家产业和技术差距的后发优势还拥有20年每年8%的增长潜力，但是增长潜力的实现需要一系列条件，包括投资的产业符合比较优势；有足够的投资资源；在有效的市场前提下，政府在产业升级中发挥积极有为的作用。在未来一段时间内，由于国外的新常态，外需较弱，因此中国经济能够实现的增长率应该比8%低，但也不会比8%低太多。他认为2015年和"十三五"期间增长率比较合适的区间是7%~7.5%。

3. 基于生产函数的增长核算法。王小鲁等（2009）在扩展包含人力资本的生产函数的基础上，利用时间序列回归得出生产要素及一系列影响因素（如技术进步、制度变迁和结构变动）对经济增长的影响，再进一步通过增长核算分解不同时期生产要素对增长的贡献，并在此基础上预测各影响因素的变动趋势。一般情形中，根据当前变动趋势对各要素走势进行预测，2008—2020年平均增长率为6.7%左右。考虑科技进步的贡献可能被低估，可将其修订为7%。由于增长处于递减过程，2020年增长率可能在5%以下。乐观情形则是在一般情形的基础上,对政府管理成本、教育条件改善、消费率趋势三方面作出更乐观预测,若政府管理体制改革对行政管理成本膨胀有效抑制、教育进一步改善以及储蓄—消费之间平衡关系恢复,2008—2020 年平均增长率将保持 9.3% 左右。

总的来说,不管利用何种估算方法,中国潜在增长率是趋于下降的,未来发展的关键在于如何顺利推进市场化改革来尽可能释放生产潜力,提高潜在增长率,延缓经济的减速,促使经济朝着最乐观的路径发展。

三、对潜在产出的测算

(一) HP 滤波法

消除趋势法（Detrending Method）将经济运行看成是潜在增长与短期波动的组合,利用计量技术从现实产出中分解出趋势部分和波动部分。目前一般利用 HP 滤波法（Hodrick 和 Prescott,1980,1997）,即利用 HP 滤波函数从时间序列中得到趋势部分,滤波函数为

$$\min\{\sum_{t=1}^{T}(Y_t - Y_t^T)^2 + \lambda \sum_{t=2}^{T}[(Y_{t+1}^T - Y_t^T) - (Y_t^T - Y_{t-1}^T)]^2\} \quad (1)$$

其中,Y_t 为现实产出;Y_t^T 为趋势部分;λ 为平滑参数。

HP 滤波方法的一个重要问题是平滑参数 λ 的取值,不同的取值决定了不同的周期方式和平滑度。季度数据的处理一般沿用 Hodrick 和 Prescott（1980,1997）1600 的取值;年度数据的 λ 取值分歧较大,取值在 6.25～100。综合文献中的取值,我们尝试取 6.25、25、100 进行对比分析（见图 1）。从估计结果可以看到,平滑参数 λ 取值越大,潜在增长率越平滑,这与设定的滤波函数有关,我们分析时采用 6.25。

(二) 生产函数法

生产函数法用索洛模型中的生产函数 $Y_t = A_t K_t^{\alpha} L_t^{1-\alpha}$ 对潜在产出进行估算,首先通过 GDP、劳动力和资本等现实数据得到全要素生产率,其次再利用消除

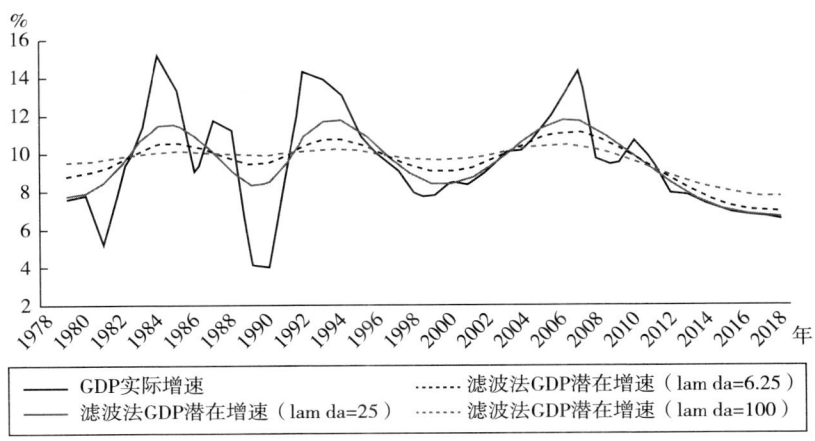

资料来源：Wind，中国银行研究院。

图1　HP 滤波法下的潜在增长率

趋势法得到趋势全要素生产率和潜在就业，最后将趋势全要素生产率、潜在就业、资本代入总量生产函数得到潜在产出。

利用生产函数估算时，需要进行以下几个步骤：一是资本存量的测算；二是潜在就业的估算；三是资本收入份额和劳动收入份额的确定；四是估算全要素生产率。

1. 资本存量的测算。采用1951年Goldsmith开创的永续盘存法，这也是目前学者们广泛使用的方法，基本公式为

$$K_t = (1 - \alpha_t) K_{t-1} + I_t \tag{2}$$

其中，K_t 表示第 t 年的资本存量，K_{t-1} 表示第 $t-1$ 年的资本存量，I_t 表示第 t 年的投资，α_t 表示第 t 年的折旧率。

实际测算时，基期（1978年）的资本存量使用张军和章元（2003）以1952年为基期得到的1978年的资本存量，并利用其固定资产投资价格指数换算成1978年的当年价；投资使用支出法GDP中的固定资本形成总额；固定资产投资价格指数借鉴张军和章元（2003）的数据，折算出以1978年为基期的1978—2001年的固定资产投资价格指数，并与调整后的2002年的全国固定资产投资价格指数相结合，得到完整的固定资产投资价格指数；折旧率采用一般

文献中的5%。根据上述公式最终得到1978—2018年（1978年为基期）的资本存量（见图2）。

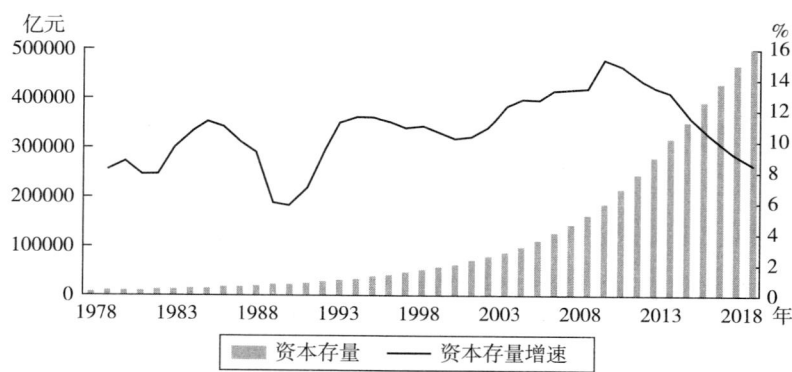

资料来源：Wind，中国银行研究院。

图2　资本存量测算结果

2. 潜在就业。我们利用HP滤波对就业人数与经济活动人数的比值进行处理得到趋势就业参与率，利用趋势就业参与率和经济活动人数估算得到1978—2018年的潜在就业。

3. 资本收入份额和劳动收入份额。在 $Y_t = A_t K_t^{\alpha} L_t^{1-\alpha}$ 形式生产函数的假定下，α 表示资本要素收入在总产出中所占份额，相应地，$1-\alpha$ 表示劳动收入在总产出中所占份额。相关研究中一般通过时间序列估计出 α，但这样估计的一个问题在于年度数据时间较短，特别是考虑不同发展阶段和背景时进行分段估计，样本量较小，估计结果出现偏差的可能性较大。因此，我们在设定要素份额时参照与要素收入分配相关的文献，通过对收入法GDP核算下的劳动收入份额进行调整来估算劳动与资本的收入份额。

收入法GDP的核算在2004年出现了两个变化：个体劳动者收入由劳动收入变为营业盈余、对农业不再记营业盈余，白重恩和钱震杰（2009）将2004年后数据调整为与2003年之前数据可比，虽然尽可能地统一了比较口径，但将个体劳动者的收入全部视为劳动者报酬会高估劳动收入份额。因此，我们借鉴张车伟和张士斌（2010）的方法，将农村和城镇经营性收入中的1/3视为资本收入、2/3归劳动所有，并在此基础上，在要素成本法（剔除间接税的影响,即 GDP 减去生产税净额)下估算劳动和资本收入份额(见图3),之后利用滤波法得到趋势劳动份额。

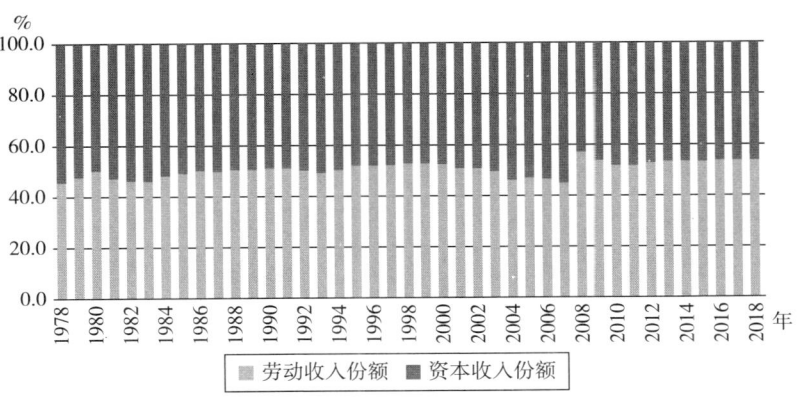

资料来源:Wind,中国银行研究院。

图3 劳动收入份额

4. 全要素生产率。将劳动、资本及要素份额的数据代入生产函数 $Y_t = A_t K_t^{\alpha} L_t^{1-\alpha}$,得到全要素生产率 A,利用 HP 滤波得到趋势全要素生产率。同时得到 GDP 实际增速中各要素的贡献度(见图4),劳动力增长对 GDP 增长的贡献比重从改革开放以来的 10%~20% 降到 2018 年的 -0.01%;资本增长的贡献

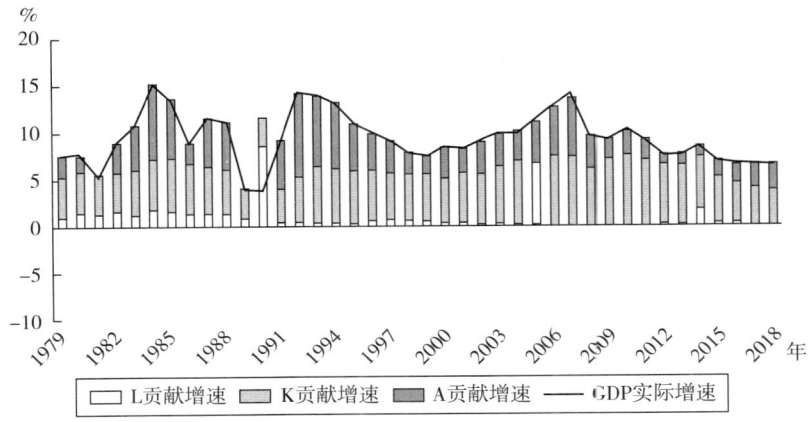

资料来源:Wind,中国银行研究院。

图4 GDP 实际增长率及各要素贡献

051

比重较高，2008年国际金融危机后甚至达到70%~80%，反映出我国是投资拉动下的经济增长，尤其是面临外部经济危机冲击和内部经济较大波动时，政府政策刺激明显；全要素生产率对经济增长的贡献在20%~30%，个别年份达到50%~60%，2008年国际金融危机后全要素生产率增速呈现下降趋势，对GDP增长的贡献也在下降。将趋势全要素生产率、潜在就业、资本、各要素份额代入总量生产函数得到潜在产出（见图5）。

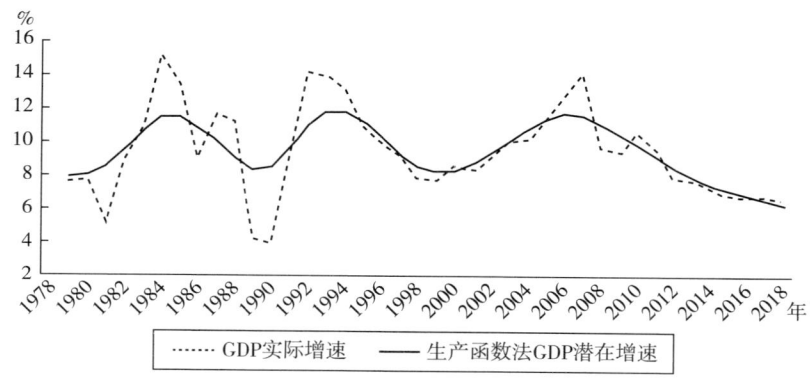

资料来源：Wind，中国银行研究院。

图5 GDP实际增长率和生产函数法下的潜在增长率

四、潜在产出分析

（一）潜在增长率

从潜在增长率的变动趋势看，我国经济波动大概以十年为一个周期（见图6）。改革开放以来，我国经济大致已经经历了三个完整周期：1978—1989年、1990—2000年、2001—2013年。这三个周期正好对应了中国的三次改革。在每一次改革初期，随着体制改革红利的释放，潜在增长率快速提高；一段时期后，随着红利效应的边际递减，潜在增长率有所下降。但自2014年以来，我国经济并未像前几个周期的发展规律一样，在一个周期结束后开始新一轮的高速增长，而是进入新常态，潜在增长率持续处于平稳下行通道中。

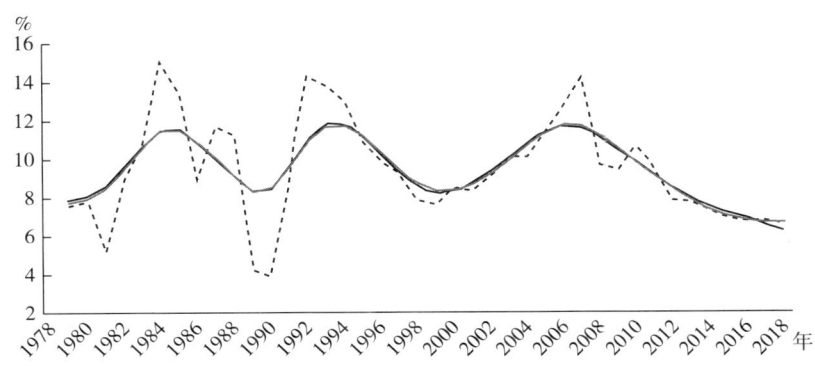

资料来源:Wind,中国银行研究院。

图 6 实际 GDP 增速和两种方法下的潜在增长率

具体地,20 世纪 80 年代初,以家庭联产承包责任制为核心的农村改革大幅提高了农业生产效率,中国政府的工作重心也转移到社会主义现代化建设上,并提出了改革开放的战略决策。这期间,中国经济的生产函数法潜在增长率从 1979 年的 7.91% 上升到 1985 年的 11.49%,7 年的平均潜在增长率达 9.65%。1979—1989 年,资本对经济增速的贡献比重为 49% 左右,全要素生产率对经济增长的贡献在 20%~40%;TFP 对增长的贡献比重则从 1979 年的 23% 上升到 1984 年的 42% 左右,之后又下降到 1988 年的 37%;劳动的贡献保持在 15% 左右。

20 世纪 90 年代,邓小平的南方谈话激发了经济活力,社会主义市场经济体制的改革目标确立,改革开放力度加大,政府在财税、金融、外汇管理、企业制度、社会保障等方面采取了重大措施推进改革。潜在增长率遂从 1990 年的 8.47% 提高到 1994 年的 11.82%;但此后逐年降低,至亚洲金融危机后的 2000 年,降至 8.31%。1990—2000 年,资本对 GDP 增速的贡献比重不断提高,从 1990 年的 33.6% 上升到 2000 年的 53.7%;全要素生产率的贡献比重则在 30%~60%(20 世纪 90 年代初期在 50% 以上,2000 年回落至 40% 左右);劳动对增长率的贡献比重下降较多,为 6% 左右。

21 世纪初,中国加入世界贸易组织,对外开放程度进一步加大。外商直接投资的增加，促进了国内企业生产技术和管理制度的提高和改善；全面的对外开放也促使市场化改革和结构调整加快。潜在增长率从2001年的8.69%上升到2006年的11.70%，但2008年国际金融危机后又持续下降到2018年的6.30%。2001—2013年，资本对经济增速的贡献比重保持在高位：2008年危机之前在60%左右，2008年之后在70%~80%。这反映了危机过后我国经济增长更多依赖于投资的拉动，特别是面对危机时，政策托底保增长的作用尤为突出。全要素生产率的贡献从2001年的33.7%上升到2006年的44.8%，后逐步降低至2013年的19.1%。劳动力的贡献比重下降至2%，反映人口红利效应逐步减弱。

2014年以来，经济进入下行区间，潜在增长率持续下滑，至2018年降为6.30%。2014—2018年，资本对经济增速的贡献逐渐下降至低于70%水平，全要素生产率的贡献到2018年，已经由2013年的低位逐步上升到30%以上；而2018年的劳动的贡献比重则由正转负，突出反映了我国由人口红利期向人口负债期的转变。

（二）产出缺口

滤波法和生产函数法下的产出缺口率［即（实际产出－潜在产出）/潜在产出］总体变化趋势一致。产出缺口率与经济形势、通货膨胀密切相关。

1. GDP增速与产出缺口率的关系。产出缺口率是产出缺口除以潜在产出。从产出缺口率本身的波动看，1994年产出缺口从高峰开始下降，并在1999年由正转负（见图7）。此后，除2008年左右因受国际金融危机影响，经济波动幅度较大外，其他年份的产出缺口的波动幅度较1994年之前相对较小，表明从1994年左右开始中国政府积极应对外部环境变化，采取积极的财政政策，这在一定程度上使宏观经济更加稳定，随着市场经济体制的逐步完善和宏观经济政策运用的日趋合理，中国经济的稳定性和抵御外部冲击的能力有所加强。

结合经济增长周期来看产出缺口，在改革开放以来的三轮经济周期中，经济增速上升期的产出缺口率上升，经济增速下降期的产出缺口率下降（见图7）。这与实际需求波动较大，而潜在产出因受生产力等因素限制波动较小有

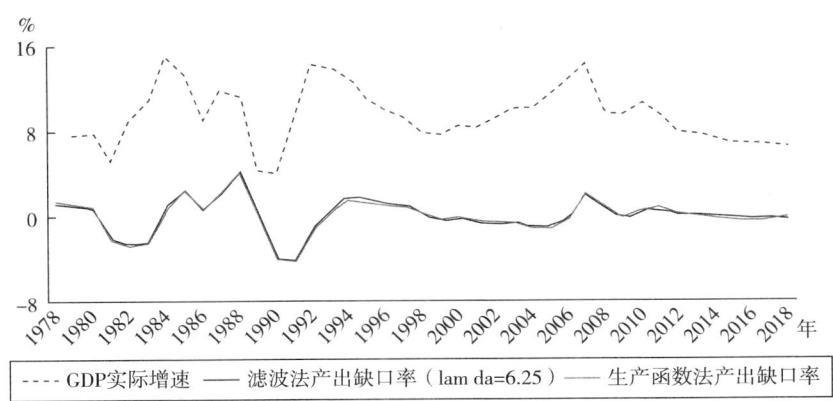

资料来源：Wind，中国银行研究院。

图 7　实际 GDP 增速、滤波法和生产函数法下的产出缺口率

关。在经济上升期，实际需求快速上升，而潜在产出上升较缓，从而产出缺口率随之上升；在经济下行期，实际需求减小较快，而潜在产出减小较慢，从而产出缺口率下降。此外，实际经济增长情况是产出缺口的领先指标，从图 7 可见 GDP 实际增速的拐点大约领先产出缺口率拐点 1 年出现，领先 1 年的实际经济增长率与产出缺口率的相关系数为 0.7 左右，两者具有较强的相关关系。

自 2014 年经济进入新常态以来，我国经济实际增速平稳下行，产出缺口持续为较小的负值，但基本稳定在 0 附近。一方面潜在产出持续下降，另一方面产出缺口为负但基本稳定，这说明我国当前经济既面临有效供给不足，又面临需求疲软的状况。因此宏观经济政策一方面需从供给侧入手，提高供给质量，扩大有效供给，从而提升潜在产出水平；另一方面，则要采取一系列刺激措施，提高实际需求，使得实际增速能够尽量提高到潜在产出的水平。

2. 产出缺口与其他经济指标之间的关系。产出缺口与通货膨胀之间关系密切。正产出缺口意味着存在通货膨胀上涨的压力，负产出缺口则意味着通货膨胀压力趋于下降。本文选取了 GDP 实际增速、CPI、PPI、商品零售价格指数、PMI 和服务业 PMI，分别计算产出缺口率和它们之间的相关系数（取相关系数最大的滞后年数），结果如表 2 所示。除 PPI 与产出缺口率之间的相关系数稍小外，其他指标均与产出缺口之间存在较强的正相关关系，因此这些指标可以辅助判断产出缺口的变动趋势（见图8至图12）。

表2　　　　　产出缺口率和其他经济指标之间的相关系数

	GDP 增速 （t-1）	CPI （t）	PPI （t）	商品零售价 格指数（t）	PMI （t-1）	服务业 PMI （t-1）
产出缺口率（滤波法）	0.706	0.511	0.305	0.505	0.691	0.734
产出缺口率（生产函数法）	0.691	0.473	0.271	0.471	0.728	0.871

注：PMI 和服务业 PMI 数据序列较短（PMI：2005—2018；服务业 PMI：2012—2018），因此计算得到的相关系数偏大。

资料来源：国家统计局、Wind、中国银行研究院。

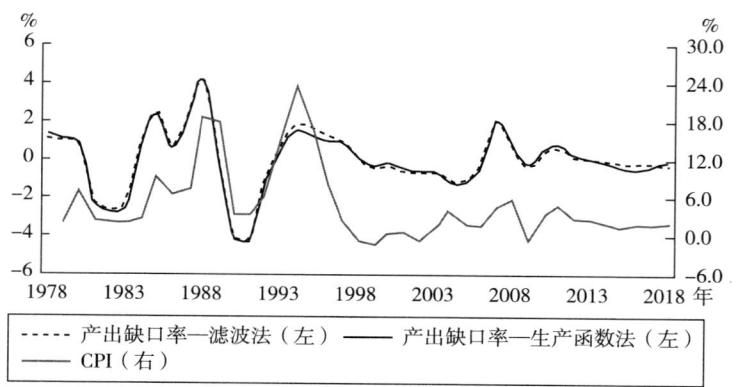

资料来源：国家统计局，中国银行研究院。

图8　产出缺口率和 CPI

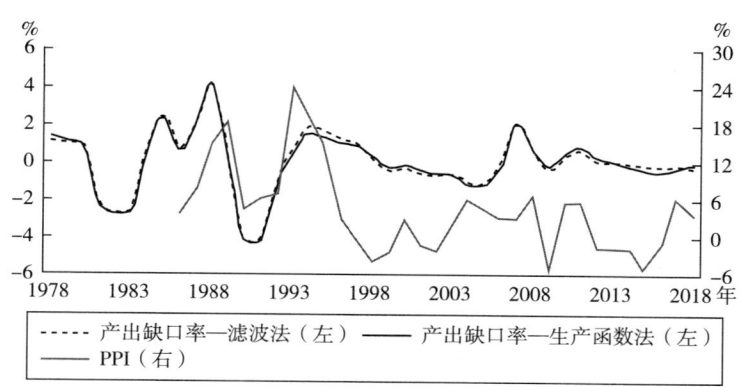

资料来源：国家统计局，中国银行研究院。

图9　产出缺口率和 PPI

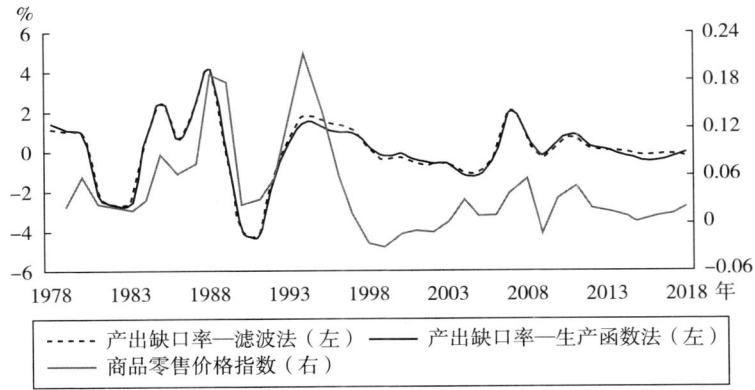

资料来源：国家统计局，中国银行研究院。

图 10 产出缺口率和商品零售价格指数

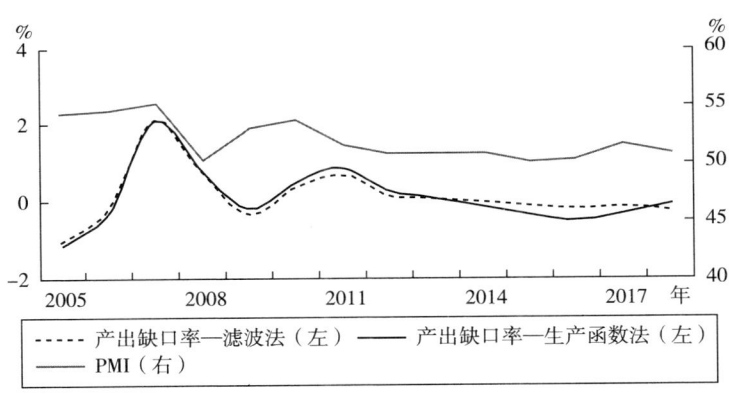

资料来源：国家统计局、Wind、中国银行研究院。

图 11 产出缺口率和 PMI

五、未来 10 年潜在增长率分析

2010 年以来中国经济增速持续下降，从 2010 年的 10.64% 降至 2018 年的 6.57%。从改革开放以来的发展历程看，1989—1990 年和 1998—1999 年两个阶段的经济增速均有较大回落，1989—1990 年 GDP 增速降到 4% 左右、

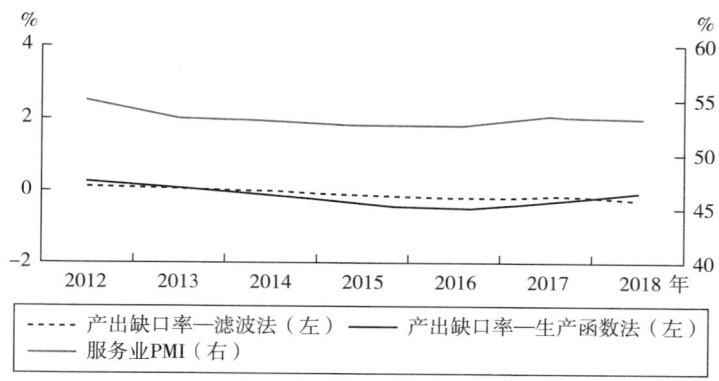

资料来源：国家统计局、Wind、中国银行研究院。

图12 产出缺口率和服务业PMI

1998—1999年GDP增速降到7.7%左右，但两三年后经济又都以超过10%的速度持续快速增长。那么此次经济增长的放缓与以往有哪些不同？本次放缓是短期周期性波动的影响还是长期增长趋势下降的影响？从中长期看，实际经济增长率总是围绕潜在增长率上下波动，因此，潜在增长率是对未来我国宏观经济增长趋势判断和政策建议的重要参考，估算未来潜在增长率有助于解答这些问题。我们将从供给和需求两方面看未来的经济增长。

（一）生产函数法估算潜在增长率

潜在增长率主要取决于经济的供给潜力，包括劳动、资本、全要素生产率（TFP），我们利用生产函数法估算中国未来10年的潜在增长率，首先对劳动力、资本、全要素生产率三方面的走势作出分析。

1. 劳动力供给增长放缓，2016年后就业人口开始负增长。2018年我国人口出生率为10.94‰，死亡率为7.13‰，自然增长率从2015年的4.96‰下降到3.81‰。此外，我国60岁以上和65岁以上人口比重不断增加，2018年分别为17.9%和11.9%，远超过国际老龄化标准（10%和7%）。根据世界银行的预测，未来中国老龄化程度将不断提高，到2050年，我国65岁及以上人口比重将接近26%。在出生率下降、老龄化加剧的情况下，未来10年我国劳动年龄人口将进一步负增长。根据世界银行对中国未来10年分性别、分年龄组的人口预测，同时考虑不同性别及其各自年龄组的劳动参与率，我们预测得到2019—2030年的经济活动人口（见图13）。同时，假定未来各年就业参与率（就业人数/经济活动人口）为前10年就业参与率的平均值，我们可以得到未来各年的就业人数（见图14）。

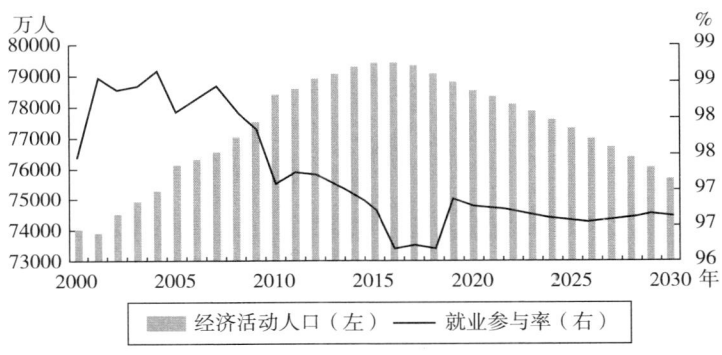

资料来源：Wind，中国银行研究院。

图13 经济活动人口和就业参与率

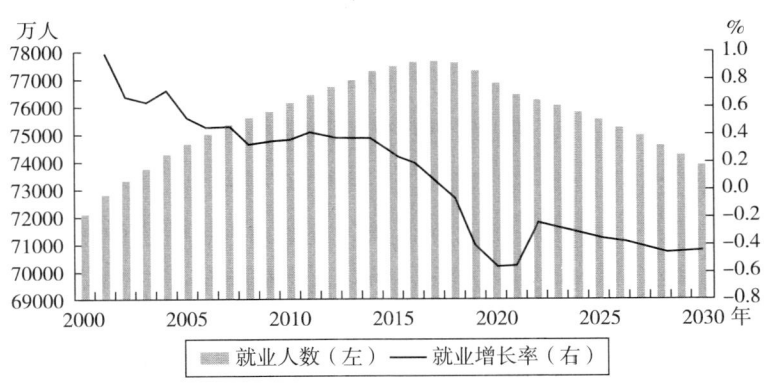

资料来源：Wind，中国银行研究院。

图14 就业人数和就业增长率

2. 资本增速趋于下降，资本存量增速在5%~8%。从投资的供给看，中国的高储蓄率能对投资需求形成一定的支持。从投资的需求看，我国的产业结构已经发生了明显变化,第二产业占GDP的比重持续下降至2018年的40.7%,其中工业占GDP比重降至2018年的33.9%,第三产业占GDP的比重2018年达到52.2%。从各国经验及未来人口结构的变化看,未来工业比重将继续下降,服务业比重将进一步上升,产业结构的这种变化意味着未来10年的投资增速将进一步下降。此外,中国的资本投入其实并不低。2017年中国人均GDP水平相当于1978年的日本,与类似发展阶段的日本相比,中国固定资本形成总额占GDP的比重(43%)要高于日本(32%)。按2020年国内生产总值比2010年翻一番的目标估算,假定固定资本形成占GDP的比重保持在2017年的43%、折旧为5%,未来资本存量增速为5%~8%(见图15)。

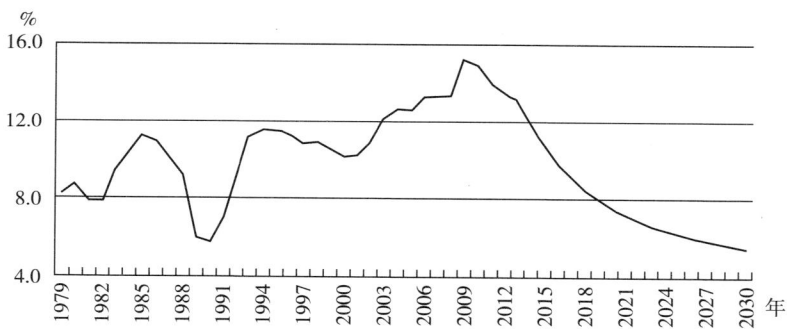

资料来源:作者测算。

图15 中国资本存量增速

3. 全要素生产率取决于改革效果,增速为2%或3%左右。全要素生产率在经济意义上反映技术进步与效率的提高,在劳动力和投资增长率下降的情况下,未来全要素生产率是经济增长的一个关键。如前所述,改革开放以来的几次改革往往都伴随着全要素生产率的提高,全要素生产率对经济增长的贡献在20%~30%,个别年份达到50%~60%。

技术、教育、制度是影响全要素生产率的主要因素。我国研发支出占GDP的比重从1996年的0.57%逐年上升到2018年的2.18%,虽然仍低于美国(2016年2.74%左右)、日本(2016年3.14%)、德国(2016年2.94%)等国家,也低于世界平均水平(2016年2.23%),但与发达国家的差距在缩小。

我国平均受教育程度不断提高，截至 2017 年底，全国劳动年龄人口平均受教育年限接近 10.5 年，新增劳动力平均受教育年限达到 13.3 年，总体教育发展水平已经跃居世界中上行列。根据《国家中长期教育改革和发展规划纲要（2010—2020 年）》，到 2020 年，新增劳动力平均受教育年限要提高到 13.5 年，主要劳动年龄人口平均受教育年限要提高到 11.2 年，其中受过高等教育的比例要达到 20%，具有高等教育文化程度的人数比 2009 年翻一番。党的十九大以来提出的各项市场化改革举措也在陆续开启和实施。综合考虑追赶效应和改革红利等因素，我们对全要素生产率的增长假定两种情形：乐观情形下，改革效果明显，随着市场化进程和结构调整推进，资源配置更有效率，产业升级、企业创新和技术进步明显。未来 10 年的全要素生产率增速为 3%；一般情形下，改革效果不明显，未来 10 年全要素生产率增速为 2%。

根据以上预测利用 HP 滤波得到趋势就业人口和趋势全要素生产率，考虑到产业结构及人口结构的变化，未来劳动收入份额可能进一步提高，结合前面对劳动收入份额的估算，假定未来劳动产出弹性逐年提高，从 2018 年的 54.1% 提高到 2030 年的 55.3%，利用 HP 滤波得到趋势劳动收入份额，接着利用生产函数法进行估计，未来潜在增长率呈下降趋势。乐观情形下，2020 年之前潜在增长率保持在 6% 以上，2025 年降至 5% ~ 5.5%，2019—2025 年平均增长率为 5.8%，2026—2030 年平均增长率为 4.8%；一般情形下，2019—2025 年平均增长率为 5.5%，2026—2030 年平均增长率为 4.1%（见表3）。

表3　　　　　　中国潜在增长率（2019—2030）估算　　　　　单位：%

年度	乐观情形	平均增长	一般情形	平均增长
2019	6.2		6.1	
2020	6.1		5.9	
2021	5.9		5.7	
2022	5.8	5.8	5.6	5.5
2023	5.6		5.3	
2024	5.4		5.0	
2025	5.3		4.8	

续表

年度	乐观情形	平均增长	一般情形	平均增长
2026	5.3		4.7	
2027	5.1		4.4	
2028	4.8	4.8	4.1	4.1
2029	4.6		3.8	
2030	4.5		3.6	

资料来源：作者整理。

（二）从消费需求看未来经济增长

上一部分是从供给的角度看中国经济的潜在增长率，但如果需求不足，经济供给的潜力将无法释放，现实产出将会低于潜在产出，经济增长率也将低于潜在增长率。因此，我们还将从需求的角度，分析未来消费能带动多大的经济增长率。推算的基本思路是：第一步，假定未来10年每年收入的增长率是前5年增长率的平均水平，可以得到2020—2030年的城乡居民人均收入。第二步，根据人均收入与人均消费的关系测算未来城乡居民人均消费水平。第三步，根据世界银行对我国未来人口总数的预测，以及未来城镇化水平的变化情况（假定到2030年，城镇化率达到70%），推算未来城镇人口和农村人口数量。第四步，根据农村和城镇的人口和人均消费情况，推算未来农村和城镇总消费量。第五步，根据消费占GDP比重的变化情况，推算未来的GDP总量及增速。城镇和农村消费之和占GDP的比重呈下降趋势，从改革开放初期的50%左右下降到2011年的29.4%，2012年开始有所上升。考虑到未来产业结构及人口结构的变化、居民收入增加以及城镇化的推进，预计未来消费占GDP比重将有所提高。我们假定两种情况，未来消费占GDP比重每年提高1个百分点，和未来消费占GDP比重每年提高0.5个百分点，分别推算未来GDP增速（见表4）。

测算结果显示，当消费占GDP比重过快增长，经济增长率较低，说明在当前收入水平及增长假设下，为了保持合理稳定的经济增长速度，保持一定比重的投资仍是关键，要避免投资增速下降过快。在当前经济增速回落的关键时期,发达国家经济增长乏力,外需相对不足,中国需要通过增加内需维持一定的经济增速,但当前发展阶段投资依然重要。结合供给角度的分析,未来潜在增长率趋于下降,为使经济增长尽可能达到潜在增长率水平,应在消费和投资之间找到促进经济稳定发展的平衡点。

表4　　　　　　　　从消费角度测算经济增长率　　　　　　单位:%

年份	消费/GDP 每年以 0.5% 提高	消费/GDP 每年以 1% 提高
2019E	6.3	6.2
2020E	6.1	5.8
2021E	6.4	6.1
2022E	6.4	6.0
2023E	6.3	6.0
2024E	6.1	5.8
2025E	5.9	5.5
2026E	5.6	5.3
2027E	5.4	5.1
2028E	5.4	5.0
2029E	5.3	4.9
2030E	5.2	4.8

资料来源:作者整理。

六、劳动生产率与潜在增长率

潜在增长率的下降其实是符合经济发展规律的,是产业结构变化过程中劳动生产率增速放缓的结果。劳动和资本要素投入的变化、技术进步和创新等引起的全要素生产率的改变都体现为劳动生产率的变化,从而最终影响经济产出及增长水平。劳动生产率的增速与经济增长率变化趋势一致,劳动生产率较高的年份,经济增长率也较高;劳动生产率低的年份,经济增长率也较低(见图16)。

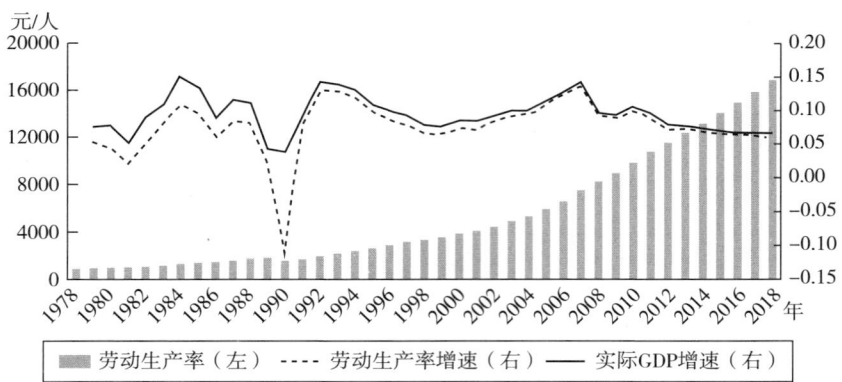

资料来源：作者整理。

图 16　劳动生产率与经济增长率

中国经济 40 年的发展过程中，劳动生产率的变化与产业结构的变化密切相关。2013 年之前我国经济处于第二产业占主导的工业经济阶段，第二产业占 GDP 的比重一直在 40% 以上，尤其是 1993 年后，第二产业占 GDP 的比重继续上升，基本保持在 45% 以上，劳动力不断从第一产业转移到第二、第三产业（见图 17）。在工业占主导的发展阶段，就业人口从劳动生产率较低的农

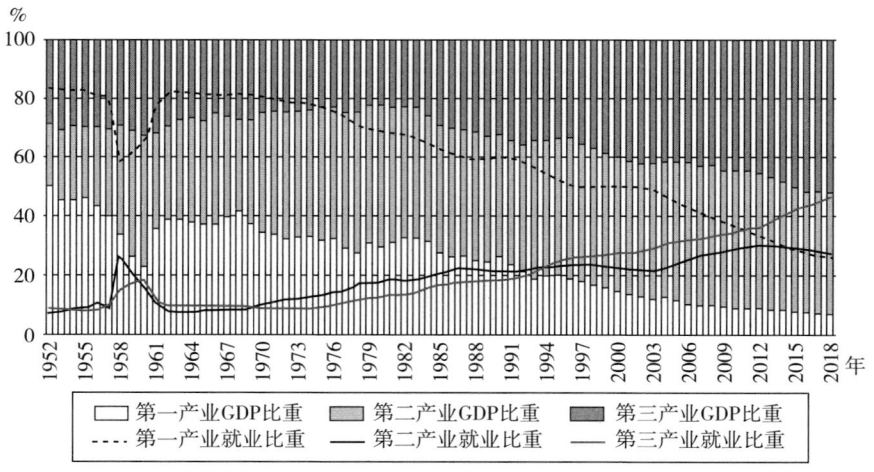

资料来源：Wind，中国银行研究院。

图 17　三大产业 GDP 和就业结构

业转移到劳动生产率较高的工业和服务业（见图18）。同时，工业部门技术进步和大量资本的使用能快速提高该部门产出，从而带动整体劳动生产率增速的提高，1993年后劳动生产率的平均增速（9.2%）明显高于1993年之前的平均增速（6.4%）。2013年第三产业占比首次超过第二产业的比重，2018年第三产业占比达到52.25%。预计未来服务业为主的第三产业比重还将进一步加大。随着未来服务业比重增加，就业人口主要转移到劳动生产率相对较低的服务业，从而带动整体劳动生产率增速的放缓。根据前文的预测，在向以服务业占主导的产业结构转变过程中，资本增速下降，同时全要素生产率也难有较快增长，未来劳动生产率增速也将有所下降，在经济整体劳动生产率增速回落时，经济增长也将有所下降，也即潜在增长率将下降。

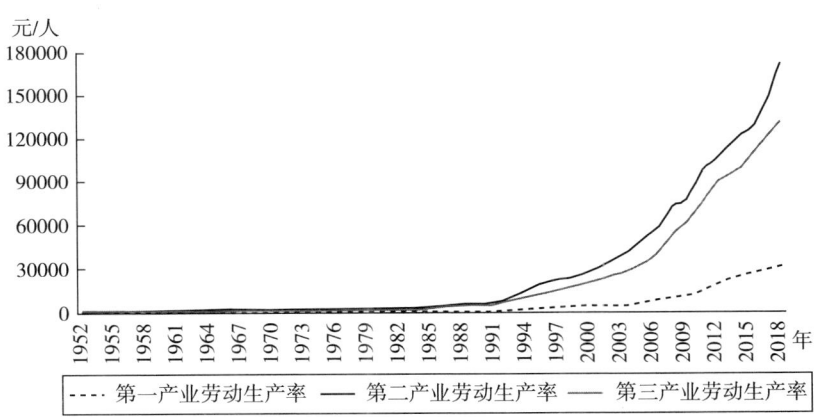

资料来源：Wind，中国银行研究院。

图18 三大产业劳动生产率

七、结论及建议

从供给的角度看，我国经济的潜在增长率和实际增长率当前都处于平稳下行的通道中，并且随着产业结构和人口结构的变化，我国劳动生产率增速将趋于放缓，未来潜在增长率逐步回落是大的发展趋势。预计未来若干年内我国GDP增速大概维持6%左右。因此，我们应该对未来经济增长保持理性预期，将过去对于经济发展速度的追求，逐渐调整为对于经济发展质量的追求。

当前，为保证就业和社会稳定，也应防止经济过快减速，面对新形势，从供给的角度，我们可以从劳动力、资本、全要素生产率三个方面来提高潜在增长率。具体的政策措施，可以从以下几个方面发力。

在劳动力方面：一是要继续积极推进生育政策的调整，从控制人口增长的低生育率向保持人口均衡增长的合理生育率政策转变，适度提高生育率和出生率。二是提高劳动参与率。可利用宏观经济政策和积极的就业政策降低周期性、结构性和摩擦性失业，促进城乡居民就业，降低失业率；要鼓励劳动力从农业转移到非农产业，进一步推进城镇化建设，深化户籍制度改革，促进农民工的市民化；为应对未来劳动力供应的放缓，还可以尝试延长就业时间或者提高退休年龄，提高高年龄组人口的劳动参与率。三是在我国经济和产业结构转型升级的时期，要更加重视人力资本的积累，提高劳动力素质。要进一步加大公共教育支出力度，特别是加大对农村等落后地区的教育投入，在提升基础教育质量的前提下，进一步提高高等教育的大众化水平；同时，要加大职业教育投入，提高职业教育办学质量，培养与产业发展相适应的高素质劳动者和技术技能人才。

在资本形成方面：政府应进一步减少替代市场对产能进行的直接干预，着重于建立公平、合理的投资制度环境，加强信息的收集与发布，完善企业的进入和退出机制，充分发挥市场在资源配置中的决定性作用，使资源在不同部门、不同地区之间有效配置。

在提高全要素生产率方面：应继续推进市场化改革，减少政府对经济的干预程度，消除生产要素流动的制度性障碍，利用竞争机制提高要素使用效率，实现资源的有效配置；要从行政许可、财政扶持、金融支持等方面，为非公经济提供平等公平的竞争环境，同时加强对中小微企业的扶持力度。此外，政府要加大对研发的投入，加强关键核心技术和基础技术的研究和开发；要加大研究和试验税收抵免的力度；要引导企业进行自主创新，同时要健全创新的制度环境，加强对知识产权的保护，搭建科技创新信息平台，为创新转化为产业活动创造条件，构建起以企业为主体、以市场为导向的产学研相结合的创新体系，推动新技术、新产业、新业态、新机制的融合发展。

同时，为保证潜在生产力的释放，未来要加强推进城镇化建设，进一步提高城镇化水平和城乡居民收入，促进消费的平稳增长。为了保持合理稳定的经济增长速度，应在消费和投资之间找到平衡点，从中短期来看经济增长仍要以投资为主，从中长期来看，在潜在增长率下降的情况下，鼓励和促进消费是带动经济持续增长的重要途径。

从"三步走"到"两阶段"

——中国现代化进程的历史与未来[*]

党的十九大报告提出"我们既要全面建成小康社会、实现第一个百年奋斗目标,又要乘势而上开启全面建设社会主义现代化国家新征程,向第二个百年奋斗目标进军",同时全面建设社会主义现代化国家将分两个阶段来安排。这是对前期"三步走"战略的继续和深入,意味着在2020年实现全面建成小康社会奋斗目标后,全面建设社会主义现代化国家将成为新的奋斗目标。本文梳理了从"三步走"到"两个一百年"再到新时代"两阶段"的发展与演进,这些战略目标具有系统性、继承性、连续性,同时立足于中国实际与时俱进,目标的内涵也不断调整和丰富。从过去的实践、未来发展条件看,新时代全面建设社会主义现代化国家前景可期。预计我国人均GDP将在2021—2025年超过12000美元,GDP规模将在2030—2035年超过美国,在悲观情形下,到2050年我国人均GDP大约为美国的31.2%,乐观情形下约为美国的41.6%。

---

[*] 本文由周景彤、梁婧撰写于2017年12月,2019年9月修改。

第一章　外部经济环境巨变背景下中国经济转型
从"三步走"到"两阶段"

一、从"三步走"到新时代"两阶段"战略目标的演进

集中力量进行社会主义现代化建设是我国宪法规定的国家根本任务①。为实现这一总任务，在不同历史时期、不同发展阶段，从"三步走"到"两个一百年"再到新时代"两阶段"，我国不同时期的领导集体提出了相应的发展战略。这些战略目标具有开创性、继承性、连续性，为建立社会主义现代化强国和实现中华民族伟大复兴确定了时间表和路线图。

（一）"三步走"战略的形成与发展

新中国成立后，我国开始探索新历史时期国家建设道路。1963年中央工作会议提出国民经济发展分两步考虑：第一步建立一个独立的比较完整的工业体系和国民经济体系，使我国的工业大体上接近世界先进水平；第二步使我国工业走在世界前列，全面实现农业、工业、国防和科学技术现代化。1964年第三届全国人大一次会议正式提出了实现"四个现代化"问题，即要"在不太长的历史时期内，把我国建设成为一个具有现代农业、现代工业、现代国防和现代科学技术的社会主义强国"。1975年全国第四届人大一次会议上重申并明确时间，提出，第一步在1980年以前，建成一个独立的比较完整的工业体系和国民经济体系；第二步在20世纪内，全面实现农业、工业、国防和科学技术的现代化，使我国国民经济走在世界的前列。这一时期的目标总体较为冒进，但也为后期部署提供了经验借鉴。

改革开放后，新一代领导集体继承了"四个现代化"的战略构想，但立足于基本国情，也认识到任务的艰巨性和挑战性，赋予了现代化新的内涵，规划步骤也更加科学和具体。1979年邓小平在会见日本首相大平正芳时指出，中国要实现的现代化是中国式的现代化，是小康之家式的现代化。此后，建设

---

① 《中华人民共和国宪法》序言指出，"国家的根本任务是，沿着中国特色社会主义道路，集中力量进行社会主义现代化建设"。

小康社会的阶段性目标逐渐清晰，1982年党的十二大正式提及小康目标，制定到20世纪末分两步走达到小康水平的目标规划。之后，邓小平对中国现代化建设进行更加全面和长远的思考。1987年党的十三大明确了我国国民经济发展"三步走"战略，不仅分两步在20世纪末实现国民生产总值比1980年翻两番，并且要在21世纪中叶人均国民生产总值达到中等发达国家水平，基本实现现代化（见图1）。

图1　1979年12月6日邓小平会见日本首相大平正芳

（二）"两个一百年"目标的提出与发展

世纪之交，我们党对"三步走"战略中第三步开始进行部署和规划。1992年党的十四大提出在20世纪90年代要初步建立起新的经济体制，实现达到小康水平的第二步发展目标，到建党一百周年的时候在各方面形成一整套更加成熟更加定型的制度，在此基础上，到下世纪（21世纪）中叶新中国成立一百周年的时候，就能够达到基本实现社会主义现代化的第三步发展目标。至此，"两个一百年"目标初步提出。五年之后，在对历史、当前和未来发展阶段和内外部条件作出基本判断的基础上，党的十五大作出具体部署，提出建党一百年（2021年）时使国民经济更加发展，各项制度更加完善，新中国成立一百年（2049年）时基本实现现代化，建成富强民主文明的社会主义国家。在第一个百年的前十年，要实现国民生产总值比2000年翻一番。

2002年党的十六大更具体地设计了第一个百年目标，提出要在21世纪头二十年集中力量全面建设惠及十几亿人口的更高水平的小康社会，并提出了涉及经济、社会主义民主、教育科技文化医疗、可持续发展等方面的具体目标，其中国内生产总值到2020年要力争比2000年翻两番。此后，全面建成小康社会成为未来一段时间的重点奋斗目标。2007年党的十七大在十六大确立的全面建设小康社会目标的基础上对我国发展提出新的更高要求，提出在优化结构、提高效益、降低消耗、保护环境的基础上，实现人均国内生产总值到2020年比2000年翻两番，首次纳入了人均GDP的量化指标，社会主义现代化国家内涵中增加了"和谐"二字。2012年党的十八大首次纳入居民人均收入目标，提出在发展平衡性、协调性、可持续性明显增强的基础上，实现国内生产总值和城乡居民人均收入比2010年翻一番，并正式概括提出在中国共产党成立一百年时全面建成小康社会，在新中国成立一百年时建成富强民主文明和谐美丽的社会主义现代化国家（见图2）。

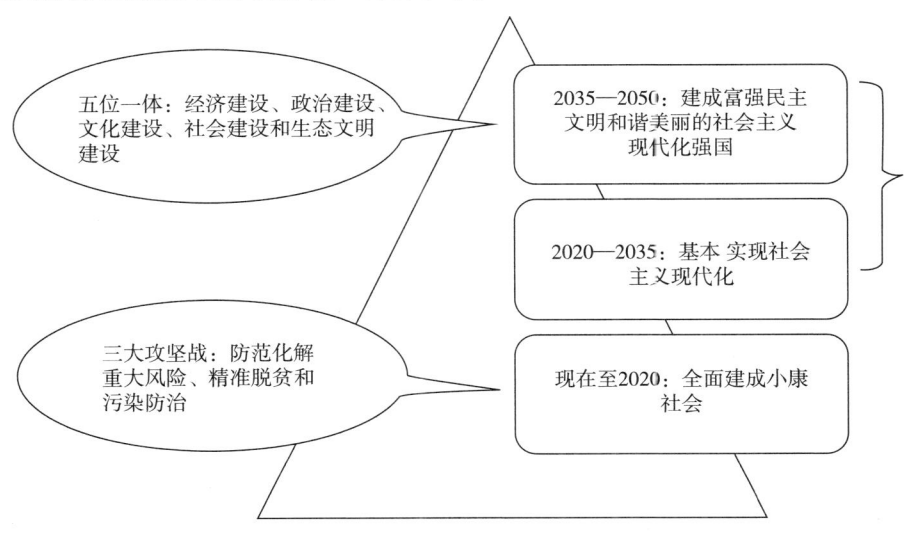

资料来源：作者整理。

图2　从"三步走"到"两阶段"

（三）新时代"两阶段"的提出

综合国际国内形势和我国发展条件，党的十九大作出了中国特色社会主义进入新时代的重要判断，这也是未来我国发展新的历史方位。报告提出，从现在（2017年）到2020年是全面建成小康社会决胜期，并对向第二个百年奋斗目标进军的路线进行了细化，提出从2020年到2035年要基本实现社会主义现代化，从2035年到21世纪中叶要把我国建成富强民主文明和谐美丽的社会主义现代化强国，不仅把基本实现现代化目标的时间提前了15年，而且还增加了"美丽"两字，形成了五位一体的社会主义现代化强国的战略目标，进一步丰富了现代化国家的内涵。

二、从"三步走"到新时代"两阶段"战略目标演进的特点

第一，具有系统性、继承性、连续性。从"三步走"到"两个一百年"再到新时代"两阶段"，党对国家未来发展的前景和路径是在统一框架体系内一步步清晰化、具体化。

1987年党的十三大正式提出的"三步走"战略给出了中国经济和社会发展的总轮廓，规划了从1980年到21世纪中叶的长远发展目标。1980年到2000年这二十年间是较为具体的中期目标，即国民经济每十年翻一番，而到21世纪中叶基本实现现代化则确立了长期发展的总方向。特别值得注意的是这次会议进一步明确了经济发展的根本是要实现人民生活水平的提高，使人民过上小康生活、全面建成小康社会也成为之后经济和社会发展的核心目标。随着21世纪的来临，我们党开始对"三步走"战略的第三步进行具体部署。2000年到2020年这二十年是实现现代化建设第三步战略目标必经的承上启下的发展阶段，也成为部署的重点。党的十五大、十六大、十七大、十八大都提出了到2020年经济翻番的目标。

2017年，我们即将迎来"两个一百年"奋斗目标的历史交汇期，既要全

面建成小康社会、实现第一个百年奋斗目标，又要向第二个奋斗目标进军，党的十九大对2020年到21世纪中叶提出了实现社会主义现代化的新"两阶段"战略，对第二个奋斗目标的路径进一步具体化。

第二，立足于中国实际与时俱进，具有科学性、务实性。在继承过去"现代化"战略构想的基础上，邓小平结合中国人口多、底子薄的国情，1979年就曾指出中国式的现代化是小康之家，1982年更明确提出摆在第一位的任务是在20世纪末实现现代化的一个初步目标，就是达到小康水平。在以经济建设为中心、坚持改革开放思想的指导下，围绕着解决从贫困到温饱、从温饱到小康的发展问题，各阶段战略目标与全面建设小康社会进程密切联系，并在相应的年代节点设定了翻番的经济指标。从各阶段的完成情况来看基本都超计划完成（见表1），这也体现了制定目标的务实性和科学性。

党的十九大更是针对我国进入新时代、社会主要矛盾已从过去"人民日益增长的物质文化需求同落后的社会生产之间的矛盾"转化为"人民日益增长的美好生活需要和不平衡不充分的发展之间的矛盾"等背景，强调追求更有效率、更有质量的增长。同时，将基本实现现代化的时间提前15年，未来我们不仅要富起来，更要强起来，不仅要实现现代化，更要成为社会主义现代化强国。

表1　　　　　　　　　历次党代会设定的经济目标与实际对比

党代会	指标	时间	计划	完成
党的十三大（1987）	GDP	1980—1990	翻一番	2.4倍
		1990—2000	翻一番	2.7倍
党的十五大（1997）	GDP	2000—2010	翻一番	GDP：2000—2010年2.7倍。2010—2016年1.6倍。假定2017年实际增速为6.8%，未来3年平均增速为6.3%以上就可以达到翻一番目标。
党的十六大（2002）	GDP	2000—2020	翻两番	人均GDP：2000—2016年3.9倍。
党的十七大（2007）	人均GDP	2000—2020	翻两番	城镇居民收入：2010—2016年1.5倍。未来4年平均增速需达7%以上可达翻一番目标。
党的十八大（2012）	GDP、城乡居民人均收入	2010—2020	翻一番	农村居民收入：2010—2016年1.7倍。未来4年平均增速为4.4%以上就可以达到翻一番目标。

注：均以1980年为基期计算实际值。

资料来源：作者整理。

第三，战略目标的内涵不断调整和丰富。从经济量化指标看，最初的"三步走"战略主要针对国民生产总值，之后不断丰富为人均 GDP、人均收入等具体指标。小康社会和现代化建设是改革开放以来的主要奋斗目标，随着我国形势和阶段的变化和发展，其内涵也有所调整。

在发展初期，小康主要是使人民摆脱贫困，解决温饱问题，使人民普遍丰衣足食、安居乐业，收入增长是主要标准。1987 年邓小平提到以 1980 年为基数实现人均国民生产总值翻番达到 500 美元，到 20 世纪末再翻番人均达到 1000 美元，更重要的是第三步，在 21 世纪用 30~50 年再翻两番，大体上达到人均 4000 美元。

20 世纪 90 年代中期，国家统计局与原国家计委、原农业部共同制定了《全国人民小康生活水平的基本标准》《全国农村小康生活水平的基本标准》和《全国城镇小康生活水平的基本标准》三套小康标准，主要包括经济水平、物质生活、人口素质、精神生活、生活环境与社会保障五个方面，每一方面都有相应的具体指标（见表 2）。党的十六大正式提出全面建设小康社会的奋斗目标，要使经济更加发展、民主更加健全、科教更加进步、文化更加繁荣、社会更加和谐、人民生活更加殷实。小康社会的内涵进一步丰富，除了物质生活外，还特别注重人民精神生活、民主权利、生活环境，实现社会全面进步。随着我国综合国力的大幅提升，全面脱贫提上日程，也成为达到全面建成小康社会的硬指标之一。

党的十九大报告也进一步提到要确保到 2020 年我国现行标准下农村贫困人口实现脱贫。此外，现代化的内涵也不断发展丰富，最初"四个现代化"目标更注重物质文明的建设。党的十一届三中全会后，"四个现代化"的社会主义现代化建设目标发展成为"富强、民主、文明"的社会主义现代化建设目标，并指出要坚持物质文明和精神文明协调发展。全面建成小康社会是实现现代化的基础，党的十七大在过去建设富强、民主、文明的社会主义现代化国家中增加了"和谐"二字，党的十九大进一步加入了"美丽"二字。

表2　　　　　　《全国人民小康生活水平的基本标准》主要指标

指标	全国	2000年	2010年	2016年
经济发展	人均GDP（美元）	2381	6136	9831
物质生活	人均收入（美元）	城镇：1440 农村：665	城镇：3623 农村：1314	城镇：5537 农村：2208
	人均居住（平方米）	城镇：20.3 农村：24.8	城镇：31.6 农村：34.1	城镇：36.6
	人均蛋白质摄入量			
	城乡交通状况			
	恩格尔系数（%）	城镇：39.4 农村：49.1	城镇：35.7 农村：41.1	城镇：29.3 农村：32.2
人口素质	成人识字率（%）	90.9	95.1	96.4
	人均预期寿命（年）	71.2	75	76.1
	婴儿死亡率（‰）	28.8	13.5	9.2
精神生活	教育娱乐支出比重			
	电视机普及率			
生活环境	森林覆盖率	16.6	21.6	21.6
	农村初级卫生保健基本合格以上县百分比			

注：收入指标以1980年为基期计算。

三、新时代"两阶段"战略目标的前景与测算

（一）前景判断

在综合分析国际国内形势和我国发展基础上，党的十九大提出"我们既要全面建成小康社会、实现第一个百年奋斗目标，又要乘势而上开启全面建设社会主义现代化国家新征程，向第二个百年奋斗目标进军"。这意味着在2020年实现全面建成小康社会奋斗目标后，全面建设社会主义现代化国家将成为新的奋斗目标，这是对前期"三步走"战略的继续和深入。同时，在战略步骤

上将分两个阶段来安排,一是从2020年到2035年基本实现社会主义现代化,二是从2035年到21世纪中叶建成富强民主文明和谐美丽的社会主义现代化强国。虽然现代化建设目标实现时间较过去计划提前了15年,对现代化建设的要求也有所提高,但这是基于新时代主要矛盾变化适应我国发展实际作出的必然选择,从过去的实践、未来发展条件看也具有可行性。

从历史实践看,我国社会主义现代化建设进程远超预期。经济建设方面,自1978年改革开放后,我国体制机制开始发生根本性变化,我国逐步从计划经济向社会主义市场经济转变,各类市场主体不断培育和发展,产业体系不断发展完善。各个时期经济目标都提前实现,如1990年较1980年GDP翻番目标提前到1987年实现,2000年较1990年GDP翻番目标提前到1997年实现,2020年较2000年人均GDP翻两番在2017年就可以实现,各年GDP实际增速也均要高于政府预期目标。我国GDP总量目前稳居世界第二,占美国的比重从1980年的6.7%上升到2018年的65%左右。社会建设方面,人民生活水平大幅度提高,居民收入稳步增长,城乡居民恩格尔系数从1980年的60%左右降到2018年的28.4%左右,人们物质文化生活得到了极大的丰富。人口受教育程度明显提升,15岁以上成人识字率从1982年的65.5%提高到2018年的96%以上,人均受教育年限提高到10.5年以上。2018年底全国基本医疗保险参保人数超过13亿人,参保覆盖率稳固在95%以上。居民的人均预期寿命从1980年的67岁提高到2015年的76岁。政治建设方面,积极推进行政体制改革,通过简政放权、放管结合、优化服务等转变政府职能,释放市场活力和创造力。坚持以人民为中心,积极发展社会主义民主政治,推进全面依法治国,全社会法治观念明显增强。生态文明建设方面,对环保的重视程度日益提高,制定完善了《大气污染防治行动计划》《环境保护法》等一系列环境保护法律法规,将环境保护相关指标纳入地方各级党委政府考评体系,实行环境保护"一票否决",单位GDP能耗从1980年的2.664吨标准煤/万元降低至2017年的0.605吨标准煤/万元,2018年再下降3.1%。过去现代化各领域的较快发展为未来全面建设社会主义现代化国家奠定了坚实的基础。

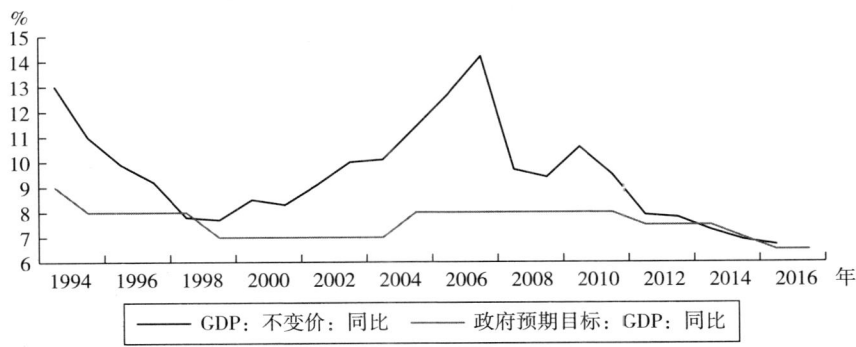

资料来源：Wind，中国银行研究院。

图3　GDP政府预期目标与实际增速

从未来条件看，我国对全面建设社会主义现代化国家已作出全面部署。经过40年的发展，我国社会生产能力明显提高，过去短缺经济和供给不足状况已发生根本性改变，但经济发展质量和效益偏低、与需求的变化升级不适应等问题日益突出。根据形势的变化，党的十九大报告并没有对经济增长速度给出具体的要求，而是更加强调更高质量、更高效率、更加绿色的经济发展。未来我国将坚持质量第一、效益优化，以供给侧结构性改革为主线，形成实体经济、科技创新、现代金融、人力资源协同发展的产业体系，不断增强经济创新力和竞争力。与此同时，人民对美好生活的向往不仅仅是对物质文化生活提出更高要求，在民主、法治、公平、正义、安全、环境等方面的要求也日益增长，因此，未来我国现代化建设将是物质文明、政治文明、精神文明、社会文明、生态文明全面提升的现代化。沿着党的十九大在各方面所作出的部署继续努力，未来基本实现现代化并最终实现社会主义现代化强国的目标问题不大。

持续稳定的经济增长将是全面建设社会主义现代化的重要保障。虽然十九大报告弱化了经济增速指标，但这并不意味着不需要经济增长，未来要实现全面建设现代化国家，保持持续稳定的经济增长是基础，我国经济也仍有保持中高速增长的有利条件。

从供给看,虽然人口数量型红利在减弱,但人口质量型红利正在形成与积累,这既有利于促进劳动力与产业升级的对接,又能延缓潜在增长率的下降。资本相对充裕,我国国内总储蓄与GDP之比（2018年为45.7%）要远高于英、美等发达国家,也要高于日本、韩国等亚洲国家,这能为资本形成奠定基础。我国坚持市场化改革和对外开放的方向不会变,这将有助于促进经济运行效率的提升,释放新一轮的改革红利。

从需求看,中国人口规模大（2018年接近14亿人）,中等收入人群数量不断扩大,市场需求广阔,全面脱贫的实现也有助于拉动消费和需求。同时,城镇化建设和中西部发展是挖掘内需潜力的重要着力点。与发达国家相比,我国城市化发展水平相对滞后,2018年我国常住人口城镇化率为59.58%,未来城市化的进一步发展将带来城镇公共服务和基础设施投资的扩大,还会拉动消费的强劲增长。我国地区发展不平衡性较大,东部地区人均GDP接近中高收入国家发展水平,是引领转型升级和开放创新的主力军,而中西部地区具有资源丰富、成本较低等优势,通过后发优势抓住东部地区产业升级和产能转移的机会,将形成新的经济增长极。

（二）前景测算

综合以上分析,我们对未来中美两国经济发展进行估算。在估算中有三点要特别注意:一是估算用的是对实际经济增速的假定,计算出的是基于某个基期不变价的实际值,与名义值不同,并且估算期越长,实际值与名义值之间的差距越大。二是不同基期的选择对估算影响较大,在对比估算结果时弄清所选择的基期是前提。三是在进行国际比较时,人均GDP比GDP规模更有意义,基期的影响也相对更小。基于此,我们选取2016年为基期进行测算。同时,我们适当参照日本、韩国经济下台阶时的经济增长情况,日本、韩国分别从1973年、1996年开始从过去的高速增长逐步放缓,日本在1974—1991年这18年间平均增速为4.1%,韩国在1996—2014年这19年间平均增速为4.1%。考虑到我国仍有较多保持较快增长的有利条件,我们预计,我国经济增速下降幅度将小于日本、韩国（见表3）。

表3　　　　　　　　　中美GDP与人均GDP测算与比较

乐观情形						
国家	指标	2016	2020	2025	2035	2050
美国	GDP（万亿美元）	18.6	20.6	23.4	30.2	44.4
	人均GDP（美元）	57467	62085	68155	82843	114075
中国	GDP（万亿美元）	11.2	14.5	19.7	33.8	63.6
	人均GDP（美元）	8123	10383	13953	24034	47477
中国/美国	GDP（%）	60.2	70.4	84.2	111.9	143.2
	人均GDP（%）	14.1	16.7	20.5	29.0	41.6
悲观情形						
国家	指标	2016	2020	2025	2035	2050
美国	GDP（万亿美元）	18.6	20.6	23.4	30.2	44.4
	人均GDP（美元）	57467	62085	68155	82843	114075
中国	GDP（万亿美元）	11.2	14.5	19.7	32.1	47.6
	人均GDP（美元）	8123	10383	13953	22808	35550
中国/美国	GDP（%）	60.2	70.4	84.2	106.3	107.2
	人均GDP（%）	14.1	16.7	20.5	27.5	31.2

注：以2016年为基期，作者推算。

综上所述，结合我国经济潜在增长率总体呈下降趋势，假定我国2021—2025年平均实际增速为6.3%。2025年之后我们假定两种情形，一种相对乐观，经济增速减速较慢，2026—2035年年均增速为5.6%，2036—2050年平均增速为4.3%；另一种相对悲观，经济增速减速较快，2026—2035年年均增速为5%，2036—2050年平均增速为2.7%。美国过去30年的经济平均增速为2.6%，考虑到美国经济总体相对成熟，假定未来以2.6%左右的速度增长。未来人口数利用联合国预测数。以此估计，我国人均GDP将在2021—2025年超过12000美元，GDP规模将在2030—2035年超过美国，在悲观情形下，到2050年我国人均GDP大约为美国的31.2%，乐观情形下约为美国的41.6%。

从增长动力衰减看经济结构调整的紧迫性

改革开放前三十多年中,我国经济持续高速增长的动力主要来自高投资、高出口和"人口红利"。但近些年来,这三大动力都已呈现出不可逆转的衰减态势,中国经济也随之迈入增速放缓、动力切换和结构转变的新常态。三大传统增长动能的衰减从客观上要求中国经济加快转变发展方式和进行结构调整,实现由要素投入型增长转变为创新驱动型增长,避免陷入"中等收入陷阱",促进持续、协调、开放、绿色和包容发展。

一、投资拉动作用明显减弱,消费潜力释放仍然不足

(一)改革开放以来,投资拉动型经济发展模式助推我国经济快速发展,但投资消费结构失衡也引发诸多发展矛盾

一是投资热潮加剧了生产资料供应紧张及价格上涨。尤其是2006—2015年,中国投资年均增长20%左右,投资持续高增长加重了能源、原材料等供应紧张,诱发并增大通货膨胀压力。二是投资效率低下,并有逐年降低的趋势。当前每新增1元GDP需要增加约6.9元投资,投资效率不仅远低于发达国家平均水平,也大大低于我国早期水平(2008年至2017年我国增量资本产出效率平均为5.7;1998年至2007年则为4.0)。三是经济增长极易受外部冲

击的影响。一旦遇到国际经济波动，投资者信心受挫，投资增速急剧下滑，导致经济过度收缩。2008年国际金融危机以及当前的中美贸易战给我国经济带来的冲击，都说明恰当的投资消费关系，是国民经济平稳健康发展的必要条件。从发展趋势来看，受资源环境约束、出口放缓、成本上升和政策调控等因素的影响，预计未来几年投资增速将回落，投资对经济增长的贡献率也进一步下降。

(二) 2010年以来，投资贡献率呈现明显的持续下降趋势

改革开放后我国经济的快速发展期中，投资和出口增长都远快于消费，是拉动中国经济快速增长的主要动力。尤其是在2001—2010年，投资对经济增长的贡献率始终处于高位，2001年资本形成总额对经济增长贡献率为64%，2008年为53.2%，2009年则高达86.5%，2010年为66.3%（见图1）。然而，2010年以来，资本形成总额对国内生产总值增长的贡献率在震荡中持续回落34.2个百分点，跌至2017年的32.1%。但与世界其他经济体相比，我国投资对经济增长的贡献率依然较高。应当承认，在工业化、城市化和人均GDP水平较低的发展阶段，投资和出口的高增长有一定的合理性，但长期依靠投资和出口拉动经济增长的模式终究是不可持续的。

(三) 消费对经济增长的贡献率总体在波动中呈上升态势

统计数据显示，近十年来，最终消费对经济增长的贡献率从2007年的45.3%震荡上升至2018年的76.2%，已经成为经济增长的重要驱动力（见图1、表1）。消费增长的重要原因之一是我国工资占GDP比重逐渐上升，自2011年以来，年均上涨约5%，反观OECD国家，其工资占GDP比重基本持平。二是我国储蓄率自2010年左右开始逐渐下降。尽管当前消费对经济增长的贡献率较过去上升明显，但较之于同期美、日、德等发达国家以及其他金砖国家，我国经济发展中消费需求的贡献率仍有较大上升空间。2018年我国国民储蓄率依然高达44.91%，远高于发达国家20%左右的水平。高储蓄率本身就说明我国的消费需求潜力尚可挖掘，未来随着城市化率的进一步提升，以及

恩格尔系数的不断下降，加之扶贫、减税等适当的收入调节政策，以及更加完善的社会保障体系的逐渐建立，消费需求的潜力有望进一步释放，巩固其作为国民经济增长主要动力的地位，以削弱未来投资需求减弱的影响，成为未来较长时间内保持我国经济平稳运行的"稳定器"和"压舱石"。

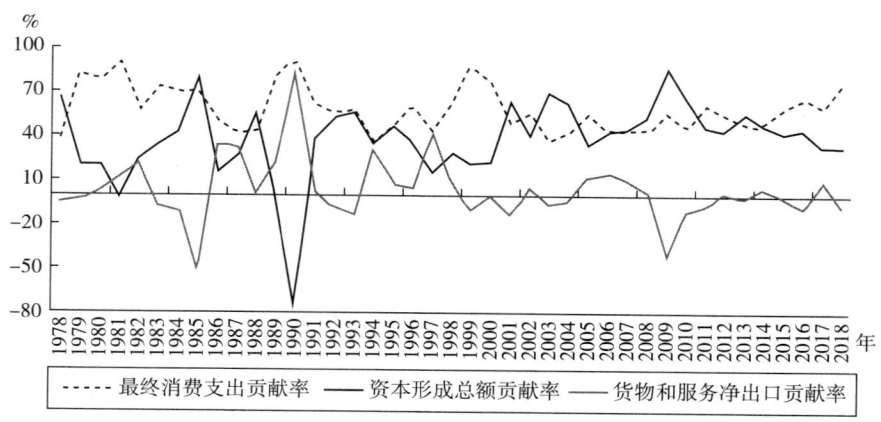

资料来源：国家统计局，中国银行研究院。

图1　1978—2018年三大需求对GDP增长的贡献率

表1　分时期三大需求对GDP增长贡献率与拉动百分点对比

单位：％、百分点

时期	消费		投资		净出口	
	贡献率	拉动	贡献率	拉动	贡献率	拉动
1981—1990	66.72	5.88	19.79	3.05	13.49	0.46
1991—2000	58.99	5.96	34.99	3.90	6.02	0.66
2001—2010	46.95	4.94	56.15	5.80	-3.10	-0.19
2011—2015	54.46	4.30	46.68	3.68	-1.14	-0.10
2016	66.50	4.50	43.10	2.90	-9.60	-0.70
2017	58.80	4.10	32.10	2.20	9.10	0.60

资料来源：国家统计局。

二、劳动力比较优势逐渐衰减，国际环境更添对外贸易不确定性

改革开放以来，出口之所以能够成为拉动经济增长的主动力，关键原因有三：一是中国拥有大量廉价且素质较高的劳动力，比较优势明显。二是成功抓住了全球化背景下国际产业分工和产业转移的历史性机遇。三是长期鼓励出口的政策推动。但未来若干年，这些有利条件将不断削弱甚至消失，使外贸高增长面临严峻挑战。

（一）"刘易斯拐点"提前到来，劳动力低成本优势逐渐丧失，国际产业向劳动力成本更低的东南亚国家转移

拥有价格低廉且素质较高的劳动力是长期以来支撑中国经济高增长的一个重要原因。20世纪90年代以来，随着发展水平的提高、区域战略调整、劳动政策变化、社会保障制度的日臻完善等因素，中国劳动力成本显著上升。2010年前后东部沿海地区出现的"民工荒"和"加薪潮"现象标志着中国劳动力无限供给状况的终结，"刘易斯拐点"提前到来。再从国际比较来看，近年来中国制造业成本上升速度远高于印度、印度尼西亚、越南、菲律宾等东南亚国家，劳动力的国际比较优势正在消失。如2002年中国制造业每小时劳动力成本与印度相当，而2019年，我国几乎是印度的两倍（见图2）。根据国际劳工组织的测算，2017年中国平均实际工资水平较2008年翻了一番，而印度、印度尼西亚等东南亚发展中国家仅上涨50%左右（见图3）。

随着经济增长、物价上涨、社保制度完善以及新生代工人就业观念的改变，未来十年中国劳动力成本将继续上升，不仅将进一步提高企业市场成本，减弱出口产品竞争力，还将导致出口企业（包括外资和中资）向越南、印度尼西亚、印度、菲律宾等劳动力成本更低的国家和地区转移。值得一提的是，我国跨越"刘易斯拐点"正逢互联网技术革命，科技人才的重要性不言而喻。得益于我国科教兴国战略的长期实施以及大量高等教育人才的培养，近十年

间，我国科技人力资源快速增长，从 2005 年的 4252 万人增至 2017 年的 8705 万人，远超过同期美国的科技人才储量。此外，我国科技人才价格远低于美国等发达国家。以互联网软件工程师为例，据某招聘网站抽样调查显示，上海作为我国互联网平均薪资最高的地区，其互联网工程师月平均收入约为美国互联网工程师的五分之一。储量大、质量高的科技人才队伍将是我国经济的"人才红利"，是推动要素驱动型经济向创新驱动型经济转换，促进我国产业分工由全球产业链中下游位置向中上游迈进的重要力量。

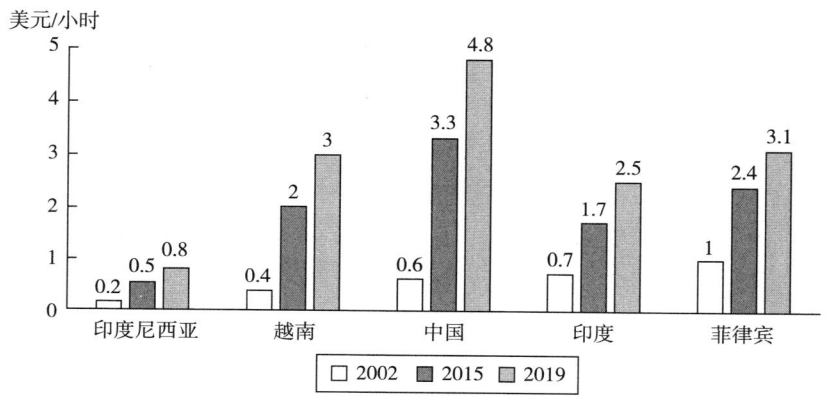

资料来源：https://www.statista.com。

图 2　2002—2019 年有关国家制造业每小时劳动力成本比较

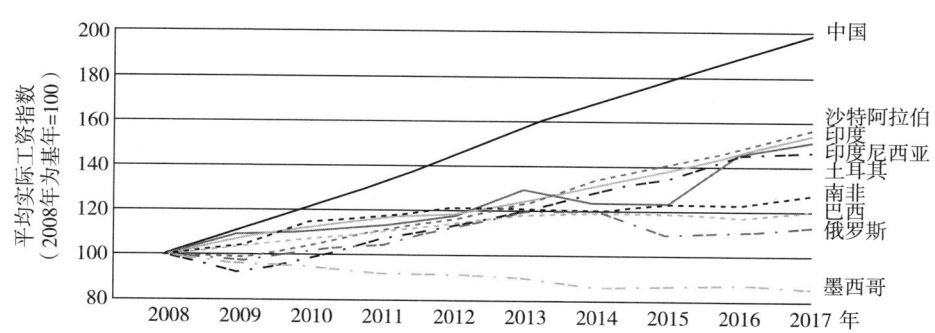

资料来源：国际劳工组织"Global Wage Report, 2018/2019"。

图 3　2008—2017 年有关国家平均实际工资指数

（二）错综复杂的国际环境更添对外贸易不确定性。对外贸易本身高度依赖国际环境，净出口对经济发展的拉动极具不稳定性

例如 2016 年净出口对经济发展贡献率为 -9.6%，2017 年则升为 9.1%，2018 年再次降为 -8.6%。加之当前全球经济仍处于国际金融危机后的调整恢复期，各国宏观经济政策与国际战略充满不确定性。有观点认为国际金融危机根源于全球经济失衡，而全球经济失衡的主要原因是中国等亚洲国家通过压低本国汇率实现出口导向型发展战略。因此在危机之后，各国纷纷调整本国宏观经济政策，例如美国、德国、日本等均提出"再工业化"战略，因这些老牌工业强国在国际产业链中具有举足轻重的地位，其工业发展战略的调整将在较大程度上影响国际产业分工，重构全球化格局。此外，近年来世界范围内贸易投资保护主义抬头和地缘政治动荡冲击不断，都对我国各行各业的进出口产生了不同程度的影响。例如中美贸易战中，对美国出口依赖度高、产品可替代性强、两头在外的企业深受影响。预计未来几年国际环境动荡趋势不减，对外贸易的不确定性有所增加。

（三）人民币汇率波动影响中国出口产品竞争力

近期国际上要求人民币升值的呼声此起彼伏。不论争论结果如何，人民币波动比以往明显增大。因为人民币的确既面临内部升值的潜力，也面临外部升值的压力。一是中国经济持续增长是人民币升值的经济基础。统计数据显示，2018 年，我国全员劳动生产率增速为 6.6%，高于美国同期水平。可以预计，在工业化、城市化、消费结构升级等因素的推动下，未来几年中国经济还将保持较快增长，GDP 年均将增长 6% 左右，同时劳动生产率仍将以比发达国家更快的速度提高。二是巨额外汇储备是人民币升值的现实压力。当前中国外汇储备超过 3.1 万亿美元（2019 年 6 月底），巨额外汇储备已成为美国等发达国家向我国施压、逼迫人民币升值的重要依据。如果人民币持续大幅升值，必然将削弱中国出口产品竞争力，严重影响中国出口，不论是纺织、服装、玩具等劳动密集型产业，还是空调、彩电、手机等机电产品，概莫能外。近期有关部门

的压力测试就表明,如果人民币在短期内升值3%,家电、汽车、手机等企业利润将下降30%~50%,许多议价能力低的中小企业将面临严重亏损。在其他生产要素和价格不变的情况下,人民币每升值1个百分点,企业利润将减少1%。

三、"人口红利"逐渐消失,"人口负债"时代到来

"人口红利"指的是一个国家适龄劳动人口比重较大、儿童与老年抚养赡养负担较轻的一个劳动力资源丰富、对经济发展十分有利的黄金时期。20世纪80年代以来,随着计划生育政策的实施,我国人口生育率和自然增长率出现了显著下降,总人口中劳动适龄人口的比重(15~64岁人口)明显上升,人口抚养比(少儿和老龄人口占劳动年龄人口的比率)不断下降,"人口红利"成为促进中国经济发展的重要因素。然而随着时间的推移,劳动年龄人口终将成为老年人口。近年来,人口老龄化已经成为我国一个极为严峻的经济和社会问题,加之近二三十年来人口出生率的明显下降,未来几年我国劳动人口增量将逐年减少,人口因素对经济增长的拉动作用逐渐减弱,"人口红利"随之转为"人口负债",降低中国经济持续增长的潜力(见表2)。在中国不可逆转地冲进老龄化的快车道同时,需冷静面对挑战,积极寻求老龄化可能带来的经济发展机遇,例如带动老龄产业和服务业发展等。

表2　　　　　　　　中国人口年龄结构变化趋势　　　　　　　单位:%

指标	1982	1990	2000	2005	2010	2015	2016	2017	2018
0~14岁人口比	33.6	27.7	22.9	20.3	16.6	16.5	16.6	16.8	16.9
15~64岁人口比	61.5	66.7	70.1	72.0	74.5	73.0	72.5	71.8	71.2
65岁及以上人口比	4.9	5.6	7.0	7.7	8.9	10.5	10.9	11.4	11.9
总抚养比	62.6	49.8	42.6	38.8	34.2	37.0	37.9	39.2	40.4
少儿抚养比	54.6	41.5	32.6	28.1	22.3	22.6	22.9	23.4	23.7
老年抚养比	8.0	8.3	9.9	10.7	11.9	14.3	15.0	15.9	16.8

资料来源:国家统计局《中国统计摘要》、中国银行研究院。

四、经济结构调整方向与建议

在投资、出口和"人口红利"等拉动经济增长的传统动力逐渐衰竭的情况下，中国经济将进入中低速增长时代。当前经济运行中存在的突出矛盾和问题主要有：投资持续下降而消费动力不足；劳动力成本优势逐渐丧失、动荡多变的国际环境以及人民币汇率升值压力等使得对外贸易更添不确定性；"人口负债"取代"人口红利"后，经济持续增长的潜力减弱。

针对这三点主要矛盾，经济结构调整刻不容缓，主要措施包括：

（一）以完善社会保障体系、扶贫减税、推进城市化等宏观调控政策进一步释放消费潜力，削弱未来投资需求减弱的影响，使其成为我国经济平稳运行的"稳定器"。

（二）在"人口红利"、劳动力比较优势丧失之际，贯彻创新发展理念，实施科技强国战略，培育"人才红利"，充分利用我国储量大、质量高、成本低的科技人才群体，推动要素驱动型经济向创新驱动型经济转换，促进我国产业分工由全球产业链、价值链、供应链中下游位置向中上游迈进。

（三）积极稳定国际环境和对外贸易，加快推进"一带一路"战略，促进贸易伙伴多元化。

（四）冷静应对人口老龄化，潜挖老龄化可能带来的银发产业和服务业发展。

如何延缓结构变化引起的经济下行压力[*]

改革开放以来,在制度变迁、全球产业转移和低要素成本优势三大因素的推动下,中国经济成功逃脱了"马尔萨斯陷阱",实现了经济"起飞"和高速增长,中国一跃成为全球第二大经济体,综合竞争能力显著增强。近年来,随着中国经济进入新常态,经济中的结构性问题逐渐暴露。尤其是2018年以来,经济下行压力固然有国内外短期因素的影响,但更是长期积累的结构性问题(集中体现为人口红利、改革红利、开放红利和要素红利的衰减)在短期的反映。从经济史的视角来看,经济结构转变的过程就是经济不断发展成长的过程。经济结构的内涵非常丰富,包括需求结构、供给结构、区域结构、产业结构、收入分配结构等。本文从供给和需求的角度来分析近年来中国经济结构面临的一些新挑战,探讨中国经济结构中出现的新亮点、新变化,并提出应对新挑战的政策建议。

一、供给侧成本上升,全要素生产率下降

从供给角度看,经济潜在增长率主要由劳动力、资本等要素投入以及全要

---

[*] 本文完成于2017年,2019年8月修改。

素生产率的变化所决定。近几年来我国经济中的劳动力结构、资本积累效率以及全要素生产率,都发生了显著变化。

一是劳动力结构变化推升劳动力成本。从年龄结构看,少儿抚养比下降和老年抚养比上升成为不可逆趋势。2012—2017 年,中国 16~59 岁的劳动年龄人口累计减少约 3500 万人,总抚养比压力从 2010 年的 34.2% 上升为 2018 年的 40.4%。这意味着人口数量型红利逐步削弱(见图 1)。从城乡结构看,可转移的农村剩余劳动力大幅减少,超过 50% 的 45 岁以下农村青壮年劳动力已经不再务农,其中 25 岁以下的农村劳动力 70% 以上已经离开了农村。根据 2010 年劳动和社会保障部的相关资料,中国农村尚有 1.2 亿左右富余劳动力可以转移。近几年农民工增速已明显放缓,从 2010 年 5.4% 的高点逐年降低至 2017 年的 1.7%。劳动力结构的不可逆变化大大增加了劳动力成本上升的压力。我国城镇单位就业人员平均工资由 2000 年的 0.93 万元上涨至 2017 年的 7.43 万元,年均增速为 13.01%,高于同期人均 GDP 年均增速 12.69%。

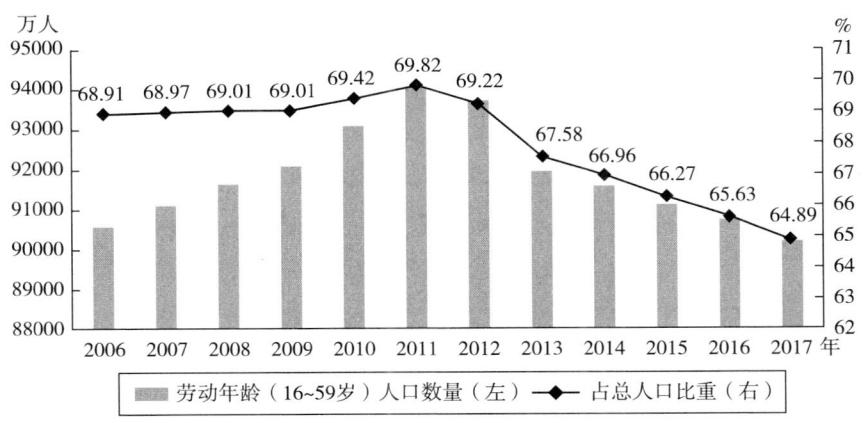

资料来源:Wind,中国银行研究院。

图 1 中国劳动年龄人口数量及其比重

二是资本积累效率出现下降。中国边际资本—产出比自 2007 年以来明显上升;同时,固定资产投资额与固定资本形成总额的差距自 2005 年以来不断加大,2017 年,前者约为后者的 1.81 倍。这说明,中国的投资向新增固定资

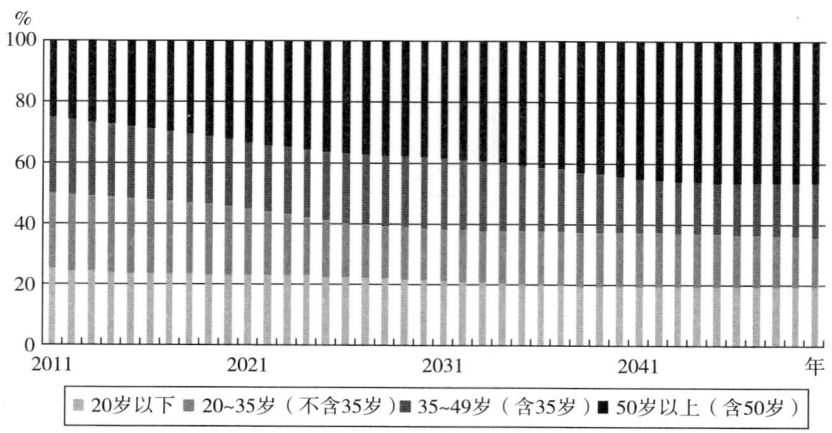

资料来源：作者测算。

图2　中国人口结构的趋势性变化

本的转化程度与效率在不断降低。这主要与前期投资规模过高有关。特别是2009年，大量政府主导的投资带动民间投资热情，当年投资增速高达33%。在中国传统经济体制下，地方政府对微观经济活动干预过多，往往会引导和鼓励对短期内易拉动经济增长的产业的投资，使地方投资过度集中于这些行业。同时随着产业结构逐步进入以第三产业为主的阶段，未来资本形成增速将趋于下降。

三是全要素生产率增速自2008年后也出现明显降低（见图2）。一方面，从技术创新来看，我国全要素生产率增速自2008年以来逐年下降。据估算，我国全要素生产率水平仅为美国的43%左右。从全球来看，目前世界范围内并未出现颠覆性的技术变革，各国间技术竞争愈演愈烈，我国从国外直接引进技术的空间越来越小，而自主创新能力的提升仍需时日。另一方面，从制度方面来看，过去体制变革的红利逐步释放，未来制度改革进入深水区，各方力量博弈明显增多，各领域实质性改革面临的阻力不小。同时，民营经济主体占比上升，需要更为市场化的资源配置方式。目前中国市场化程度已经较过去有较大提升，未来如何进一步拓展提升空间，既需要制度的改进，也需要政府自身职能的转变。

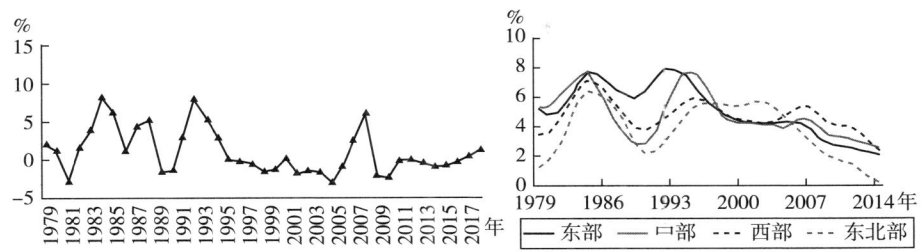

资料来源:盛来运等《中国全要素生产率测算与经济增长前景预测》。根据国家统计局数据整理。

图3 中国全要素生产率及不同地区全要素生产率增速

二、需求侧动力减弱,结构性问题突出

此前,中国经济之所以能够保持高增长,重要原因在于"出口—生产—投资"之间形成了"外循环"。但在2008年国际金融危机之后,世界经济复苏曲折漫长,全球贸易陷入低迷,加之国内经济刺激效应开始衰减,经济增速放缓。与此同时,中国经济的需求结构也发生了重大变化,集中表现在:

一是过去高投资增长难以为继。固定资产投资增速已从过去20%以上放缓至2018年的5.9%,资本形成对经济增长的贡献率已经由"十二五"时期的46.68%下降到32.4%。2018年三大投资中,制造业投资和房地产投资的增速均为9.5%,分别比上年加快4.7个百分点和2.5个百分点。其中制造业投资增速主要来自民间投资的支撑,当年民间投资增速达到8.7%。而在表外融资收紧等因素的影响下,2018年基础设施投资增速仅为3.8%,相比上年回落了15.2个百分点,突出的财政收支矛盾难以保持基础设施投资的可持续增长。从未来趋势看,由于基数庞大、融资受限、房地产调控、空间收窄以及宏观经济环境变化,投资高增长很难再现,年均保持10%以内的增长将成为常态(见表1)。

表1　　1978—2018年三大需求对经济增长的贡献率　　单位：%

年份	最终消费支出	资本形成总额	货物和服务净出口
1978	38.32	67.01	-5.30
1979	83.50	19.60	-3.10
1980	77.34	20.88	1.80
1981	89.40	-1.70	12.30
1982	56.10	23.50	20.40
1983	74.40	33.50	-7.90
1984	68.70	41.80	-10.50
1985	71.09	79.83	-50.90
1986	50.10	15.90	34.00
1987	41.20	26.30	32.50
1988	43.30	55.80	0.90
1989	81.20	-2.40	21.20
1990	91.65	-74.61	82.90
1991	60.60	37.80	1.60
1992	56.10	53.00	-9.10
1993	57.40	55.70	-13.10
1994	34.80	34.30	30.90
1995	46.20	46.60	7.20
1996	61.70	34.50	3.80
1997	42.30	15.10	42.60
1998	64.60	28.80	6.60
1999	88.10	21.70	-9.80
2000	78.10	22.40	-0.50
2001	49.00	64.00	-13.00
2002	55.60	39.80	4.60
2003	35.40	70.00	-5.40
2004	42.60	61.60	-4.20
2005	54.40	33.10	12.50
2006	42.00	42.90	15.10
2007	45.30	44.10	10.60
2008	44.20	53.20	2.60

续表

年份	最终消费支出	资本形成总额	货物和服务净出口
2009	56.10	86.50	-42.60
2010	44.90	66.30	-11.20
2011	61.90	46.20	-8.10
2012	54.90	43.40	1.70
2013	47.00	55.30	-2.30
2014	48.80	46.90	4.30
2015	59.70	41.60	-1.30
2016	66.50	43.10	-9.60
2017	57.60	33.80	8.60
2018	76.20	32.40	-8.60

资料来源：Wind，中国银行研究院。

二是消费领域供需错配问题日益凸显。一方面，随着中等收入群体的扩大和居民消费能力的提高，中国消费结构进入加速升级阶段。人们越来越追求个性化、多样化的消费，消费者对品质、款式、个性化等日益关注，对旅游、文化、健身、医疗等领域的消费日益增加，也更加重视产品和服务的质量①。另一方面，过去中国供给主要是面向低收入群体的中低端供给，产品和服务的质量参差不齐，款式陈旧、价格虚高，消费环境欠佳。传统的中低端供给已经越来越难适应国内消费结构的升级，也导致了国内产品过剩与消费外流并存的局面。近几年"海淘"市场快速发展，2018 年，海外代购市场规模超过 2600 亿元；跨境电商交易规模超过 9 万亿元，用户规模超 1 亿。从未来看，消费仍将保持相对稳定增长，这也是未来中国经济保持基本稳定的基石。但受经济减速、收入下降、消费热点轮动不畅等影响，消费增速总体上也将缓慢回落（见图 4）。

三是出口增速显著低于危机前水平。近年来，中国出口放缓与全球经济复

---

① 2018 年，国内旅游人数 55.4 亿人次，比上年增长 10.8%；国内居民出境 1.6 亿人次，同比增长 13.5%。2018 年规模以上文化企业营业收入增长接近 10%。2017 年养老行业市场规模为 2.5 万亿元，5 年平均增速达到 26.91%，到 2021 年市场规模预计达到 6.5 万亿元。

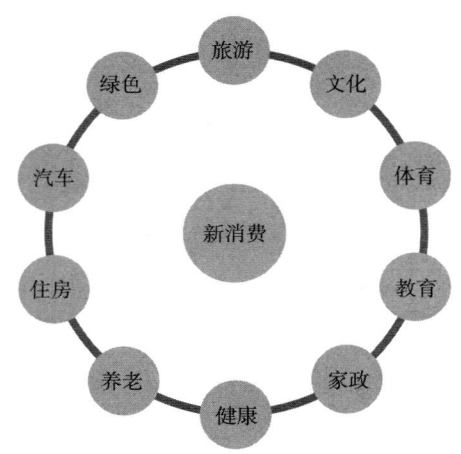

资料来源：作者整理。

图 4　新消费加快发展

苏乏力、外需减弱等周期性因素有关，也与国内劳动力成本、土地成本上升等结构性因素有关，但更重要和直接的原因在于，全球贸易面临的结构性困境。这是由于，国际金融危机以来以美国为代表的许多发达经济体提出了"再工业化"战略，许多跨国公司将供应链转向本国国内，导致由"价值链国际分工"深化带来的贸易发展受阻。同时，中国对外开放红利开始衰减，缺乏带动全球贸易体系发展的新动力。这意味着，未来全球贸易增速可能难以恢复到危机前的水平，出口对投资、经济增长等的拉动作用将明显减弱。

三、结构调整持续深化，成绩亮点频现

中国经济在结构方面面临新挑战的同时，结构性调整也在持续优化，出现了一些诸如消费结构加快升级、新产业新业态不断壮大、区域经济结构优化等新情况、新亮点。

一是需求结构加快升级。随着中国经济的快速发展和居民收入的较快增长，居民消费特征逐步从简单的数量增长转变为数量增长与结构升级并重。除了食品、居住支出之外，交通通信、文教娱乐是当前城乡居民最重要的消费选

择。在城镇人均消费支出中，交通通信类消费占比从1995年的4.8%上升到2018年的13.3%。1999年，城镇居民家庭每百户拥有移动电话7.1部，而到2018年增加到243.13部，增长了约33倍；每百户拥有家用汽车由0.3辆增加到41辆，增长了约135倍。与此相反，照相机则由38部减少到21部，减少了约45%。未来，伴随智能化、网络化、老龄化而来的信息消费、健康医疗、文教娱乐、旅游休闲、养老等将主导城乡居民消费趋势，消费在拉动经济增长方面的作用将进一步凸显（见表2）。

表2　　　　　　　　　城镇居民家庭每百户耐用消费品拥有量

年份	移动电话（部）	空调器（台）	家用电脑（台）	彩色电视机（台）	电冰箱（台）	洗衣机（台）	家用汽车（辆）	摩托车（辆）	淋浴热水器（台）	微波炉（台）	照相机（架）
1999	7.10	24.50	5.90	111.90	77.70	91.40	0.30		45.50	12.20	38.10
2000	19.50	30.80	9.70	116.80	80.10	90.50	0.50	18.80	49.10	17.60	38.40
2001	32.40	35.70	13.00	120.80	82.60	92.70	0.60		52.10	21.90	39.50
2002	62.90	51.10	20.60	126.40	87.40	92.90	0.90		62.40	30.90	44.10
2003	90.10	61.80	27.80	130.50	88.70	94.30	1.40		66.60	37.00	45.40
2004	111.35	69.81	33.11	133.44	90.15	95.90	2.18	25.10	69.40	41.70	47.04
2005	137.00	80.67	41.52	134.80	90.72	95.51	3.37	29.00	72.65	47.61	46.94
2006	152.88	87.79	47.20	137.43	91.75	96.77	4.32	25.30	75.13	50.61	47.99
2007	165.20	95.10	53.80	137.80	95.03	96.80	6.10	24.80	79.80	53.40	45.10
2008	172.01	100.28	59.26	132.89	93.63	94.65	8.83	21.39	80.65	54.57	39.11
2009	181.04	106.84	65.74	135.65	95.35	96.01	10.89	22.40	83.39	57.18	41.68
2010	188.86	112.07	71.16	137.43	96.61	96.92	13.07	22.51	84.82	59.00	43.70
2011	205.25	122.00	81.88	135.15	97.23	97.05	18.58	20.13	89.14	60.65	44.48
2012	212.64	126.81	87.03	136.07	98.48	98.02	21.54	20.27	91.02	62.24	46.42
2013	206.10	102.20	71.50	118.60	89.20	88.40	22.30	20.80	80.30	50.60	34.00
2014	216.60	107.40	76.20	122.00	91.70	90.70	25.70	24.50	83.00	52.80	35.20
2015	223.80	114.60	78.50	122.30	94.00	92.30	30.00	22.70	85.60	53.80	33.00
2016	231.40	123.70	80.00	122.30	96.40	94.20	35.50	20.90	88.70	55.30	28.50
2017	235.40	128.60	80.80	123.80	98.00	95.70	37.50	20.80	90.70	56.90	29.10
2018	243.13	142.18	73.14	121.26	100.92	97.69	41.01	19.50	97.17	55.24	20.17

资料来源：Wind、中国银行研究院。

二是新产业、新动能加快成长。首先，经济发展质量效益不断提升，2018年单位国内生产总值能耗下降3.1%，新兴产业发展表现突出。2018年，工业战略性新兴产业、高技术制造业、装备制造业保持较快增长，增速分别为8.9%、11.7%和8.1%，较规模以上工业快5.5个、2.7个和1.9个百分点，后两者占规模以上工业增加值比重合计超过45%。越来越多的高技术产品开始走向世界：雅万高铁等一批高铁项目稳步推进；华为已经成为国际电信市场的主流供应商。其次，不断推出的新业态、新模式如雨后春笋。网络购物渐成主流，2018年网上商品和服务零售额超过9万亿元，比上年增长23.9%，其中实物商品网上零售额超过7万亿元，比上年增长25.4%，占社会消费品零售总额的比重达到18.4%，比上年提高3.4个百分点。新产品、新服务快速增长。2018年集成电路、工业机器人产量增速分别为11.2%和6.4%。同时，旅游、文化、体育、健康、养老等幸福产业也快速发展。以旅游为例。2018年国内和出境旅游人次比上年同期增长10.8%和14.7%。全年实现旅游总收入接近6万亿元，初步测算对GDP的综合贡献接近10万亿元，约占GDP总量的11.04%，旅游直接和间接就业人数占全国总就业人数的10.29%。另外，分享经济广泛渗透，跨境电商、智能家庭、在线医疗等新服务模式方兴未艾。

三是区域发展新亮点不断涌现。从过去的西部大开发、中部崛起、东部率先发展到现在的"一带一路"、京津冀协同发展、粤港澳大湾区、长江经济带和长三角一体化，都是促进区域平衡发展、形成新的经济增长极的重要措施。"一带一路"有利于扩大中西部地区的对外开放，既可为沿线国家带来市场和机遇，也能带动产业、资金等资源流向中西部地区。京津冀地区交通一体化建设提速，对周边的辐射带动作用增强。粤港澳大湾区建设以极点带动模式辐射引领珠三角九市和粤东西北地区发展。长江经济带和长三角一体化城市群建设加快推进。2018年前三季度，我国与"一带一路"沿线国家商品进出口双向贸易额达0.9万亿美元，同比增长13.2%，高出同期我国外贸整体增速3.3个百分点，占我国进出口总额的27.3%。在这些发展规划的实施和推进下，不同区域良性互动，发展协调性增强。东部地区经济发达，具有人才和科研优势，目前转型升级、开放创新走在前列。比较典型的是广东省，其深圳市已成为全国创新的引领者。2018 年，规模以上先进制造业和高技术制造业增加值比上年分别增长 7.8% 和 9.5%，分别占规模以上工业增加值的 56.4% 和 31.5%。新产品产量，例如新能源汽车产量比上年增长 206.1%。中西部地区具有资源丰富、成本较低等优势，其后发优势逐渐显现，纺织、服装等劳动密集型制造业、设备制造业已经呈现从广东、浙江、上海等东部沿海地区向湖北、湖南、江西、安徽、河南等内陆地区转移的趋势，并出现了一些转型发展的典型。如贵州省，2013 年开始谋划大数据产业发展，2018 年软件和信息技术服务业（全口径）收入增长 31.8%，连续 5 年增速超过 30%。

四、促进经济结构调整的政策着力点

综合上述分析，从经济供给侧看，当前的劳动力结构、资本积累效率和全要素生产率都不利于经济持续稳定增长；从需求侧看，出口和投资的高增长都难以持续，消费领域供需错配日益扩大。在此背景下，随着供给侧结构性改革的持续深化，经济结构调整出现了不少新亮点，经济增长的韧性显著增强。但还需从以下三个方面积极应对经济结构的新变化。

一是延缓潜在增长率下行。在劳动力方面，要保持人口均衡增长的合理生育率，研究放开计划生育政策；提高劳动参与率，考虑逐步提高退休年龄；更加重视人力资本的积累。在资本形成方面，继续缩减需核准的投资项目范围并下放核准权限，重在建立公平、合理的投资制度环境，并加强信息的收集与发布，完善企业的进入和退出机制。在提高全要素生产率方面，消除生产要素流动的制度性障碍；从行政许可、财政扶持、金融支持等方面，加强对中小微企业的扶持力度；加大对研发的投入，推动新技术、新产业、新业态、新机制的融合发展。

二是在消费和投资之间找到平衡点。从中短期看，投资依然是稳定经济增长不可或缺的抓手；从中长期看，在潜在增长率下降的情况下，鼓励和促进消费是带动经济持续增长的重要途径。为保证潜在生产力的释放，未来要增强居民消费能力和意愿，促进消费的平稳增长。改善收入分配，提高居民收入在国民收入分配中的比重，持续提高居民收入，培育和壮大新的消费增长点。着力提升产品质量，优化消费环境，推动国内消费品标准与国际标准或出口标准接轨。

三是主动作为，积极创造有利于中国发展的外部环境。首先，要基于中国参加全球分工的需求和条件，做好"取"与"舍"的顶层设计，明确战略方向和重点。其次，要积极利用G20、IMF、世界银行、金融稳定理事会（FSB）等多边平台，全面参与国际经济金融政策协调，充分发挥中国在亚投行、丝路基金、金砖国家银行等新平台中的话语权优势，提升中国在国际规则制定中的地位和作用。再次，要通过"一带一路"建设等加强区域经济合作，加快人民币国际化，提高中国的全球影响力。最后，要对近年来凸显的由不同文明、不同宗教引起的地区冲突保持高度警惕。

消费主导型是
我国经济结构调整的主攻方向[*]

拉动我国经济增长的传统动力（投资、出口和"人口红利"）正在不可逆转地衰减，要使经济保持平稳增长，需要进一步发挥消费的基础性作用。从某种程度上讲，消费能否持续扩大，消费主导型经济能否实现，关系到我国经济结构调整和发展方式转变，关系到中长期经济的行稳致远，从根本上说，更关系到我国经济发展的终极目的。

一、构建消费主导型经济的必要性

（一）扩大消费有利于增强我国经济增长的稳定性

巨大的内需潜力是中国发展的战略基点，无论是短期的政策调整，还是中长期的战略部署，都需要把释放内需潜力作为基本出发点。基于中国内需市场的巨大潜力，世界银行预估中国经济增长率到2020年前仍可维持在6%以上。内需的有效释放也将为我国应对未来10~20年外部变局提供重要保障，成为推动经济全球化新进展的重要动力。

从国际经验来看，大国经济一般都是内需主导型经济。美国经济学家钱纳

---

[*] 本文撰写于2010年，2019年8月修改。

中国经济：从大调整迈向高质量发展
Zhongguo Jingji: Cong Datiaozheng Maixiang Gaozhiliang Fazhan

里对各国发展模式作了考证后认为，大国与小国的发展模式不同：小国资源有限，必须依靠对外贸易，大国则应依靠内需发展经济。扩大消费需求，把消费作为拉动经济增长的主动力，有利于增强经济增长的稳定性。一是在投资、消费和出口拉动经济增长的三大需求中，消费增长不仅稳定，而且对经济增长的拉动作用持久。在 GDP 年新增额中，消费需求波动幅度远小于投资和净出口，即在经济扩张时期，消费需求扩张不如投资扩张那么明显，在经济收缩时期，消费需求收缩也没有投资需求收缩得那么快。二是在内需（包括消费和投资）中，消费需求作为最终需求，对总需求的增长具有决定性作用。特别是从中长期来看，没有消费需求支撑的高投资必定是不可持续的。

（二）扩大消费是促进经济协调发展的根本出路

过去很多年，我国经济结构的失衡，从内外需来看，表现为内需不足；从内需来看，表现为消费需求相对不足。尤其是 2000 年至 2010 年期间，消费增速慢于 GDP 增速（个别年份除外），导致消费率不断下降，到 2010 年消费率降为 48.5%，对经济增长贡献为 37.3%；随后消费率逐年上升，至 2018 年超过 54%，对经济增长贡献达到 76.2%。但从国际比较来看，世界低收入国家消费率为 79.7%，中低收入国家为 72.8%，中等收入国家为 71.7%，而我国不足 55%（2018 年）；与相同工业化阶段的多国模型相比，我国的消费率明显低于钱纳里模型中的标准值。按照钱纳里的研究，处于工业化后期的我国消费率应为 80% 左右，而 2018 年还不到 50%，低于标准值超过 30 个百分点。可见，我国消费率依然偏低。因此，扩大消费需求、提高消费率有利于缓解投资消费比例失衡，有利于促进国民经济均衡发展。

（三）扩大消费是实现经济发展目的的最佳途径

马克思主义经济学认为，消费是社会再生产的终点或最终目的，生产与消费作为经济社会活动的两个重要环节，只有保持关系平衡才能维持社会再生产的顺利进行。如果商品不能被消费者接受，不能实现"惊险的跳跃"，那么，摔坏的就不是商品而是商品生产者。西方古典经济学家西斯·蒙第也提出，在生产和消费的关系中,应突出人的需要即消费,积累国家的财富绝不是成立政府的目的,政府的目的是使全体公民都能享受财富所代表的物质生活所带来的快乐。国民福利的提高来源于国民总效用的增加,能提升国民总效用的就是增加商品和服务的总消费,而投资活动本身并不能导致国民效用增加。在投资增长过快、投资率过高的情况下,尽管经济增长速度很快,但由于国民产出中约一半用于投资,经济高增长并未带来大多数民众福利水平的同步提高。这既不符合经济发展的最终目的,也与满足人民美好生活需求的发展目标相背离。

二、构建消费主导型经济面临的有利条件

(一)经济持续增长是扩大消费的物质基础

消费是收入的函数。总消费随着国民收入的增加而增加,经济增长则带动国民收入的增加,从而促进消费的增长。相关研究估算得到,我国经济增长每提高 1 个百分点,最终消费将提高 0.55 个百分点。从未来几年发展趋势看,工业化、城市化、消费结构升级等因素将使我国经济继续保持平稳增长。初步预测,到 2020 年,我国 GDP 总量将突破 100 万亿元,人均 GDP 将超过 7 万元,将为扩大消费奠定坚实的物质基础。

(二)改善收入分配将为扩大消费释放巨大潜能

贫富差距过大是制约我国消费扩大的重要原因。近年来,调整收入分配、缩小收入差距、提高劳动者报酬已经成为全社会的普遍共识。近年来,收入分配改革加快正在对扩大消费释放巨大潜力。同时,国家一系列扩大消费政策,如加快建设保障性安居工程,加快农村基础设施建设,加快医疗卫生、文化教育事业发展,提高城乡居民收入、推进电子商务进农村等,都将对扩大消费起到重要的推动作用。此外,我国脱贫攻坚效果显著,为释放消费潜能提供助力。2018 年末农村贫困人口比上年末减少 1386 万人,贫困发生率 1.7%,比上年下降 1.4 个百分点,全年贫困地区农村居民人均可支配收入超过 1 万元,比上年名义增长 10.6%,实际增长 8.3%。

（三）消费结构升级为消费需求扩大提供动力

消费结构是人们在消费过程中所消费的不同类型消费品和服务的比例关系。按照需求层次的不同，人们的消费需求可分为生存型、享受型和发展型等不同类型。经济发展带来的需求层次提高直接促进人们消费结构升级。我国人均GDP在2018年突破9700美元，居民的消费需求由享受型向发展型开始转变，由原来简单的数量增长演变为数量增长与质量提升并行，品质消费、体验消费、健康消费等成为居民消费群体的核心消费诉求，消费结构不断优化。

一方面，吃、穿等基本生活类商品占社会消费品零售总额的比重明显降低，而耐用品消费较快增长。2017年，我国汽车类商品零售额比1998年增长169倍，近20年来年均增长速度超过30%。

另一方面，居民消费由实物型向服务型转变。文化娱乐、休闲旅游、大众餐饮、教育培训、医疗卫生、健康养生等服务性、体验类消费成为新的消费热点。国家旅游局数据显示[①]，2017年，我国人均出游已达3.7次，其中国内游、出境游人次突破50亿人次，全国旅游总花费是1994年的45倍，年均增长18%。预计未来几年，城镇居民消费结构将进一步升级，在汽车、住房、计算机、高档电器继续进入城镇家庭的同时，医疗保健、旅游和教育文化服务等消费需求加快增长。

同时，农村居民消费结构向小康型发展，在家电、通信和娱乐等消费进一步普及的同时，汽车消费重心将逐渐由大城市向中小城市和农村转移。

（四）服务业快速发展为扩大消费拓展了新空间

发展服务业与扩大消费关系密切。第三产业发展缓慢，是我国消费增长长期缓慢的原因之一。2010—2018年，我国第三产业和服务业快速发展，到2018年，第三产业增加值占GDP比重已超过52%，对经济增长贡献率接近60%（见表1）。随着国家政策刺激和城市化进程不断加快，未来五年我国将

---

① 我国旅游业已从小众旅游向大众旅游转变，从景点旅游向全域旅游转变，旅游已真正成为衡量现代生活水平的重要指标，成为人民幸福生活的刚需。

跨入以第三产业为主的社会阶段，无论金融、通信、运输等基础性行业，还是教育、医疗、旅游、文化等行业都将迎来大发展时代，为消费需求提供广阔的增长空间，尤其是享受型和发展型消费将显著增加。预计到2020年第三产业占GDP比重将达到55%左右，第三产业的大发展必将带动服务性消费的高增长。

表1　　　　　　　　我国三次产业占GDP比重变化情况与预测

年份	第一产业占比	第二产业占比	第三产业占比
1978	27.7	47.7	24.6
1985	27.9	42.7	29.4
1990	26.6	41.0	32.4
1995	19.6	46.8	33.7
2000	14.7	45.5	39.8
2005	11.6	47.0	41.3
2010	9.5	46.4	44.1
2015	8.8	40.9	50.2
2016	8.6	39.9	51.6
2017	7.9（6.9*）	40.5（28.2*）	51.6（56.3*）
2018	7.2	40.7	52.2
2020（预测）	6.2	39.3	54.5

资料来源：国家统计局《中国统计年鉴》（2018），*为2017年金砖国家平均水平。

（五）城镇化是扩大居民消费的重要源泉

城镇化是农村人口变为城镇人口，农业人口变为非农业人口的过程，同时也是促进全社会消费不断增加的过程。主要体现在：一是城镇化有利于提高居民的收入水平。在边际消费倾向不变的情况下，居民收入增加，总需求相应增加。二是伴随着农村人口迁入城市，农民的生活环境和空间将发生巨大变化，消费需求也会比转移前大大增加。三是城镇化会形成消费的示范效应。进入城市的农民，购买各种消费品时，不仅会与同一阶层的城市居民比较，而且还会受到较高收入阶层消费时尚的影响。这将改变新迁入者的消费习惯，向高消费率转变。

改革开放以来我国城市化不断推进,城镇化率显著提高,由1982年的21.1%提高到2018年的59.58%,略高于当年55%的世界平均水平。尽管增速喜人,但从发展水平来看,我国城镇化进程依然滞后,不仅与发达国家的城镇化率还有差距,与人均GDP远小于我国的其他国家也有一定差距。2018年我国第二、第三产业增加值占GDP的比重已经超过90%,人均GDP约9600美元,但城市化率仅为59.58%,巴西人均GDP仅略高于8900美元,但其城市化率已达85%以上。按照钱纳里城镇化率与经济发展阶段的关系,在工业化后期城镇化率应提升为65%,即使以此标准来衡量,我国城市化水平也至少落后5个百分点(见表2)。可见,不论与世界其他国家还是与工业化程度比较,我国的城市化发展都明显滞后。城市化发展水平滞后,直接影响居民消费的扩大。粗略估算,如果城市化率每提高1个百分点,将拉动最终消费增长1.6个百分点。

表2　　　　　　　　钱纳里城镇化率与经济发展阶段关系

城镇化率(%)	工业化时期	经济发展阶段
小于32.0	工业化准备期	初级产品生产阶段
小于36.4	工业化初期	工业化阶段
小于49.9	工业化中期	
小于65.2	工业化成熟期	
大于65.2	工业化后期	经济稳定增长阶段

资料来源:作者整理。

(六)消费理念和消费行为变化将成为消费增长的新引擎

改革开放之后,我国经济高速增长,国内生产总值和人均收入水平不断提高,我国居民储蓄、节俭的消费心理和行为正在发生改变。同时经济全球化和信息化,使发达国家高档消费品和消费理念对我国居民消费产生了重要的影响。经过较长时期的发展,如今20世纪八九十年代出生的新生代已逐渐成为经济社会生活中的主角,与时俱进、超前消费的观念逐渐被社会接受,这部分人的居民消费倾向提高、储蓄意识降低已成必然趋势。这在某种程度上使得中国社会自古以来重视储蓄和节俭的传统习惯发生改变,成为未来一段时期扩大消费的新引擎。

总之，未来十年，在拉动我国经济增长的三大传统动力（投资、出口和"人口红利"）的衰减趋势不可避免的大背景下，扩大消费且只有扩大消费，才是加快结构调整和发展方式转变、拉动我国经济持续健康稳定发展的突破口和主攻方向。从发展趋势来看，扩大消费需求、构建主导型经济不仅必要，而且还面临着巨大的历史性机遇。

从"人口红利"到"人口负债"*

人口红利与体制红利、全球化红利一起,被称为是推动中国经济三十年高增长的三大红利。但国家统计局公布的最新数据显示,2011 年起 16~59 岁的劳动年龄人口总量开始绝对减少,2018 年我国劳动适龄人口比 2017 年减少了 472 万,下降幅度居近五年之首,从趋势上看,劳动适龄人口减少的趋势已经形成,较难逆转。这组数据代表着我国经济社会发展的一次重大变革,也意味着我国人口红利正在衰减,"后人口红利"时期已经到来。

一、人口红利对经济增长的推动作用

所谓人口红利是指出生率、死亡率的降低和人口年龄结构的变化为某一经济体提供了一个经济快速发展、生活水平迅速提高的机会或时间窗口。人口红利对经济增长的促进作用,概括起来有三个方面:高劳动参与率、高储蓄率和高生产性投资。

首先,适龄劳动人口比重提高意味着人口对经济增长的高参与率。从柯布—道格拉斯生产函数 $Y = AK^{\alpha}L^{\beta}$ 可以看出,在一定的生产范围内,总产出 Y 与劳动力 L 是正向变动关系,即劳动力要素投入越多,总产出则越多。将该函

---

* 本文撰写于 2013 年,2019 年 8 月修改。

数的两边同时对时间求导，则等式左边表示总产出增长率，是经济增长率的一个近似替代；右边包括劳动产出弹性与劳动增长率的乘积，代表劳动力对经济增长的贡献。由该式不难看出，适龄劳动人口比重提高对经济增长具有正效应。

其次，人口赡养率低或劳动力人均负担低，即每个劳动者需要赡养的老人和孩子数量少，在其他条件不变时，家庭储蓄率就会提高，这是一个社会高储蓄率的重要条件。同样从柯布—道格拉斯生产函数可见，资本积累（K）增加对经济增长具有正效应，而储蓄是资本积累或投资的重要来源。

最后，如果劳动力负担重，国民收入中用于非生产性的消费支出，如养老保障、医疗卫生、基础教育等大幅增加，就会减少生产性投资比例，导致国民收入增长速度下降；如果劳动力负担减轻，那么对公共服务需求就会下降，同时创造的税收增加，从而促使公共支出更多地转向生产性投资。

此外，人口红利还可以通过住房需求、货币需求等渠道作用于经济增长。

二、我国已进入"后人口红利时期"

在我国城市化、工业化过程中，农村剩余劳动力向城市的大规模转移，一方面减少了农业部门的劳动力，提高了该部门的劳动生产率；另一方面为工业和服务业部门提供了大量低成本的劳动力，解决了第二、第三产业劳动力的短缺问题，这两个方面共同助推了我国经济的快速增长，是我国经济摆脱"马尔萨斯陷阱"的重要条件。但在 40 年后的今天，我国人口的年龄结构、城乡转移和教育素质等方面正在发生着巨大变化，具体表现在：

一是适龄劳动人口比重开始持续下降，老龄化进程加快。21 世纪以来，由于计划生育政策和经济发展等原因，我国人口的快速增长得到了有效控制，进入了前所未有的低出生率和低人口增长率阶段，人口总抚养比显著下降[①]，

[①] 1999 年，我国人口总抚养比为 47.7%，到 2010 年下降到 34.2%，下降了 13.5 个百分点。该期间总抚养比下降主要原因不是老年人口抚养比下降，而是由于低人口出生率导致少儿抚养比显著下降，从 1999 年的 37.52% 下降到了 2010 年的 22.3%，同期老年人口抚养比微增，从 10% 提高到 11.9%。但从 2011 年开始，由于老龄化进程加快，老年人口抚养比显著提升，从 2011 年的 12.25% 提高到 2018 年的 16.77%，同期少儿抚养比从 22.1% 微升到 23.68%，两者共同导致总抚养比也从 2011 年的 34.35% 提升到了 2018 年的 40.44%。

即所谓人口红利增长期。2010年我国总人口中劳动适龄人口的比重达到历史最高（74.5%），比1982年提高了13个百分点。但这一趋势在2011年出现了首次逆转，当年劳动适龄人口比重比2010年下降了0.1个百分点，尽管幅度很小，但意义非凡。由于劳动适龄人口占比从2011年开始首年下降，因此可以把2011年称为人口红利转折元年，这一时点比一些学者的估计（2015年）提前了4年。2012年劳动适龄人口的总量下降了345万人，进一步确立了人口红利拐点到来的趋势。2012年至2018年末，劳动适龄人口的人口总量已经累计减少了2617万，超过了澳大利亚的总人口。同时，近年来我国人口老龄化的趋势也越来越明显，总人口中老年人所占的比例逐年上升，2018年我国60岁及以上人口占总人口的比重达到17.9%，65岁及以上老年人口比重达11.9%，均远高于老龄化社会的国际标准（分别为10%和7%），老年抚养比也从2012年的12.7%上升至2018年的16.8%，这说明我国早已进入了老龄化社会。目前占比最高的35~49岁年龄段人口将在二三十年后步入老年，从而将进一步加速我国老龄化的进程。

二是城乡劳动力转移步伐放缓，"刘易斯拐点"已经到来。农村剩余劳动力向城市转移和无限供给被认为是发展中国家经济起飞的基本条件，也是中国经济快速成长的重要条件。但近几年来，情况正在发生变化，全国各地经常出现的招工难、用工贵现象，意味着我国农村剩余劳动力作为经济发展的人口蓄水池的作用在逐步降低。表1数据显示，尽管农民工数量从2008年的2.22亿人增长到2018年的2.88亿人，但增长速度在明显放缓，从2010年的5.4%下降至2018年的0.6%。与此对应的是农民工收入增长在不断提速，2008年农民工平均月收入为1340元，到2018年增加到3721元，年均增速达10.3%。这两组数据说明我国农村剩余劳动力无限供给的假设已不再成立，"刘易斯拐点"正在临近，这也是人口红利开始衰减的前兆。

表1 　　　　　　　农民工及其月平均收入增长情况　　　　单位：万人、%、元

年份	农民工人数	增长率	农民工月平均收入	增长率
2008	22542		1340	
2009	22978	1.9	1417	5.7

续表

年份	农民工人数	增长率	农民工月平均收入	增长率
2010	24223	5.4	1690	19.3
2011	25278	4.4	2049	21.2
2012	26261	3.9	2290	11.8
2013	26894	2.4	2609	13.9
2014	27395	1.9	2864	9.8
2015	27747	1.3	3072	7.3
2016	28171	1.5	3275	6.6
2017	28652	1.7	3485	6.4
2018	28836	0.6	3721	6.8

资料来源：Wind。

三是人均受教育年限偏低且区域差距较大。增加人力资本投资能够有效提高劳动生产率，因此，受教育程度将制约或促进人口红利作用的发挥。人均受教育年限是用来衡量教育发展的主要指标：社会越进步，教育越发达，人均受教育年限也越长。

表2数据显示，近些年来，我国人均受教育年限不断延长，如2017年北京市的人均受教育年限为12.7年，比1990年提高了4.1年，黑龙江、上海等5省市的人均受教育年限也均有所提高。但是，第一，与发达国家相比我国人均受教育年限依然较短。美国人均受教育年限是13.4年，比我国人均受教育年限最长的北京市多0.7年，比贵州多5.3年。在其他发达国家，英国是14年、加拿大是14.6年、澳大利亚是14.4年，均显著高于中国。

第二，地区差距偏大。样本数据显示，近二十年来不论在我国发达地区还是欠发达地区，人口受教育年限都在显著延长，但地区之间的差距依然偏大。如2017年，北京市比贵州省长4.9年；与1990年比，两地之间人均受教育年限的差距不仅没有缩小，反而还在扩大。通过对我国人口年龄结构、城乡结构以及受教育情况的分析可见，我国当前仍然处于人口红利时期并将持续一段时间，但随着人口结构的变化，人口红利开始衰减，"人口负债"渐行渐近。到底我国何时会进入人口负债期？如果以总抚养比低于50%作为人口红利测量的基准，1990年我国总抚养比为50%，开始进入人口红利时期，从2005年到

2017年，我国总抚养比基本在40%以下，到2030年我国总抚养比预计为49.7%，人口红利期基本结束。可见，我国人口红利大约还有10年存续时间。一些国家的经验表明，在人口结构转变、人口红利衰减并且最终消失的进程中，经济结构如果不能及时转型、人口的劳动竞争力不能提高，那么人口红利就会转变为人口负债，从而将可能导致一系列的经济社会问题和矛盾。

表2　　　　　　　　部分地区人口受教育年限变化　　　　　　　单位：年

年份	北京	黑龙江	上海	江苏	贵州	甘肃
1990	8.6	7.1	8.2	6.4	4.8	5.0
1995	9.2	7.5	8.8	7.0	5.0	5.5
2000	10.0	8.3	9.3	7.9	6.1	6.5
2005	10.7	8.5	10.0	8.1	6.4	6.9
2010	11.0	8.8	10.1	8.6	6.8	7.5
2015	12.1	9.3	10.9	9.4	7.7	8.4
2017	12.7	9.4	11.4	9.4	8.1	8.6

资料来源：作者整理。

三、促进劳动生产率持续增长是"后人口红利时期"发展的关键

人口红利开始衰减，将对我国经济社会发展产生重大影响：首先劳动参与率降低，意味着劳动对增长的贡献将不断减小；其次老龄化加快，人口抚养比上升，将使以往的高储蓄率发生转变，而高储蓄率一直被认为是中国过去经济高增长的重要条件；最后农村剩余劳动力不断减少甚至枯竭，城乡劳动力转移步伐放缓甚至停止，意味着我国劳动力价格还将持续上涨。

与此同时，我国人均受教育水平相对较低，技术水平有待发展，尤其与发达国家还有相当的差距，进一步提高劳动力素质和技术水平的空间还相当大，这些因素都体现出我国劳动生产率还有较大的上升空间。只有不断促进劳动生产率的增长，释放更多的人力资本，才能够保持人口对于经济增长的促进作用。因此，加大人力资本投资、提升全社会的人力资本水平，大力推动技术进

步，使两者成为提升劳动生产率的重要途径，是我国应对人口红利衰减的关键。

一是加大人力资本投资。继续加大教育投入，使教育投入占GDP比重在2012年首次实现4%目标的基础上，保持基本稳定且有小幅上升，推进教育体制改革，把发展重点从规模扩张转变为质量提升，以劳动者素质替代数量，提高人力资本积累的效率；完善医疗保健制度，提升全社会成员的健康水平；在新形势下加强人口问题研究，评估和反思现行人口政策，并在必要时进行适当调整。

二是全力推动技术进步。人口红利的逐渐消失提升了工资水平，对于企业而言人力成本也不断上升。政策应引导企业尽快完成劳动密集型发展到知识密集型发展的转换，大力发展机器人技术，在降低劳动力成本的同时完成人力无法完成的高精尖技术，提升企业的产品竞争力，促进劳动生产率的不断增长。

我国是否存在资本过剩问题?*

改革开放以来,我国经济以年均将近10%的速度增长,成为全球第二大经济体。经济学理论一般认为,决定一国经济增长的核心要素为资本、劳动以及除此之外的全要素生产率。其中,资本快速积累是过去40年我国经济增长的主要拉动因素。近年来,随着经济增速放缓,关于资本在现阶段我国经济增长中应该扮演何种角色出现了分歧。这里主要分析和讨论我国是否已经出现了资本过剩? 未来应如何处理消费与投资的平衡?

一、判别我国资本是否过剩

资本对经济增长的贡献主要源于资本的增加和资本效率的提高。一方面,大规模投资带来的资本增加是拉动我国经济增长的主要力量。1990年以来,我国固定资产投资保持高速增长,2002年以后始终保持在15%以上,GDP中资本形成总额占比上升到48%。根据我们的测算,1979—2018年资本对GDP增长的贡献比重平均为58.2%,2008年国际金融危机后甚至达到70%~80%。另一方面,随着资本存量的不断增加,每单位资本带来的产出在不断降低,即资本效率不断下降。横向来看,我国的资本效率也显著低于英国、美国、日

---

* 本文由周景彤、梁婧撰写于2015年,2019年8月修改。

本、韩国和新加坡等国家,这在一定程度上反映了我国资本存在过剩的可能。

在实证研究中,资本效率的高低是衡量资本是否过剩的决定因素。一般有三种衡量资本效率的方法,即资本边际生产率法、AMSZ准则和储蓄率判别法。

(一) 资本边际生产率法

比较资本的边际生产率与经济增长率,如果资本边际生产率大于经济增长率,表明资本积累有效;反之,则无效。假定总量生产函数形式为

$$Y_t = A_t K_t^\alpha L_t^\beta$$

资本的边际生产率为 $r_{kt} = \dfrac{\partial Y_t}{\partial K_t} - \delta = \alpha A_t K_t^{\alpha-1} L_t^\beta - \delta = \alpha \dfrac{Y_t}{K_t} - \delta$。用永续盘存法得到资本存量,通过对收入法 GDP 核算下的劳动收入份额进行调整估算劳动与资本的收入份额,进而得到资本边际生产率。结果显示我国资本边际生产率要高于经济增长率,资本积累有效,并不存在资本过剩。但我们也注意到两者之间的差距在缩小,特别是在 2008 年之后,这显示资本效率在显著降低。用类似的方法,我们计算了美国的资本边际生产率,发现美国的资本边际生产率保持在 10% 以上,且一直远高于其经济增长率,资本积累是有效的,并且近几年我国的资本边际生产率要低于美国。比较资本的边际生产率与经济增长率,如果资本边际生产率大于经济增长率,则表明资本积累有效;反之,则无效。结果显示,我国资本边际生产率要高于经济增长率,资本积累有效,并不存在资本过剩(见图 1、图 2)。

(二) AMSZ 准则

AMSZ 准则是比较资本总收益和总投资,如果资本的总收益大于总投资,即资本部门的产出多于投资,能获得净收入,则说明资本积累有效;反之,则无效。结果显示,2009 年之前我国资本净收益为正,资本积累有效,但从 2009 年开始我国资本净收益为负,说明我国资本积累是无效的,存在资本过剩。用类似的方法,我们计算了美国的资本净收益,其资本净收益始终保持为正,资本净收益与 GDP 之比要高于我国。

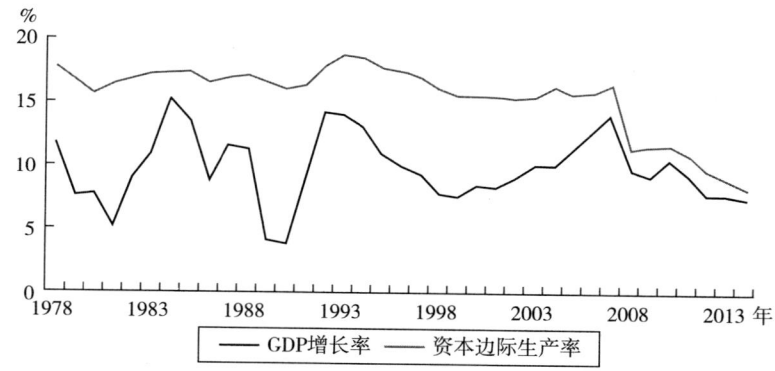

资料来源：作者整理。

图 1 中国资本边际生产率和 GDP 增速

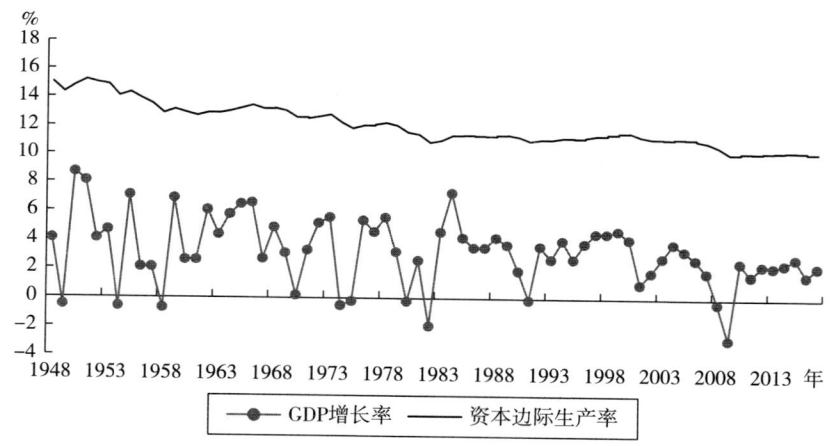

资料来源：作者整理。

图 2 美国资本边际生产率和 GDP 增速

（三）储蓄率判别法

储蓄是资本形成的基础和源泉，住户和非金融企业的较高储蓄支撑着我国的高储蓄率，各部门尤其是政府部门储蓄率的快速增加使得我国国内储蓄率在 2000 年后有较快增长，2008 年国际金融危机后随着经济结构的调整和转型，非金融企业储蓄率的降低使国内储蓄率缓慢回落。从国际比较看,我国国内总储蓄与 GDP 之比远高于英国、美国等发达国家,也高于日本、韩国和中国香港等亚洲国家和地区(见图3、表1)。

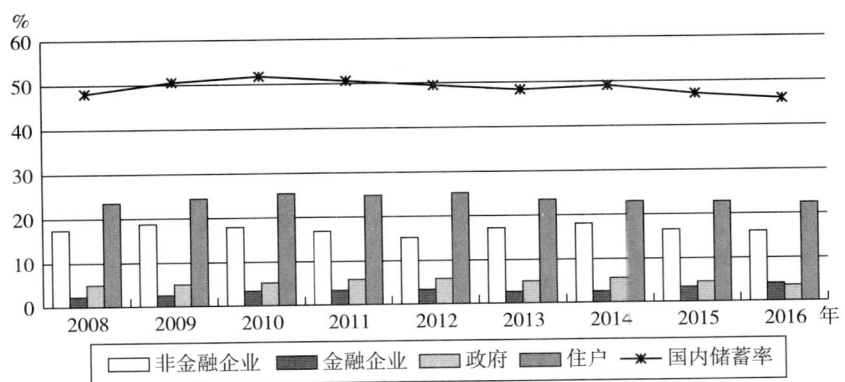

注:部门储蓄率=部门储蓄/可支配总收入,国内储蓄率=非金融企业储蓄率+金融机构储蓄率+政府储蓄率+住户储蓄率。

资料来源:国家统计局,中国银行研究院。

图3 国民储蓄率和各部门储蓄率

表1　　　　　　　　各主要经济体总储蓄率　　　　　　　　单位:%

年份	中国	中国香港	印度	日本	韩国	俄罗斯	美国	德国	法国	英国
1990	38.9	35.7	23.5	33.4	33.8	30.3	20.4	24.5	23.5	20.6
1991	39.0	33.7	22.5	33.8	34.4	36.6	19.6	25.1	23.2	18.8
1992	38.5	33.4	23.5	32.7	33.5	48.7	19.7	24.5	22.5	17.6
1993	42.6	34.0	21.3	31.4	33.4	34.7	19.7	23.7	21.1	17.5
1994	43.5	32.5	22.9	30.0	33.4	30.1	20.4	24.1	21.7	18.7
1995	43.5	29.8	24.9	29.5	33.8	28.8	20.4	24.3	21.9	19.6
1996	42.5	30.3	20.9	29.1	32.7	27.9	20.8	23.5	21.2	19.2
1997	42.4	30.8	23.3	29.2	32.6	24.2	22.0	23.9	22.3	20.1
1998	41.4	29.5	21.9	28.0	34.7	21.6	21.8	24.6	23.2	19.3
1999	39.6	30.1	24.9	26.3	32.8	31.9	21.3	24.1	23.5	17.9
2000	37.5	32.0	23.2	26.6	35.0	38.7	20.4	24.1	23.5	17.9
2001	38.4	30.2	24.7	24.9	33.1	34.4	18.2	24.0	23.3	16.9

续表

年份	中国	中国香港	印度	日本	韩国	俄罗斯	美国	德国	法国	英国
2002	40.4	31.3	24.0	23.8	32.4	30.8	17.9	24.3	22.9	16.3
2003	43.4	31.5	25.5	24.1	34.0	32.2	17.5	23.3	22.2	16.3
2004	45.9	31.1	30.7	24.5	35.9	33.2	18.0	24.1	22.4	15.7
2005	47.6	33.3	31.5	23.9	34.6	33.8	18.2	23.8	22.0	15.6
2006	50.7	33.4	32.7	23.9	33.5	33.9	18.3	25.0	22.3	16.1
2007	50.6	32.1	34.0	24.6	33.7	32.8	17.6	27.3	22.8	16.4
2008	51.8	31.2	30.5	23.2	33.0	34.7	15.7	26.8	22.3	15.1
2009	52.7	29.7	30.9	20.0	33.2	26.4	13.7	23.1	19.9	13.1
2010	52.0	29.8	32.2	21.0	35.2	30.7	15.4	24.7	20.0	14.0
2011	50.7	28.0	30.0	19.3	34.5	33.5	15.1	25.4	20.6	14.9
2012	51.5	26.3	28.0	18.9	33.8	31.8	16.1	25.0	20.7	14.4
2013	51.8	24.6	27.8	18.3	34.1	28.5	16.8	24.8	20.5	15.2
2014	52.3	24.3	26.9	18.15	34.9	28.4	16.9	25.3	21.4	16.1
2015	50.1	24.0	25.8	19.57	34.0	30.2	17.7	23.1	22.3	16.2
2016	48.9	24.6	25.2	20.85	33.5	28.8	17.2	23.9	21.8	15.8
2017	49.8	25.8	24.6	21.60	33.6	29.5	16.4	23.8	22.7	16.9

资料来源：世界银行，中国银行研究院。

Solow 模型为研究最优储蓄率提供了一个理论框架，但由于模型的假设条件较多，对现实经济进行了较多简化，并不适合应用于实际测算。有研究利用修正后的新古典增长模型计算我国最优储蓄率，以 2% 为技术进步率的基准值下最优储蓄率处于 38%~42%，均值为 40.3%，因此我国的实际储蓄率要高于最优储蓄率。

较高的储蓄率支持了我国较高的投资率，从历史来看，我国投资形成率一直保持在 30% 以上，近几年仍持续上升至将近 50%，远高于其他不同收入类型国家 20% 左右的水平，同时我国居民消费率较低，目前降低到 2013 年的 34%，远低于其他国家 60% 左右的水平。不可否认，投资对拉动我国经济快速增长发挥了极其重要的作用，但从长期来看，有效需求增长的不足，可能带来生产的相对过剩，使得经济停滞。从国际统计看，高收入国家居民消费、政府消费、资本形成的比例大概为 60:20:20，中等收入国家为 55:15:30，因此我国投资率相对偏高，同时考虑到当前我国资本效率降低，经济逐步放缓，未来应注重扩大居民消费，优化消费和投资结构。

总之，三种判别方法的结果显示当前我国储蓄率偏高，资本效率下降，总体上存在一定程度的资本过剩问题。

二、资本过剩的原因分析

总的来看，2008年国际金融危机以前，我国资本积累是有效的，不存在资本过剩。原因可能在于：一方面，我国处于资本积累的初级阶段，在劳动力过剩和资本缺乏的情况下，资本的边际回报较高；另一方面，"存量不动，改革增量"的渐进式改革为向市场经济平稳过渡创造了条件，增量改革的不断进行再带动存量改革，从而提高了整体经济的资源配置效率。

但在2009年之后，我国出现了一定程度资本过剩问题，原因在于：

第一，从外部因素看，国际金融危机后，全球经济增长大幅降低，需求放缓，2009年我国出口同比降低16%。进入2018年之后，中美贸易摩擦的出现同时对中国的出口造成了较大程度的冲击，2018年中国的贸易顺差2.33万亿元，较2017年收窄18.3%，这进一步拉低了资本收入。同时，受危机冲击，国外资本回报下降，热钱流入我国。资本收入的降低和流入的增加拉低了我国的资本回报率。另外，根据边际递减规律，技术和配置效率达到一定程度后难以再进一步提高，在前期进行大量投资后，资本边际收益降低，资本回报率趋于降低。

第二，从内部因素看，首先，政府方面，在传统经济体制下地方政府对微观经济活动干预过多，往往会引导和鼓励对容易在短期内拉动经济增长产业的投资，使得地方投资过度集中于这些行业。这也是造成我国部分行业产能过剩的一个主要原因。20世纪90年代以来，我国投资高速增长，1991—2002年我国固定资产投资增速平均为14%，从2003年开始连续5年保持在20%以上，2003年以来国家发展改革委几乎每年都会提到产能过剩问题，相关的产业也从钢铁、电解铝、水泥、汽车等不断向更多行业扩展。2009年政府为应对国际金融危机推出投资刺激计划，大量的政府主导投资带动民间投资热情，当年投资增速高达33%。在国内外需求降低的情况下，国内产能过剩问题进一步凸显，投资效率明显降低。其次，民间投资方面，我国制造业投资主要集中于中低技术制造业，其中低技术制造业的投资比重仍在上升，而高技术制造业的投资比重在不断降低，从2004年的11.9%下降到2009年的7.8%，之后保持在8.8%左右，直到2018年才恢复到11.8%。一般来说，高技术制造业产品附加值较高，投资回报率相对较高，在当前劳动等要素条件变化、需求放缓的情况下，我国以中低端为主的制造业受到的冲击较大，在一定程度上影响了投资效率。

如何看待投资与消费的关系。值得注意的是，当前投资效率下降并不意味着需要减少投资。根据研究，当消费占GDP比重持续增加时，经济增长率也将会相应下降。因此，在当前经济增速回落的关键时期，发达国家经济增长乏力，外需相对不足，我国需要通过增加内需维持一定的经济增速。稳定就业、债务可持续和实现翻番目标等都要求保持一定的经济增速，而为了保持合理稳定的经济增长速度，防止经济出现断崖式减速，保持一定速度的投资仍然很重要，因此要避免投资增速过快下降。

三、政策含义

第一，界定和明确政府职能，发挥政府引导作用。一方面，政府应有所为有所不为。"不为"方面，应缩减核准投资项目范围，下放核准权限，减少替代市场对产能进行的直接干预；"有为"方面，应着重于建立公平、合理的投资制度环境，加强信息的收集与发布，完善企业的进入和退出机制，充分发挥市场作用，使资源在不同部门、不同地区之间进行有效配置。另一方面，政府应发挥引导作用，一是加大对科技研发和对口人才队伍建设方面的投入，运用财税政策引导企业加大技术创新力度，加快推进实施《中国制造2025》，引导对中高端产业投资水平的提高，促进制造业转型升级；二是发挥融资信贷调节作用，强化环保标准的"一票否决制"，约束对产能过剩行业的投资，同时稳步推进产能过剩企业的兼并重组。

第二，促进对外直接投资，提高资本回报率。如前所述，从宏观层面看，与国外发达经济体相比，我国产出与资本之比较低，资本效率较低。同时，2008年国际金融危机后，国外资产价格普遍下跌，目前仍没有回到危机前的水平。随着全球经济的缓慢复苏，各国贸易和投资将逐步恢复增长，国外发达经济体资产价格也有望继续回升。发展中经济体投资需求较大。根据投资发展周期理论，我国处于对外投资快速增长阶段。总体来看，现在是我国通过对外投资消化过剩产能、促进产业转型升级、提高投资效率的有利时机。政府应改革和完善对外投资管理方式，逐步由审批制过渡到备案制，健全多双边投资促进机制，完善金融、保险、信息、法律、领事等对外投资服务体系，为企业对外投资提供公平、稳定、透明的制度环境。企业应抓住当前对外投资的有利时机，通过对外投资获取新技术和新的管理理念、开拓新的销售网络、大力提升自身的竞争实力、实现传统产业的转型升级。同时要认识和研究对外投资中存在的政治、经济、法律等多种风险，在"走出去"浪潮中要避免盲目投资。

第三，进一步促进居民消费，优化投资与消费结构。从中长期来看，在投资效率降低的情况下，消费增长能支持和带动投资的增长。同时，在潜在增长率下降的情况下，鼓励和促进消费是带动经济持续增长的重要途径。因此，未来要进一步促进居民消费。收入是消费增长的基础，首先，要多管齐下，切实提高居民收入。一是推进城镇化建设，促进人口在城乡之间的流动，充分发挥城市人口集聚所带来的规模效应，带动生产率和居民收入水平的提高；二是改革完善收入分配制度，提高劳动报酬在初次分配中的比重。其次，要持续完善社保制度，增强人们对未来收入和生活保障的稳定预期，促进当期消费的增加。

"一带一路"倡议背景下我国产业布局新思路*

"一带一路"倡议为平衡国内区域发展提出了新思路。一方面，它强调提高面向西北的中亚、西亚乃至欧洲的对外开放水平，为中西部地区开拓了新的市场空间；另一方面，也有利于带动产业、资金等资源流向中西部地区，应对当前东部地区成本上升和转型压力增大、制造业加快对外转移等问题，促进制造业向中西部转移，加强东部、中部、西部之间的经济联动性。在"一带一路"实施过程中，如何促进经济产业化是中西部地区经济可持续发展的关键。建议充分利用"一带一路"倡议大力推进的有利契机，加强区域间合作，优化国内产业链布局，推动国内不同区域协调发展。

一、国内产业布局的现状与存在的主要问题

（一）我国产业布局的现状与特征

新中国成立以来我国基本实现了由农业为主转向工业为主的产业结构，经济结构不断优化，工业增加值占比在 2006 年达到高峰（47.4%），之后逐年下降，第三产业占比稳步提升，2012 年第三产业增加值占比首次超过第二产业，

---

* 本文由周景彤、梁婧撰写于 2016 年，2019 年 9 月修改。

2018年第三产业占比进一步提高至52.2%，比第二产业比重高11.5个百分点。不同区域也逐渐转向以第二、第三产业为主的产业结构，但呈现一些差异。人均收入水平较高的沿海地区第一产业的比重明显低于其他地区，在其他地区第二产业比重明显回升的同时，沿海地区第二产业比重趋于降低，而其第三产业比重显著高于其他地区。具体来看，我国区域产业布局有以下几个特征：

从产业布局的现状与特征看，大部分工业产业仍集中在东部沿海地区。2014年东部沿海地区工业增加值占全国的比重为61.7%，其中广东、江苏、山东工业增加值占比排名前三位，工业增加值之和占全国的35.7%。各细分行业中，除采矿业、农副食品加工业、食品饮料制造业、烟草制品业、非金属矿物制品业、有色金属加工业外，其他行业在东部沿海地区的工业总产值占比均超过50%。尤其是纺织、服装等劳动密集型行业，化学纤维、金属制品、电器机械制品等资本或技术密集型制造业，计算机通信、仪器仪表等高技术产业，占比超过70%，甚至达到80%以上，这几个行业又主要集中于江苏、广东、浙江、山东。

而西南、西北地区资源密集型行业较为集中。食物原材料、煤、油、气、水等为该地区的优势资源，煤炭、石油、有色金属、黑色金属等能源原材料采选业，有色金属、黑色金属、石油等加工及冶炼，食品、饮料加工业是这些地区的优势产业。

中部内陆地区工业体系较为齐全，出现承接沿海地区产业趋势。资源类行业中，山西、河南的煤炭开采，河南、江西、湖南的有色金属开采，河南、湖南、湖北的非金属矿开采，以及相关的资源加工和冶炼行业的占比在全国位居前列。由于中部地区承东启西、连南通北，基础设施也日益完善，食品制造、纺织、服装等轻工业和一些设备制造业，甚至是医药制造这类高技术类行业开始不断向中部地区转移，中部内陆地区的这些行业所占的比重不断上升，除山西外，中部地区基本形成了门类较为齐全的工业体系。

东北是发展最早的工业基地，石油和黑色金属开采及加工冶炼等重化工业、设备制造业是其优势产业。黑龙江的石油、天然气开采位居全国前列，辽宁的石油化工、黑色金属冶炼、通用设备、专用设备和吉林的交通运输设备制造业等都是东北地区重要的支柱产业。

（二）现有产业布局存在三方面的主要问题

一是不同区域规划和产业政策之间缺乏有效协调。目前我国已经制定了一系列区域发展规划，从大的区域看包括西部大开发、振兴东北地区老工业基地、促进中部地区崛起、京津冀一体化等国家战略；从小的区域看包括广西北部湾经济区开放开发、长吉图开发开放先导区、皖江城市带承接产业转移示范区等规划。近年又推出粤港澳大湾区、长三角一体化、海南自贸区等战略。这些既有区域性国家战略或规划往往着眼于某一区域或地区自身，没有针对区域与区域之间的协同和融合，容易导致不同地区之间出现重复建设。

二是地区间产业结构趋同。由于财政体制不健全、单纯追求经济增长的考核机制，地区之间的竞争逐渐强化，各地区都追求"大而全""小而全"的产业结构，东部、中部、西部地区之间的工业结构相似率较高。有研究表明，除海南、黑龙江和西藏外，其余或多或少都存在产业结构同质化现象，其中四川、山东、安徽与全国31个省区中的9个以上地区制造业结构相似度系数在0.8以上；而相邻区域省份产业结构趋同问题也较为突出。地区产业结构趋同加大了地区之间的竞争，不利于发挥各地区的比较优势，低水平重复建设和企业规模不经济降低了资源配置效率，也造成了地区市场分割，使全国统一市场体系难以形成。

三是工业布局过度集中于东部地区。虽然中西部省份工业不断发展，但我国工业布局仍主要集中于东部沿海地区，中西部地区更多是资源输出，大量的资本、劳动和自然资源仍不断从中西部地区流向沿海地区。其原因主要在于：其一是我国贸易渠道仍较单一，几乎全部集中在海上通道，仅有西部沿边地区贸易渠道部分集中在陆上；其二是我国对外贸易主要面向美国、日本、韩国等东南方向，2014年东部地区进出口总额占比仍高达85%；其三是中西部地区水利、交通、通信等基础设施水平较东部地区仍有较大差距。在这种开放格局下，工业布局不断向东部地区聚集，中西部地区资源输出的地位得到了强化，工业的自我发展能力和产业优势难以发挥。

二、"一带一路"倡议为平衡国内区域发展提出新思路

实体经济健康发展是国民经济持续增长的根本动力，面对新形势、新挑战，"一带一路"倡议的提出为平衡国内区域发展提出了新思路，对促进我国区域产业平衡发展意义重大。

首先，覆盖面广，强调区域间协同发展。2015年3月发布的《推动共建丝绸之路经济带和21世纪海上丝绸之路的愿景与行动》中明确提及了18个省份，还涉及四川、湖北、湖南、江西、安徽、河南等内陆地区的节点城市和沿海城市，基本上涵盖了我国主要经济地带，贯穿了由东向西、由南向北的地区。同时，对各地区进行了明确定位，如广西要发挥加快北部湾经济区和珠江—西江经济带开放发展，构建面向东盟区域的国际通道，形成海上与陆上丝路有机衔接的重要门户。与过去的区域发展战略相比，"一带一路"倡议更加注重区域与区域之间的互动，强调跨行政区域的协同发展。

其次，促进对西开放，为产业的发展提供市场基础。中西部地区既不靠海也不沿边，存在开放口岸少、物流费用高、区域转关难等制约因素。"一带一路"倡议的提出将打开面向西北的中亚、西亚乃至欧洲的开放大门，有助于深化中西部地区的开放程度，从而使中西部地区更贴近市场，将邻近东盟、中亚、南亚、中东欧等贸易伙伴的地缘优势充分发挥出来，释放经济发展的内在潜力。

再次，打开陆上通道，为东中西部地区产业转移提供通道基础。过去陆上通道不发达是制约中西部地区经贸和产业发展的重要因素，"一带一路"倡议的推进将以基础设施互联互通为先导和突破口，依托国际大通道积极打造国际经济合作走廊，构建安全高效的现代化交通运输网络。中西部地区可以以此为契机，进一步提升交通、通信、电网、管道等基础设施水平，显著增强沿线经济带和城市群的连接性，形成横贯东中西、联结南北方的对外经济走廊，为要素集聚和产业发展创造良好条件。

最后，加快产业向中西部的转移，为东部地区产业转型升级创造空间。当前，我国产业发展面临转型升级和产能过剩的双重压力，东部地区成本上升和转型压力增大，制造业也在加快对外转移。而中西部地区的低成本优势仍较突出。同时，随着西部大开发、东北振兴、中部崛起的区域协调发展战略的实施，中西部地区的交通、水利、通信等基础设施水平有了明显提高，有助于扩大产品供应和服务半径。"一带一路"倡议的提出将进一步引导资源流入中西部地区，提高中西部地区产业转移承接能力，一些区位优势明显、基础设施完善、产业优势突出、要素集聚能力较强的区域，如长江中游、成渝、中原、呼包鄂榆、哈长等重点城市群，具备成为潜在战略性增长区域的有利条件。此外，"一带一路"下大范围的区域协同合作将成为重要趋势，新市场的开拓、东中西联动性增强也将为东部地区产业的转型升级创造有利条件。

三、国内产业布局的新思路

"一带一路"是辐射范围最广的区域发展战略，目前各省区在积极融入"一带一路"倡议，相继提出各自的对接方案，未来"一带一路"工作领导小组将发挥统筹协调作用，协调好各地区对接规划之间及其与既有区域性战略的关系，通过"一带一路"倡议重点城市或地区将沿线区域性战略连接起来，以点带线促面，促进各区域产业协调发展。

（一）加强区域间的通道建设

各地区产业布局的基础是通道的联通。一是加强东中西部地区之间的基础设施建设，包括民用航空航线、高速铁路、公路等；二是加强各区域内部设施联通，以各区域内重点城市为支点，加强区域内其他城市与支点城市的道路、通信等基础设施建设，提高区域道路网络和信息化网络一体化水平；三是加强各区域与"一带一路"沿线国家或地区的陆上通道建设。目前"一带一路"沿线省份已开通多条国际班列，基本覆盖我国东、中、西部铁路货运枢纽。从部分省区"一带一路"对接方案来看，通道建设的区域合作和整合还有待进一步加强，如江西、四川等中部地区的通道建设方案多有重合，未来需要注意加强各地区特别是相邻地区之间的协调，构建高效、一体化的运输网络。

(二)加强各地区经济平台之间的交流与合作

技术经济开发区、高新区、工业园区等经济平台已成为各地产业发展的主要载体。截至2018年末，国家级高新区有168家，国家级边境经济合作区有19个，国家级技术经济开发区219个。这些经济平台将不同企业集中，形成显著的产业集群优势，有利于提高资源配置效率，但仍存在建设面积贪大、产业项目雷同、维持成本高、闲置率高等问题，多数经济开发区和工业园区竞争力不强。

未来要完善经济平台建设，一是加强区域内和跨区域的产业协调联动，整合闲置的、效率和效益低下的经济开发区和工业园区；二是加强区域内平台之间的交流，促进平台产业、人才、技术等合作；三是在政府引导下加强不同区域平台之间的交流与合作，特别是东西部之间，可以加强政策沟通协调机制，在优势互补的基础上探索技术合作、产业转移、共建产业园等，实现和创新各生产要素的优化配置。

(三)立足本地优势发展特色产业

"一带一路"倡议下交通运输类、基建相关产业、装备制造业、能源建设、文化旅游、信息产业、出口竞争力较强的消费类产业将面临较大发展机遇。未来各地区可根据自身优势，加强地区间合作协调，优化各产业链布局。西北、西南地区的农业、石油、煤炭等资源较为丰富，可继续凭借其天然优势，延长资源产业链，促进食品制造业、上游采选业、中游冶炼工业的进一步发展，推进与周边国家和地区旅游文化的合作与发展，同时依托西安、成都、重庆、兰州等中心城市，进一步发挥陕西、甘肃、四川、重庆在信息产业和生物、航空航天、新材料、新能源等高新技术产业和新型环保产业的基础和优势，促进其相关高技术产业的发展，带动周边地区工业技术水平的提高。中部内陆地区有靠近东部发达省份的区位优势，是承接东部产业转移的先锋队，目前纺织、服装等劳动密集型制造业、设备制造业已经出现了从广东、浙江、上海等东部沿海地区向湖北、湖南、江西、安徽、河南等内陆地区的转移,未来可继续加强其与东部沿海地区的产业对接。东部沿海地区经济发达,具有人才和科研优势,要着力建立自主创新的先进制造业体系,重点发展战略性新兴产业、资金和技术密集型高技术产业,同时,以上海、北京、深圳等地区为核心,加快服务业特别是金融业的发展,探索金融、管理、开放等方面制度的创新。

(四)引导产业链中下端的加工制造业、劳动密集型产业向中西部转移

一方面,中西部地区有靠近"一带一路"沿线国家或地区的区位优势,如新疆与中亚、南亚、西亚等国家接近,内蒙古紧邻俄罗斯、蒙古等国家,广西与东盟国家陆海相邻。这些沿线大部分国家能源、矿产、农业原材料等较为丰富,工业化程度较低,技术水平相对落后,产业结构相对单一,处于价值链的低端,在与中国的贸易往来中,多向中国出口原油、矿石等初级产品,从中国进口机械和交运设备等工业制成品及纺织等轻工业产品。另一方面,从国内区域比较优势看,中西部地区的低成本优势仍较突出,资源丰富,同时,随着"一带一路"倡议的推进,中西部地区设施、产业配套能力逐步增强。此外,中西部地区自身拥有广阔的市场空间,中西部地区人口总量为7.7亿人,约占中国总人口的57%。可在生态环保的基础上,将东部地区产业链中下端的加工制造、劳动密集型产业向中西部转移。

一是探索省省对接合作,如在民盟甘肃省委、民盟福建省委和兰州新区管委会的共同推动下,福建、甘肃两地政府、企业探讨建立政策沟通协调机制、产业转移和共建新能源等合作模式,这是促进东部沿海地区产业向中西部转移、优化地区产业链布局的可行方式。

二是在产业转移的过程中,中西部地区要注重加强技术的引进,充分利用东部沿海地区创新发展的带动和辐射作用,改造传统产业,促进上下游产业一体化,同时坚持绿色发展,发展循环经济,做好资源综合利用和深度加工。

三是承接省份之间要加强合作,避免恶性竞争,特别是中部地区一些省

份，产业结构和相对优势较为接近，要积极探索区域协作模式，首先要明确本地区的定位及核心发展地区，在原有功能分区的基础上，整合分散、功能单一的功能区，促进本地区内部特色鲜明、高度关联的产业布局；其次围绕本地区主导产业，从省际产业链合作视角优化本地区主导产业。

四、优化产业布局需要相应的保障措施

按上述产业布局思路，为实现产业链和区域互动发展，还需要政府提供相应的保障措施。

第一，中央政府加强统筹协调，促进地方政府间协调合作。完善地方政府有效合作机制，突破行政壁垒，制定跨区域投资合作的考核制度、土地等资源共享的税收分享制度；建立和完善具有实质性权力的超行政区划的协调与监督机构；组建区域性行业协会，将区域内的企业按行业组织起来，建立市场与政府间的沟通和对话渠道，推动政府合作向纵深发展。地方政府要转变思路，从单一化的各个区域竞争转向共赢合作，清理各种变相优惠政策，避免盲目投资和恶性竞争，实现产业跨区域的协调发展。

第二，加强对中西部地区的政策扶持，引导资源向中西部流入。加大中央政府的转移支付，支持中西部地区在改善民生和基本公共服务上的投入，通过贴息、减免税收或设立专项资金等方式引导投资或产业流向中西部地区。鼓励和引导金融机构对符合条件的产业转移或兼并项目提供信贷、融资、财务顾问等服务支持。根据中西部地区产业发展实际，研究制定差别化产业政策，适当降低中西部地区鼓励类产业门槛。

第三，提高公共服务水平，不断优化营商环境。地方政府尤其是中西部地区政府要加强公共服务体系建设，建立健全公共信息、技术创新、技术评估、产权交易等一系列公共服务平台或中介机构。要顺应市场化需要，整顿和规范市场秩序，促进投资贸易便利化；推进依法行政，加强知识产权保护，完善法制环境，保障投资者权益；进一步简政放权，着力消除行政性体制障碍，推动政府职能向提供优质服务和良好发展环境改变。

第四，外交支持助力向西外部市场的开拓。秉承合作共赢的理念，与沿边国家建立高层交往和磋商机制，加强与这些国家的交流、沟通和协调，促进中西部地区与这些国家的经贸合作，可考虑优先推动安全状况高、地理位置较近、与我国外交关系较好的国家和地区合作的开展，建立示范性项目，以支点国家带动区、片联动，先近后远，先点后面，有序推进。

第二章
供给侧结构性改革统领调控政策新思路

概　要

　　由于经济发展阶段和时代背景不同，经济发展中面临的主要矛盾也随之发生变化。平衡好经济运行的供给与需求是宏观调控的基本出发点和核心任务。2015年11月，习近平总书记首次提出"供给侧结构性改革"，有关供给侧结构性改革的话题成为国内外热议的焦点议题。本章通过回顾和梳理我国供给侧结构性改革的历史、将中国的供给侧结构性改革与里根经济学进行对比，进一步分析中国供给侧结构性改革的深刻内涵，解读其在为政府宏观调控提供新思路上的重大意义。

　　第一，改革开放之前，供不应求是常态，政府主要实施以优先发展重工业和计划经济为特征的供给侧管理。改革开放之后，随着市场化改革和社会主义市场经济体制的逐步建立，宏观调控手段不断丰富、改进和完善。在推进供给侧结构性改革上，从短期看，重点在于"三去一降一补"；从中长期看，分为要素层面和制度层面。要素层面，体现为推动人口红利向人力资本红利转变；加快完善以企业为主体、市场为导向、产学研相结合的技术创新体系，营造有利于激励创新的制度环境。制度层面，体现为建立更加市场化、现代化的金融、财税等制度体系，让市场真正在资源配置中发挥决定性作用。同时要特别注意避免对立论、消极论、万能论、停滞论这四种倾向。

　　第二，尽管我国的供给侧结构性改革与里根经济学（Reaganomics）、供给学派（Supply - side Economics）有不少相同之处，但两者在时代背景、理论基础、政策手段和预期目标等方面有着本质的区别，不能将两者混为一谈。

第三，近年来我国政府推动供给侧结构性改革的重要举措是多措并举降低实体经济企业的生产经营成本。生产成本过快上升将削弱我国企业国际竞争力成为推动"降成本"的主要原因。具体体现在劳动力成本上升较快，企事业单位就业人员平均工资和企业承担的社保缴费上升较快；企业税费负担较重；房地产价格快速上升，加大企业租房建房等营运成本；物流成本近几年虽有降低，但相对其他国家仍较高；在资金"脱实向虚"背景下，中小微企业融资难问题突出。为更好地实施降成本措施，需要注重前期降成本政策的落实与完善、各项措施与立法进程协调推进、引导企业转变观念这三方面问题。

第四，近年来，我国经济结构深刻变化，体现为第二产业向第三产业转移，2017—2018年，虽在经济增速放缓下，就业总人数持续上升，但仍需积极应对就业结构转变带来的新挑战。这些问题主要体现在农民工群体变"老"，新生代农民工变得"市民化"，农村就业"蓄水池"作用减弱；高校毕业人数逐年攀升，应届大学生就业难；生产智能化引致"机器换人"，造成提高效率和保障就业之间的矛盾。政策应对上，需调高就业预期目标，关注高校毕业生、退役军人、特殊就业困难人员等三个群体，加强货币政策对就业目标的关注，财政政策要更多考量就业，抑制"脱实向虚"，加大人力资本投入，扩大中等收入阶层比重。

第五，界定政府和市场"两只手"的职能和范围至关重要。要让政府和市场各归其位、各司其职，解决"政府失灵"和"三位"问题，发挥"无形之手"在配置资源上的决定性作用，让政府"有形之手"归位，弥补市场失灵，做好"加减法"，建设服务型政府。这是适应新形势、解决新问题的应势之作，有利于提升经济运行效率，有利于促进公平竞争，是实现未来我国经济社会有序发展、高效发展、公平发展、清洁发展的基本前提和制度保障。

第六，债务置换是我国在地方财政收支压力上升、经济下行风险增大等背景下，政府创造性地纾解当前财政困局和稳定增长的重要举措。我国债务置换与近年来西方国家实施的量化宽松（QE）政策存在本质区别，主要体现在购买主体不同、对市场流动性影响不同和政策目的不完全相同三方面，不应将两者简单地类比甚至等同。政策上，针对债务置换的配套政策要及时跟上；坚持积极和稳妥原则；建立市场化的地方债券评级和定价机制，促进债券市场健康发展；理顺中央与地方财税关系，推进财税体制改革。

供给侧结构性改革的"前世"与"今生"*

供求关系是经济运行的基本逻辑,平衡好经济运行的供给与需求是宏观调控的基本出发点和核心任务。改革开放以来,我国经济发展的不同时期都有需求侧和供给侧的管理手段,因此从我国经济管理政策的历史实践看,供给侧的管理并不"新鲜"。由于经济发展阶段和时代背景不同,经济发展中面临的主要矛盾在发生变化,进而使不同时期的宏观管理政策各有侧重。梳理我国改革开放以来宏观管理政策及其变化的逻辑,有助于我们更加深入地理解当前的供给侧结构性改革,提高落实供给侧结构性改革的认识自觉和行动自觉。

一、改革开放以来,我国宏观管理政策的历史变迁及基本逻辑

过去40年,我国完成了相当程度上的经济赶超,经济总量跃升为世界第二,人均GDP超过9700美元,顺利突破"马尔萨斯陷阱"(贫困陷阱),从低收入国家发展成为中高收入国家,创造了世界经济发展史上的奇迹。如何理解这一阶段我国经济的快速发展?改革开放的制度性变革,特别是有中国特色

---

* 本文由周景彤、梁婧撰写于2016年,2019年8月修改。

的宏观管理政策是一个非常重要的切入点。改革开放之前，我国经济发展和生产力水平都比较落后，供不应求是常态。为推动工业化发展和适应短缺经济，政府主要实施以优先发展重工业和计划经济为特征的供给侧管理。改革开放之后，随着市场化改革和社会主义市场经济体制的逐步建立，宏观调控手段不断丰富、改进和完善。

（一）1978—1997年以供给管理为主，不断推进市场化取向改革和建立社会主义市场经济体制

1978年12月党的十一届三中全会决定把党的工作重心转移到经济建设上来，开启了改革开放的历史新时期，一系列以市场化为导向的促进生产能力建设的政策措施不断出台。

1. 经济体制逐步从计划经济向社会主义市场经济转变，各类市场主体不断培育和发展。一是在农村实施以家庭联产承包责任制为代表的农村改革，极大地激发了农民生产的积极性，提高了农业生产效率，也为工业化释放出大量剩余劳动力。乡镇企业也开始大量出现，1995年末全国共有乡镇工业企业和生产单位651.8万个，比1985年增加190.9万个，从业人员7300.5万人，比1985年增加3512.3万人。二是在城市实施国有企业改革，逐步向建立现代企业制度方向迈进。20世纪80年代初期，在不断放权让利的同时，以两步利改税政策对政府与国企的分配关系进行调整，并沿着所有权和经营权分离的原则推进政企分开。1993年提出建立产权清晰、权责明确、政企分开和管理科学的现代企业制度的改革方向。1994年《公司法》出台，企业的法律保障和自主经营权不断完善。三是推动对外开放，引入外资与外企。1979年政府批准广东、福建在对外经济活动中实行"特殊政策、灵活措施"，并决定在深圳、珠海、厦门和汕头试办经济特区，1988年海南经济特区建立，1990年上海浦东经济开发区设立，1992年邓小平南方谈话后对外开放进一步深化，大量的外国企业在东南沿海地区投资建厂。

2. 成功抓住国际产业资本转移浪潮的机遇，推进工业化建设。纵览各国经济发展历史，罗德里克（Rodrik）发现几乎所有成功发展的国家都是依靠制

造业崛起。改革开放以前,我国产业结构严重失调,"重工业过重、轻工业过轻",人民生活长期得不到提高。为此,改革开放初期,政府就出台了一系列政策鼓励轻工业发展,在外贸和引进外资方面也优先支持轻工业部门的发展,使轻工业的总产值比重从1978年的43%一度上升到1988年的51.4%。同时,为解决加工工业过快发展与能源原材料工业发展不足之间的矛盾,20世纪80年代中后期政策开始向能源原材料等基础工业和基础设施倾斜。为进一步推动产业发展,1994年审议通过的《90年代国家产业政策纲要》明确提出要加快发展支柱产业,包括机械、电子、石化和汽车等,要加快高新技术产业发展的步伐,支持新兴产业的发展和新产品开发。

3. 打破人口流动约束,活跃劳动力等要素市场。为适应新的生产力发展需要,过去严格的城乡流动限制开始松动。1984年10月,国务院《关于农民进入集镇落户问题的通知》提出"积极支持有经营能力和有技术专长的农民进入集镇经营工商业"。1985年对流动人口实行"暂住证""寄住证"等管理制度,允许暂住人口在城镇居住,并宣布实施居民身份证制度,开始由户口管理方式转向证件化管理方式。20世纪90年代后市场经济体制逐步建立打破了原有的计划经济体制,随着国有企业改制、社会福利制度改革的进行,农村剩余劳动力开始跨区域流动。1979—1997年,城镇人口比重从19%上升至31.9%,城镇化水平显著提高,农村剩余劳动力向城市流动为工业化发展提供了大量劳动力。

在经济供给能力较弱的这一阶段,人们的基本生活需求还远远没有得到满足,社会投资建设潜力也远远没有发挥。一个典型的表现就是这一时期常常因供不应求导致经济过热,出现通货膨胀。1978—1997年,CPI年均涨幅达8%,远高于1998—2014年平均1.9%的水平。在这一时期,总供给不足是经济运行的基本矛盾,因此宏观政策管理重在从供给侧发力,重在通过加快市场化改革,通过激励市场主体和要素配置效率来提高社会生产力水平。同时,在需求管理方面,主要是抑制需求,包括控制贷款规模和货币发行、压缩固定资产投资、抑制通货膨胀。以供给管理为主、需求管理为辅,通过扩大市场生产能力,使相对不足的社会总供给和比较旺盛的总需求之间达到总体平衡。

（二）1997—2014年以需求管理为主，社会主义市场经济体制全面建立和不断完善

20世纪90年代中后期，受亚洲金融危机冲击，我国开始出现以消费品和轻工产品为主的产能过剩问题。根据第三次全国工业普查数据，在900多种主要工业产品中，全国有半数产品的生产能力利用率在60%以下，如照相胶卷的产能利用率仅13.3%，彩色电视机46.1%，家用洗衣机43.4%，自行车54.5%。一些重要产品生产能力利用不足，如大中型拖拉机为60.6%。这标志着我国市场格局发生了根本性变化，全国买方市场开始形成、卖方市场逐渐减少，经济运行中的基本矛盾已经由以前的供不应求转变为供大于求，过剩代替短缺成为宏观经济运行中的突出问题。因此，扩大需求，包括国内需求和国际市场需求，成为这一阶段政策调控的重点。特别是1997年亚洲金融危机和2008年国际金融危机期间更是如此。这一时期政策的重要着力点就是通过扩大投资和出口拉动经济增长。

投资方面，一是加快住房制度改革。1998年取消住房分配制度，推行住房分配货币化，同时允许商业银行开展住房按揭贷款，这刺激了房地产市场的快速发展。2000—2014年房地产开发投资平均增速为23%，2010年甚至高达33%。房地产业在国民经济中的比重从1997年的3.7%上升到2014年的5.9%，成为拉动国民经济增长的支柱产业。二是政府主导的投资保持较快增长。1998—2003年政府基本建设支出平均增速为23.6%，高于同期财政支出17.8%的平均水平。2005—2014年基础设施投资也保持平均21%的高速增长。三是2001年加入世界贸易组织后，我国市场准入、税收等贸易政策体系不断与国际贸易体制接轨，针对外资和外企的制度环境不断改进。更重要的是，我国低要素成本优势明显，加之各地均大力招商引资，大量的外资和外企进入内地市场。

加入世界贸易组织的成功促使我国改进外贸制度，也使我国能够享受多边的、稳定的和无条件的最惠国待遇，助推出口快速增长。2002—2008年我国出口增速平均为27%，出口占GDP的比重也上升至2006年36%的高点。与此

同时，政府也采取多种措施刺激消费需求，包括加大社会保障支出、完善社保体系等。

在需求快速发展的这一时期，供给条件也在不断改善，包括金融制度改革、资本市场发展、产业政策调整、创新能力建设等，市场在资源配置中发挥着越来越重要的作用。其中一个重要方面在于人口流动限制不断放松，"十五"（2001—2005年）计划提出"改革城镇户籍制度，形成城乡人口有序流动的机制。取消对农村劳动力进入城镇就业的不合理限制，引导农村富余劳动力在城乡、地区间的有序流动"。农村剩余劳动力由过去的向乡镇企业转移为主逐步加速向城镇转移。我国城镇化率从1998年的33.4%上升至2014年的54.8%，年均增加1.3个百分点，快于1979—1997年水平（0.68个百分点）。农村大量闲置劳动力也向城市和工业部门转移，使我国人口红利不断凸显，为我国的工业化和国际产业承接创造了良好的低成本环境。

二、发展阶段更替决定了供给管理的回归

回顾历史，不同时期的宏观管理政策各有侧重，推动这种变化的根本原因在于随着经济发展阶段不同，经济运行供需矛盾的主要方面发生了深刻变化。

1978—1997年，我国人均GDP在1000美元以下，位于世界中低收入国家行列。这一阶段需求和供给都处于较低水平，但工业特别是轻工业生产能力落后，居民基本生活消费得不到满足。改革开放后随着经济发展水平的提高，1983年农村居民家庭恩格尔系数才降到60%以下，摆脱"贫困"。此后城乡居民的恩格尔系数保持在50%~60%，处于"温饱"阶段。长期被压抑的需求不断释放，但需求仍以较低水平的衣、食、行为主，在低水平供给相对不足的情况下，即使是低端劣质商品也有一定的市场，供给不足是这一阶段的主要矛盾。因此，提高生产能力是这一时期宏观管理的侧重点。

1998—2014年，是我国经济快速发展的16年，也是我国从低收入国家迈向中高收入国家的重要时期，人均GDP从1998年的821美元上升到2014年的7594美元。20世纪90年代末，亚洲金融危机影响我国出口增长，再加上前期

打压经济过热等措施,经济转入了有效需求不足、消费过冷的局面。同时,中低端的供给水平大幅提高,生产的相对过剩开始出现,包括 90 年代中后期以消费品和轻工产品为主的产能过剩,2000 年以后钢铁、电解铝、水泥和汽车等重工业为主的产能过剩,甚至光伏、多晶硅等新兴产业也出现过剩。需求不足开始成为制约生产的主要因素。2001 年加入世界贸易组织及 2008 年之前全球经济的繁荣增长为我国解决需求约束问题创造了条件,我国"投资—生产—出口"的外循环经济形成。城镇化的推进和促进中西部开发的区域发展战略也开拓了广阔的市场空间。与此同时,居民收入快速增长,消费结构也开始出现一些变化,城乡居民恩格尔系数降至 40% 以下,我国开始进入"相对富裕"阶段,除了食品、居住外,交通通信、文教娱乐等其他发展型、享受型支出逐渐成为居民支出的重要组成部分,这意味着需求逐步从简单的量的扩张转变为量的扩张与质的提升并重阶段。因此,在中低水平生产能力大幅提升的这一阶段,扩大需求是宏观管理的侧重点。

当前,随着我国人均 GDP 向高收入国家迈进,需求管理政策效应不断递减。一方面,外部需求减弱、全球价值链重构和低成本竞争优势衰减意味着外部需求将长期保持低迷,即使政府出台了一系列促外贸的政策,出口并没有出现明显改善。况且,我国出口占全球出口比重已经较高,进一步提升空间相对有限。这也使得过去我国具有明显外向型特点的供给体系受到较大冲击,加剧了产能过剩。另一方面,随着中等收入群体的扩大和居民消费能力的提高,人们越来越追求个性化、多样化的消费,也更加重视产品质量。过去面向低收入群体的中低端供给体系也就越来越难以适应国内消费结构的升级,这也导致了国内产品过剩与消费外流并存的局面。因此,如何提高供给质量和供给灵活性、适应消费需求的变化升级,已成为当务之急,需要宏观管理重点向供给侧回归。推进供给侧结构性改革,就是要通过推进减税和降低企业成本,加快创新和提高产品质量,提高供给结构对需求变化的适应性和灵活性。

三、推进供给侧结构性改革要避免四种倾向

推进供给侧结构性改革,"三去一降一补"是短期目标,这既是为了解决

经济运行过程中的产能过剩、房地产高库存、宏观杠杆率过高、经济运行成本偏高和短板突出等重点问题，也是为中长期结构调整、动力转换和阶段更替创造条件，是供给侧结构性改革初期的具体抓手。

从中长期看，供给侧结构性改革是为了培育新的增长动力，解决经济中长期持续发展问题。主要包括：在要素层面，随着资源环境压力日益凸显和人口结构的变化，推动人口红利向人力资本红利转变，促进劳动力与产业升级的对接；鼓励创新，加快完善以企业为主体、市场为导向、产学研相结合的技术创新体系，营造有利于激励创新的制度环境。在产业层面，重点是推进产业结构的调整，培育壮大战略性新兴产业，推动传统产业向中高端迈进，有序淘汰落后产能和化解过剩产能，加快发展现代服务业。在制度层面，建立更加市场化、现代化的金融、财税等制度体系，推进行政体制改革，加快政府行为从生产型向服务型转变，让市场真正在资源配置中发挥决定性作用。

笔者认为，在推进供给侧结构性改革过程中，要特别注意避免四种倾向。

（一）对立论

需求和供给是一个硬币的两个方面，不能割裂。当前我国经济发展中出现的问题，既有供给侧的原因，也有需求侧的原因，只不过供给侧是当前和未来一个时期的主要矛盾。放弃需求侧谈供给侧或放弃供给侧谈需求侧都是片面的，两者不是非此即彼、一去一存的替代关系，而是要相互配合、相互补充、协调推进。

（二）消极论

创新、产业转型升级和制度调整等方面取得明显成效不是一蹴而就的，而将是一个长期过程。在当前内外形势日益复杂的情况下，改革推进过程中不可避免地出现一些新问题、新矛盾，如去产能在短期内反而会加大经济下行的压力，去库存与房地产泡沫、加杠杆相互交织。这些都需要准确把握形势，创新思路积极应对，而不是走回过去粗放式发展的老路或是消极对待。

(三) 万能论

对于供给侧结构性改革,有人认为所有问题都能由此解决,有些甚至只是套上供给侧结构性改革的外壳,并不能解决实际问题。这就需要各方正确认识供给侧结构性改革的内涵和外延,而不是"将其当成一个筐,什么都往里装"。

(四) 停滞论

供给侧结构性改革是根据特定阶段形势提出的特定举措,其目的在于加快转换激励约束机制,实现产业结构升级,增强经济的持续增长能力。在此过程中,具体手段和措施要根据形势变化而相应调整。此外,不同发展阶段经济主要矛盾也将发生变化,未来某个时期,需求管理很可能再次成为宏观管理的主要手段。

供给侧结构性改革与"里根经济学"[*]

自 2015 年 11 月习近平主席首次提出"供给侧结构性改革"以来,有关供给侧结构性改革的话题一直是国内外热议的焦点议题。这些讨论不乏真知灼见,加深了我们对供给侧结构性改革的认识,但也存在一些误区,如有人将供给侧结构性改革与"里根经济学"相提并论。厘清这些基本问题,有助于我们更好地把握供给侧结构性改革的要义、内涵和着力点,提高各界推进供给侧结构性改革的自觉性。尽管供给侧结构性改革与里根经济学(Reaganomics)、供给学派(Supply‐side Economics)有不少相同之处,但两者在时代背景、理论基础、政策手段和预期目标等方面有着本质的区别,不能将两者混为一谈。

一、时代背景不同

"里根经济学"产生的背景是"滞胀"(Stagflation),即经济停滞和通货膨胀同时出现。20 世纪 70 年代,由于石油危机、油价暴涨导致生产成本上升和经济衰退,美联储实施过度宽松的货币政策来对抗经济衰退,美国经济出现了严重的"滞胀"危机,经济增速不断走低甚至出现负增长,同时通货膨胀率不断走高。如 1974 年,美国 GDP 增速为 –0.5%,远低于前 5 年年均 3.5%

---

[*] 本文撰写于 2016 年,2019 年 8 月修改。

的增长水平，当年CPI涨幅高达11%，远高于前5年年均上涨5%的水平。同时，政府规模不断膨胀、效率低下，陷入严重的财政危机、管理危机和信任危机。在此背景下，里根政府推出了《经济复兴计划》，大幅减轻税收负担，削减政府支出，放松经济管制，创造就业，强调经济增长和物价稳定。可见，"里根经济学"是供给学派在解决美国"滞胀"问题中的应用和实践。

供给侧结构性改革的背景则完全不同。首先，我国并未出现"滞胀"。从经济增速看，2015年我国GDP增长6.9%，2016年是6.7%，与过去相比增速确实在回落，但从世界范围看，仍居于较高水平，属于中高速增长。从通胀率看，2015年CPI上涨1.4%，2016年上涨2%，并未出现严重的通胀。供给侧结构性改革的背景是我国经济发展到特定阶段或进入新常态，即从中低端向中高端迈进的过程中，传统的中低端供给满足不了国内外中高端的新需求，出现总供给和总需求的结构性错位。2008年国际金融危机后，以"四万亿"为代表的一系列刺激政策带来了我国经济的短暂回升。但由于结构性和周期性、国内和国外多种因素叠加，我国经济增速不断下降。表面上看，现阶段我国经济增速下滑是由需求严重不足、产能过剩所引起的，但深层次的原因在于，随着经济发展水平的提高，原有发展模式已经不能适应新形势的需要，传统的中低端供给不能适应已经变化了的新需求，以钢铁、水泥、电解铝和煤化工等重化工业，以及纺织、玩具等为代表的劳动密集型产业，已经不能很好地满足国内外市场对国产商品的新需要（见表1）。

表1　　"里根经济学"实施前后美国经济主要指标对比　　单位：%

年份	GDP	CPI	M2	联邦财政收入占GDP的比重	联邦财政支出占GDP的比重
1970	0.2	5.7	6.4	18.4	18.7
1971	3.3	4.4	13.3	16.7	18.8
1972	5.2	3.2	12.9	17.0	18.9
1973	5.6	6.2	6.5	17.0	18.1
1974	-0.5	11.0	5.5	17.7	18.1
1975	-0.2	9.1	12.7	17.3	20.6
1976	5.4	5.8	13.3	16.7	20.8

续表

年份	GDP	CPI	M2	联邦财政收入占GDP的比重	联邦财政支出占GDP的比重
1977	4.6	6.5	10.4	17.5	20.2
1978	5.6	7.6	7.7	17.5	20.1
1979	3.2	11.3	7.9	18.0	19.6
1980	-0.2	13.5	8.5	18.5	21.1
1981	2.6	10.3	9.7	19.1	21.6
1982	-1.9	6.2	8.8	18.6	22.5
1983	4.6	3.2	11.5	17.0	22.8
1984	7.3	4.3	8.7	16.9	21.6
1985	4.2	3.6	8.0	17.2	22.2
1986	3.5	1.9	9.5	17.0	21.8
1987	3.5	3.6	3.6	17.9	21.0
1988	4.2	4.1	5.7	17.6	20.7
1989	3.7	4.8	5.5	17.8	20.5
1990	1.9	5.4	3.7	17.5	21.2

资料来源：世界银行，M2增速为作者测算。

从国际市场看，由于我国劳动力、土地等要素成本不断上升，传统要素低成本比较优势不断衰减，过去"两头在外"的贸易模式受到严重挑战，传统出口商品的竞争力在减弱，我国比较优势的来源正在从充裕劳动力转变为资本积累。在国际市场上，我国出口的中高端产品如电子、机械、塑料、化工和金属冶炼等，在全球的竞争力有待进一步提升，与美、德、日等国相比还有较大差距。在全球市场上，我国目前正处在"两头夹击"的困境之中，中低端供给有低收入国家如印度、越南和菲律宾等国家的追赶，高端供给有美、德、日等发达国家占领着阵地，具有先占优势。中国经济发展长久之路，一方面，须保持传统优势产品的出口竞争力，延缓比较优势衰减；另一方面，不断拓展新的"阵地"，培育中高端产品和服务的竞争力。如果说中高端供给是未来经济转型发展的方向，代表着我国经济的未来，那么，传统优势领域是保持近期外贸和经济持续增长的重要支撑。

从国内市场看，一方面，传统的中低端供给，质量参差不齐，款式陈旧，价格虚高，消费环境欠佳。生产成本上升，需求放缓，企业经营困难。另一方面，随着人均收入水平的提高，新一代消费群体的崛起，消费者对品质、款式和个性化等日益关注，对旅游、文化、健身和医疗等领域的消费日益增加。因此，目前越来越多的中高端新需求尚不能得到很好满足。我国经济结构过"重"、过"旧"，供给结构太低且升级步伐迟缓，与不断升级换代的需求结构之间不匹配，供求错位问题日益凸显。例如，随着我国城市建设的推进，电线电缆行业快速发展，年产值位居世界前列，但中压电力电缆、布线电缆等中低端产品处于过剩状态，而高压电缆和特种电缆等高端产品仍需大量进口。

正是由于国内外宏观环境的这种大变化，仅靠过去惯用的需求管理来调控经济已经不能满足新形势的需要。近些年，需求管理方面的刺激政策（包括财政政策和货币政策等）边际效应递减即是明证。所以，不论从改革角度还是政策角度，均需要在扩大需求的同时，更加重视供给管理和改革，通过加快改革步伐、释放制度红利、推进减税和降低企业生产成本、加快创新和提高产品质量等，使新供给更好地满足新需求。

二、理论基础不同

"里根经济学"的理论基础是供给学派，其归因于凯恩斯主义的破产和新古典自由主义的回归。20世纪70年代，由于发生在美国的"滞胀"使传统菲利普斯曲线发生了变化，即向右下倾斜的曲线变得更加陡峭，甚至成为一条竖线。这意味着传统的凯恩斯主义通过扩大需求刺激经济的政策药方基本失效。如果扩大政策来刺激经济，可能会引起恶性的通货膨胀；如果用收紧政策控制通胀，可能会引起经济衰退。面对如此困境，"大萧条"后风行了40多年的凯恩斯主义显得束手无策，开不出任何解决问题的有效药方，这时本来已经小有气候的新自由主义及其供给学派登上了历史舞台。供给学派信奉新自由主义，否认通货膨胀率和失业率之间的交替关系，认为政府本身也有内在的局限性，政府也会失灵，市场难以解决的问题政府也不一定能够解决好。新古典自由主义认为供给会创造它自身的需要，主张推行私有化、减税和削减社会保障支出，修复"看不见的手"，重新回归市场，反对政府干预经济，强调要从供给端着手，实施减轻税负、缩减开支、减少政府干预和稳定货币供应量等政策。其主要目的：一是刺激企业投资和生产，扩大居民消费，以稳定经济增长；二是稳定货币供应以平抑物价。从理论渊源上看，"里根经济学"是哈耶克的保守主义、弗里德曼的货币主义以及拉弗的供给主义的混合体，其在所有制上强调完全私有化，在经济运行上完全强调市场化和自由化。因此，在政策选择方面，"里根经济学"基本上是放弃需求管理的，将政策主要着力点放在供给政策上。

供给侧结构性改革的理论基础是有中国特色的社会主义政治经济学。习近平主席指出，供给侧结构性改革，重点是解放和发展生产力，用改革的办法推进结构调整，减少无效和低端供给，扩大有效和中高端供给，增强供给结构对需求变化的适应性和灵活性，提高全要素生产率。因此，供给侧结构性改革不仅仅是一个税收和税率问题，而是通过一系列政策措施，来解决我国经济供给侧存在的问题。供给侧结构性改革的根本目的，是使我国的供给能力能更好地满足广大人民日益增长、不断升级和个性化的物质文化和生态环境需要。与供给学派不同，在市场和政府的关系上，供给侧结构性改革强调既要发挥市场的决定性作用，也要更好地发挥政府的作用。在政策的选择上，供给侧结构性改革不仅不排除需求管理，而且还要将需求管理和供给侧结构性改革结合起来（见表2）。

表2   "里根经济学"与供给侧结构性改革之比较

	国家	发展阶段（人均GDP，美元）	首倡者	开启年份	预期目标	理论基础
"里根经济学"	美国	13520 发达国家	里根	1981	刺激经济，治理通胀	供给学派，新古典自由主义
供给侧结构性改革	中国	7925 发展中国家	习近平	2015	解放和发展生产力，推进结构调整，增强供给结构对需求变化的适应性和灵活性，提高全要素增长率	中国特色的社会主义政治经济学

资料来源：作者整理。

三、政策手段不同

"里根经济学"的政策主要以减税为主,减税也是其基本特征。政策手段主要包括:一是大规模减税,鼓励储蓄与投资。削减个人所得税和减免企业税以刺激工作、储蓄和投资的积极性。里根政府先后进行了两次税制改革,实施了历史上大规模的减税计划,大幅度降低个人所得税和公司所得税,加速资本积累和增加利润,从而刺激投资和经济增长。1981 年 8 月,美国国会通过里根政府提出的《1981 年减税法案》。从 1981 年 10 月开始的 3 年内,分 3 次降低个人所得税,从 23% 降到 10% 再到 5%,边际税率从 14%~70% 降为 11%~50%;资本收益税率从 28% 降为 20%。个人所得税从 1981 年 10 月 1 日到 1983 年 7 月 1 日共减了 23%,个人收入中利息、红利等非劳动收入的最高税率于 1982 年底从 70% 减为 50%,资本收益税 1981 年 6 月从 28% 减为 20%。二是减少预算赤字。改革社会保障制度,减轻联邦政府承担的社会保障责任,把联邦政府负责的食品券和抚养未成年子女家庭补助等 40 多项补助项目交给州和地方政府管理,赋予州和地方政府更大的自主权,消除社会保障项目管理方面的官僚主义,提高社会保障制度的有效性。三是放宽和取消政府对企业的一些限制性规章条例,以降低生产成本。仅仅因为解除管制,政府就为国家每年节约行政管理支出 500 亿~700 亿美元。四是实行适度从紧的货币政策,以降低通货膨胀率。通货膨胀率从 1980 年的 12.4% 降低到 1987 年的 3.6%。

虽然供给侧结构性改革和"里根经济学"有类似的地方,但二者本质完全不同。供给侧结构性改革也实施"营改增"等税制改革,调动个人、企业和政府等各方面的积极性,但是主攻方向是加快经济发展方式的转变,实现新供给满足新需求,突破口是实施创新,培育经济发展新动能。在支持创新发展方面,我国实施激励企业技术创新的财税政策、实施知识产权战略和技术标准战略、实施促进创新创业的金融政策等。技术创新是实现经济结构转型的路径,如果中高端产业在整个产业中占据越来越大的比例,一定的投入就可以获得更高的产出,同时也能与我国不断提高的需求水平相吻合。在"十三五"

规划中，我国提出了"创新、协调、绿色、开放、共享"的发展理念，这与"里根经济学"单一以经济恢复增长的目标是完全不同的。可见，供给侧结构性改革是长期的、全面的系统性改革。

四、预期目标不同

"里根经济学"的目标是促进经济短期回升。从这个意义上讲，其属于短期宏观经济管理的范畴，侧重于通过宏观政策调整，以期经济能在相对短的时期内走出"滞胀"的泥潭，快速回到正常的发展轨道。由于里根经济政策尽可能大幅度减低高收入者和大企业的所得税税率，又大幅度减少各项社会福利开支，在里根的任期内，所有经济阶层的所得都提高了，包括最底层的贫穷人口也提升了6%，同时最富有的1%的美国人则提升了1万亿美元的收入。从实施效果来看，美国经济增长回升（从1974—1975年的负增长提高到1984年的增长7.3%），通胀率下降（从1974年的高达11%下降到1984年的4.3%）。从实施效果看，"里根经济学"使美国经济走出了"滞胀"的泥潭，在美国历史上产生了重大影响，也为其他国家宏观经济管理提供了宝贵经验。

与此相对，供给侧结构性改革是着眼于改革，重点在结构调整，属于长远的战略决策，其中既包括政策调整，但更多的是体制改革。为什么？因为美国市场经济制度已经相当完善，体制机制方面的变化不会很大。由于我国社会主义市场经济建立时间不长，在美国等发达经济体已经成为经济运行外生变量的一些体制机制性问题，在我国依然是内生问题。因而供给侧结构性改革不能只是宏观经济管理问题，其更多的是改革问题，把改革聚焦在供给侧，聚焦在一些重大供给体制上。国企改革是供给侧的改革，户籍制度改革也是供给侧的改革，土地制度、金融体制、税收制度（企业税、财产税等）的改革都是供给侧的改进，都是供给侧结构性改革的重点。

供给侧结构性改革既有短期任务，也有长期目标。从短期任务来看，要推进"三去一降一补"（去产能、去库存、去杠杆、降成本、补短板）五大任务；从长期目标来看，供给侧结构性改革要以转变经济增长方式，迈向高质量发展为目标，同时落实"创新、协调、绿色、开放、共享"五大发展理念。

　　总之，供给侧结构性改革是我国经济发展进入新阶段，针对当前和今后一段时期我国经济发展和体制运行中存在的诸多矛盾和问题，通过加大创业创新、发展实体经济等，使新供给更好地适应新需要，培育中长期发展动力，提高我国潜在经济增长水平的重大举措。供给侧结构性改革与我国过去40年来实施的改革是一脉相承的，是新时期的"二次改革"，目标是完成维持经济持续增长与完善市场经济体制机制的双重历史使命，与美国"里根经济学"追求经济回升与物价稳定的短期宏观管理政策有着根本性的不同。

为何要多措并举"降成本"?[*]

降低实体经济企业成本成为近年政府供给侧结构性改革的重要任务。2018年《政府工作报告》提出要多措并举降成本,使结构性减税力度和效应进一步显现,大幅降低非税负担,确定了全年再减少税费8000多亿元的目标,并强调一定要让市场主体有切身感受。这意味着2018年降成本将深入推进,且更加强调措施落地。2019年,政府在降成本方面提出了更多更实的举措(减税降费规模超过2万亿元,同时降低宽带、电价、过桥过路费等)。如何理解政府着力降低企业成本这一举措,今后还会有哪些新措施,对经济会产生哪些影响,这些问题值得关注。

一、生产成本过快上升削弱我国企业国际竞争力

近年来,中国企业成本快速上升引起了社会的广泛关注。2017年工业企业主营业务成本占主营业务收入的比重为84.92%,较2000年上升2.6个百分点。在降成本政策下,2018年这一比重出现下降,降至83.88%,但仍处于历史较高水平。包括劳动力、税费、厂房租赁和用地、物流等在内的各类成本都出现了不同程度的上涨。

---

[*] 本文撰写于2017年,2019年9月修改。

一是劳动力成本上升较快。在人口结构变化背景下,我国劳动力工资持续上涨。2018年,城镇私营单位和非私企业单位就业人员平均工资增速分别为8.33%、10.96%,明显高于同期劳动生产率6%的增速(见图1);随着社会保险覆盖面的扩大、企业经营及相关政策的不断规范,企业承担的社保缴费上升,社保缴费率偏高。各地社保缴纳比率略有不同,虽然2016年国务院常务会议就提出阶段性降低企业社保缴费费率和住房公积金缴存比例,北京、上海、天津、广东、云南、甘肃、浙江杭州、福建厦门等多个地区陆续不同程度地降低社保费率,但到2018年,"五险一金"当中的部分项目出现了小幅度的上升(见表1)。大部分省份缴纳比例都在工资总额的40%以上(其中70%左右由企业负担),高于大多数国家。有资料显示,在有数据的173个国家中,中国排名第13位。过高的社保缴费率增加了企业的劳动力成本。

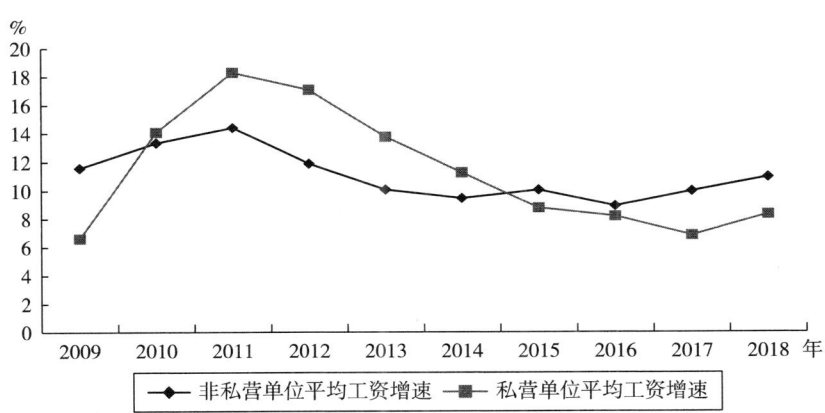

资料来源:Wind,中国银行研究院。

图1　工资增长与劳动生产率增长

表1　　　　　2018年部分省、市"五险一金"缴费比例　　　　单位:%

	上海		天津		北京	
	个人	企业	个人	企业	个人	企业
养老保险	8	20	8	20	8	20
医疗保险	2	9.5	2	10	2	8
失业保险	0.5	0.5	1	1	1	2

续表

	上海		天津		北京	
	个人	企业	个人	企业	个人	企业
工伤保险	0	0.16	0	1	0	0.5~2
生育保险	0	1	0	0.8	0	1
住房公积金	7	7	11	11	12	12
总计	17.5	38.16	22	43.8	23	43.5~45

资料来源：作者整理。

二是企业税费负担较重。目前，关于中国企业税负是高还是低仍存在较大争议。从政府税收收入与GDP之比来看，中国宏观税负2012年为18.6%，近几年有所降低（2018年为17.4%，见图2）。由此看来，中国宏观税负并不算高，低于发达国家（平均24.7%，2018）和发展中国家（平均20.1%，2018）。2016年政府着力推动从"结构性减税"进入"全面减税"，全年降低企业税负5700多亿元，所有行业实现税负只减不增，2017年税务部门重点落实和完善全面推开"营改增"政策，2017年共减税9186亿元，比2016年增加3450亿元。与税收相比，政府各类收费、中介费、评估费等非税负担较重，影响更大。在经济下行、财政收支压力较大背景下，政府存在加大专项收入、行政事业性收费、罚没收入等现象。

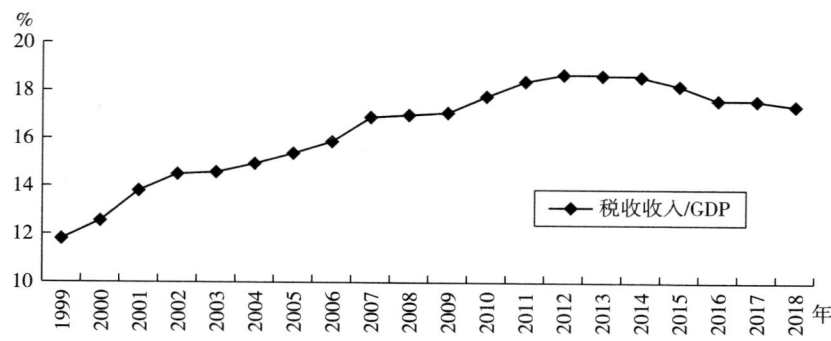

资料来源：Wind，中国银行研究院。

图2 政府税收收入/GDP

三是房地产价格快速上升，加大企业租房建房等营运成本。近十年来，中国房地产价格不断飙升,企业租房和建房运营成本不断增加。重点城市平均地价由2006年的1544元/平方米上涨至2018年的4335元/平方米,上涨了1.81倍。其中,工业用地涨速相对温和,2018年工业用地购置成本约为834元/平方米,相对2006年上涨了约0.7倍。居住用地涨幅最大,上涨近2.8倍,商业用地上涨近1.9倍。地价上涨倒逼企业用于建房和租房的成本不断上升,从重点城市来看,北京写字楼租金从2009年之前的每月175元/平方米上涨到2018年第三季度的466元/平方米,上升约1.6倍。这就大幅抬高了通过租赁进行经营的服务型企业和中小企业的生产经营成本。此外,房价的过快上涨也会倒逼劳动力成本的上升。

四是物流成本偏高。近年来,随着基础设施条件和政策环境的改善、电子商务的快速发展,中国现代物流体系初步形成,物流成本占GDP的比重有所降低,从过去的20%以上下降到2017年的14%(见图3)。但与其他国家相比,中国物流成本仍相对较高。根据物流与采购联合发布的《中国采购发展报告》,从物流成本占GDP的比重看,中国要明显高于美国、日本(8%左右)等发达国家,也要高于印度(13%左右)、巴西(12%左右)等发展中国家。从物流成本占成品成本比例来看,中国高达30%~40%,远高于发达国家平均10%~15%的水平,也高于部分发展中国家。

我国物流成本偏高主要有三个方面原因:第一,流通环节多,存在多次物流和层层加价问题。例如,北京蔬菜从新发地批发市场到社区零售店的物流费用约为从山东寿光到北京新发地费用的4倍;第二,三、四线地区和农村等地区基础设施不完善,铁路、水路、公路等不同运输方式难以有效衔接;第三,行政性高收费、乱收费、乱设卡等现象仍然存在。

五是融资成本偏高。在资金"脱实向虚"背景下,企业特别是中小微企业融资难问题更加突出。在降杠杆和防范系统性金融风险的背景之下,以宏观审慎政策和资管新规为代表的监管政策在防范系统性金融风险的同时不可避免地提升了企业的融资约束,随着政策的不断完善与调整,中小企业的融资成本有所降低,但仍然没有从根本上解决中小企业融资难、融资贵的问题。降低企业融资成本依然有较大政策空间。

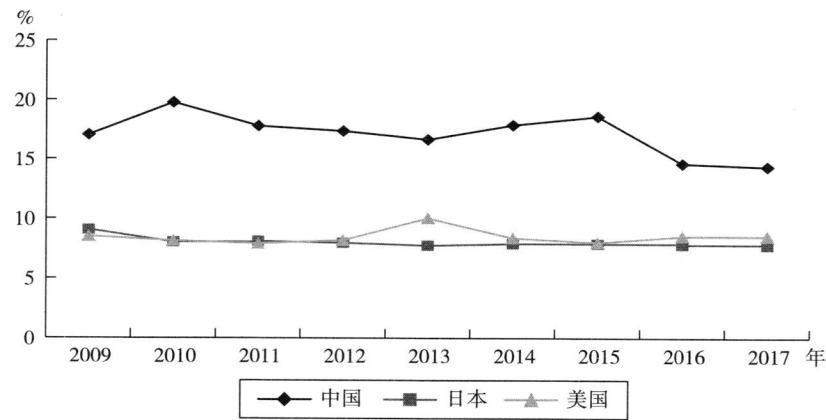

资料来源：Wind，中国银行研究院。

图3　中国、日本、美国物流成本占GDP的比重

二、政府深入推进降成本的具体措施

简化增值税税率结构。2017年的《政府工作报告》明确提出增值税税率将由四档简并至三档，营造简洁透明、更加公平的税收环境，进一步减轻企业税收负担。2015年各国增值税标准税率基本处于1.5%和27%之间，欧盟国家的增值税标准税率平均数约为21.6%，中国17%的标准税率在世界上总体处于中间水平。但是与其他国家相比，中国增值税档次显得偏多（见表3），目前，有17%、13%、11%、6%四档税率，还有适用于小规模纳税人的三档增值税征收率5%、3%和1.5%。税率档次过多会抬高征税成本，对经济造成扭曲或留下避税漏洞，影响增值税中性优势的发挥。

表2　　　　　　　　2015年部分国家增值税税率设置

国家	档次	最高税率	国家	档次	最高税率
法国	4	20%	加拿大	1	5%
丹麦	1	25%	新西兰	2	15%
德国	2	19%	意大利	3	22%
英国	2	20%	韩国	1	10%
日本	1	8%	泰国	1	7%
荷兰	2	21%	俄罗斯	2	18%

资料来源：何杨，王文静.增值税税率结构的国际化比较与优化［J］.税务研究，2016（3）.

2019年《政府工作报告》提出实施更大规模的减税,明显降低企业社保缴费负担,全年减轻企业税收和社保缴费负担近2万亿元。

一是将制造业等行业现行16%的税率降至13%,将交通运输业、建筑业等行业现行税率10%降至9%,6%一档的税率不变,预计增值税减税规模在7200亿元左右。

二是加大对小微企业、科技型中小企业的税收减免力度。2012年以来,小微企业享受减半征收所得税优惠的范围从6万元逐步扩展到10万元、20万元、30万元、50万元,《政府工作报告》提出2018年将进一步扩展到100万元。同时,对科技型中小企业研发费用加计扣除比例由50%提高到75%。2007年出台的《中华人民共和国企业所得税法》提出开发新技术、新产品、新工艺发生的研究开发费用可纳入加计扣除,在具体实施条例中就曾提出按研究开发费用的50%加计扣除。2018年更加注重对中小科技型企业的扣除比例,这主要是因为中小企业不仅是经济稳定发展的重要基础、企业家创业成长的主要平台、提供新增就业岗位的主要渠道,同时也是科技创新的亮点。根据国家工商总局以前的调查,中国中小企业创造的最终产品和服务价值相当于国内生产总值(GDP)总量的60%,纳税占国家税收总额的50%,完成了65%的发明专利和80%以上的新产品开发。这些扶持措施的出台将有利于减轻中小企业负担、促进中小型科技企业加大研发投入,推动经济加快转型升级。

三是继续降低企业制度性交易成本。《政府工作报告》提出,2019年将小微企业增值税的起征点从3万元提高到10万元,预计可为小微企业减税2000亿元左右。目前,中央级政府性基金已减少到23项,中央级行政事业性收费减少到92项,其中,涉企收费68项。报告提出取消城市公用事业附加等政府性基金,同时,取消或停征中央涉企行政事业性收费35项,减少一半以上;减少涉企的经营服务性收费,如中介服务、行业协会商会收费、金融服务等。2017年国务院常务会议曾两次提及清理规范涉企收费,包括加大审计、督查力度,取消事业单位不合理收费,杜绝中介机构利用政府影响违规收费,行业协会商会不得强制企业入会或违规收费;取消民办学校招生简章和广告备案核准、棉花加工资质认定等53项许可;取消与法律职业资格认定、铁路运输基础设备生产企业审批等有关的20项中介服务事项等。

四是降低用能、物流等成本。2016年出台的《降低实体经济企业成本工作方案》明确提出"企业用电、用气定价机制市场化程度明显提升，工商业用电和工业用气价格合理降低"的目标任务。未来政府将通过能源和电力领域的改革推动用能价格的降低，能源领域通过放开竞争性领域和环节价格管制，提高价格灵活性，使能源价格充分反映市场供求变化。电力领域则将推动输配电价改革试点的扩大和完善，继续实施煤电价格联动机制。2019年《政府工作报告》提出，清理电价附加收费，一般工商业平均电价再降低10%。推动降低过桥过路费用，治理对客货运车辆不合理审批和乱收费、乱罚款。降低物流成本的关键在于建立统一开放的物流市场，切实解决由于行政分割导致的物流成本上升问题（见表3）。

表3 2019年政府减税降费措施一览

项目	减税降费具体内容
制造业	从16%下降至13%
交通运输业、建筑业	从10%下降至9%
适用6%的行业	对生产、生活性服务业增加税收抵扣
基本养老保险	各地可降至16%
小规模纳税人	增值税起点从月销售额3万元提高到10万元
电价	清理附加收费、降低制造业用电成本、一般工商业平均电价降低10%
交通	降低过路过桥费用、取消或降低一批铁路、港口收费，两年内基本取消全国高速公路省界收费站
网费	中小企业宽带平均资费降低15%，移动网络流量平均资费再降20%以上
总计	全年减轻企业税负和社保缴费约2万亿元

资料来源：作者整理。

五是缓解中小微企业融资难、融资贵问题。2018年《政府工作报告》提出鼓励大中型商业银行设立普惠金融事业部，国有大型银行要率先做到，实行差别化考核评价办法和支持政策。2016年银监会曾发文提出积极探索通过设立普惠金融事业部等方式优化服务机制，2018年初，银行业监管会议再次提及"继续引导和支持商业银行设立普惠金融事业部"，报告对此进一步明确，凸显出政府引导金融机构"下沉重心"的意图。

六是促进房地产市场平稳健康发展。《政府工作报告》提出要加强房地产市场分类调控，房价上涨压力大的城市要合理增加住宅用地，规范开发、销售、中介等行业，这有助于遏制部分城市房价过快上涨问题。此外，2016年出台的《降低实体经济企业成本工作方案》明确提出"完善土地供应制度，降低企业用地成本"，各地也在结合产业结构优化、支持中小企业等方面，通过创新供地方式、改革供地和用地管理等降低企业用地成本，未来相关措施仍将继续推进。

三、相关建议

在经济转型升级、稳增长与防风险等多重矛盾叠加的关键时期，降成本能为企业腾出更多盈利空间，提高企业再投资意愿和能力，也有利于降低金融风险，助力去杠杆、去产能的稳妥推进。同时，还能为企业形成竞争新优势创造条件。未来，为更好地实施降成本措施，需要注重三个方面的问题。

一是注重前期降成本政策的落实与完善。比如，虽然从行业整体看"营改增"具有较好的减税效果，但是仍有部分企业反映全面推开"营改增"试点后税负未降反增，其原因在于"营改增"后上游企业提供的可抵扣项不足、漏税空间减少等。未来要进一步完善政策、优化服务，帮助企业完善内部管理。同时，还要加强降费措施的宣传、公示与监督，引导各级政府转变观念，促进减税降费措施的真正落实。

二是注重各项措施与立法进程协调推进。过去，尽管我国各项法律法规不断完善，政策出台的程序不断规范化、制度化，但是仍存在政策制定、实施和评估随意性较强等问题。降成本措施中涉及税率、税制调整等问题，在调整相关政策时要注意与现有法律、法规的衔接，对于一些无法适应新形势变化的相关规定，要及时进行"立、改、废"。

三是注重引导企业转变观念。降成本是改善实体经济发展环境的重要举措，但要保持实体经济持续健康发展，根本出路还在于通过创新和技术的提升提高企业自身的核心竞争力。因此，在推进降成本过程中，要注意引导各类企业转变观念，提升社会和企业对质量、品牌、知识产权等的重视程度，培育良好的创新和发展氛围。适应当前的政策环境，寻找自身发展的新突破点。

突出就业导向的背景与措施[*]

充分就业一直是宏观调控政策关注的核心问题。扩大就业不仅能充分利用劳动力资源、促进经济增长,而且还能提高居民收入、增加消费,增强在经济发展过程中人们的获得感和福祉,实现经济发展的最终目的。

一、重视就业导向的时代背景

（一）适应经济结构发展新变化,提高宏观调控政策的有效性

近年来,我国经济结构深刻变化,其中表现之一是第二产业增速放缓、占比下降,第三产业增速较高、占比上升。以往,在第二产业比重大、增长快的时期,增长和就业之间的关系密切,增长速度上去了,就业也就会增加,增长速度下来了,就业也会随之减少。但近几年来情况有了很大不同,出现了就业结构的调整慢于产业结构调整的现象。经济增长速度一直处于放缓的趋势,GDP增速从2011年的9.5%回落到2018年的6.6%（2019年很可能会进一步下降到6.2%）,但就业并未同步减少,城镇新增就业总体上保持了稳定增长。2011年、2012年城镇新增就业人数均超过1200万人,从2013年到2016年连续4年每年都突破1300万人；2017年和2018年经济增速有所放缓,但就业却

---

[*] 本文撰写于2017年,2019年9月修改。

分别增加了 1351 万人和 1361 万人。

经济增速总体上在放缓，但就业并未同步减少，其主要有两个原因：一是经济规模在持续增大，GDP 每增长 1 个百分点对于新增就业人数的拉动在增加。比如，2016 年，GDP 每增长 1% 所对应的新增就业人数达到 196 万人，是 2005 年的 2.3 倍。从拉动就业来看，当前 GDP 增长 1% 与 10 年前增长 1% 有很大不同。二是经济结构不断转变，服务业快速发展且比重提高。2018 年服务业增加值超过 GDP 的一半，达到 52.2%，比 2008 年提高了近 10 个百分点，服务业快速发展吸纳了大量就业。2011—2018 年，第三产业年均增长 8.1%，比第二产业高 0.8 个百分点，其中 2018 年高出 1.8 个百分点，2017 年高出 2 个百分点。第三产业快速发展，为大量劳动力提供了新的就业机会。随着 GDP 增速的进一步放缓，加上产业结构改革（第三产业的增加值出现一定程度放缓）和中美贸易摩擦（外贸企业的就业人数下降）内外双重因素的影响，当前 GDP 增速对于就业的拉动幅度出现了一定程度的下降，2017 年、2018 年 GDP 每增长 1% 所对应的新增就业人数降低为 150 万人和 145 万人。

第二产业增长放缓、比重降低、吸纳就业人数减少，第三产业增长较快、比重提升、吸纳就业人数增加，这种深刻变化使得经济增长和就业增加之间的相关性与以往相比有所降低，增长目标和就业目标之间出现了某种程度的背离（见图 1）。在这种情况下，只强调增长并不必然能带来就业。由于第二产业全员劳动生产率（171108 元/人，2018）远高于第三产业（130662 元/人，2018），所以，要保持更高的增长，还需要依靠第二产业。由于资本密集、技术进步、"机器换人"等原因，第二产业的就业弹性是下降的。与此相反，第三产业全员劳动力生产率较低，这意味着如果其占 GDP 比重上升，GDP 增速就会下降（假定其他条件不变），但第三产业就业弹性系数高于第二产业，1 个百分点的第三产业 GDP 增长（相比第二产业）能带来更多就业（见表 1）。

第二章 供给侧结构性改革统领调控政策新思路
突出就业导向的背景与措施

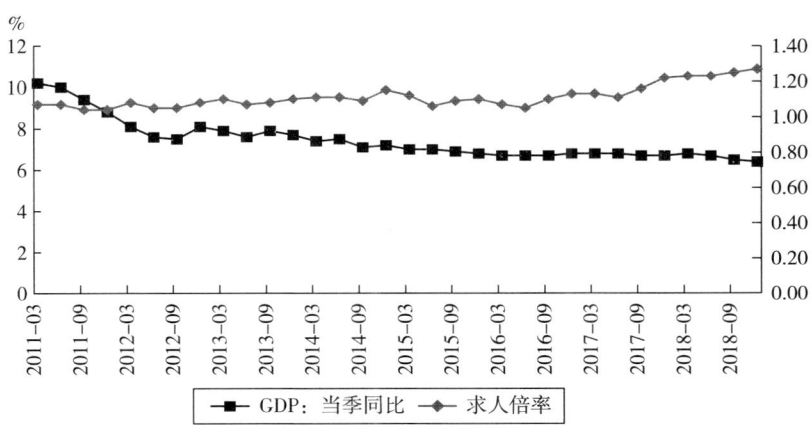

注：求人倍率是劳动力市场在一个统计周期内有效需求人数与有效求职人数之比，它表明了当期劳动力市场中每个岗位需求所对应的求职人数。

资料来源：Wind，中国银行研究院。

图1 经济增长和就业走势出现了背离

表1　　　　　　　　　　不同产业全员劳动生产率比较　　　　　　　　单位：元，%

年份	2000	2005	2010	2014	2016	2018
全员劳动生产率	20656	31700	53826	83586	948285	107327
第一产业	7464	9522	13852	19706	29620	31954
第二产业	38834	61444	87975	113021	132544	171108
第三产业	30733	42793	69264	81795	113819	130662
第二产业/第三产业	126.4	143.6	127.0	138.2	116.4	130.9

资料来源：作者测算。

因此，宏观调控政策逐步由强调经济增长转向强调增加就业，反映了经济结构新变化对调控政策和政策目标（经济增长和增加就业）之间关系的影响。更加强调就业，能够提高宏观调控政策的针对性、精准性和有效性。

（二）有效应对就业结构转变带来的新挑战

一是农村就业"蓄水池"作用减弱，农民工群体变得越来越"老"，就业问题在不断凸显。以往，农村发挥着解决就业问题的"蓄水池"的作用，当经济走好、城镇就业机会增多时，更多的农民工选择外出打工，当经济形势不好、就业机会减少时,他们中的一部分就会回到农村继续从事农业生产劳动,这种自动调节机制对稳定过去三十多年我国就业形势发挥了重要作用。

但近年的情况正在发生重大变化。与过去相比,我国的农民工群体变得越来越"老"。表2数据显示,全国30岁及以下农民工的比重由2008年的46%下降为2018年的27.6%,下降了18.4个百分点;而41岁以上农民工的占比由30%大幅上升到47.9%,提高了17.9个百分点。同时,与第一代农民工("50后""60后")相比,新一代农民工("75后""80后""90后")的生活方式、生活观念、就业形态和报酬要求等发生了明显变化,他们普遍不愿也不会从事农业生产,农村就业"蓄水池"作用减弱。尽管越来越多的农民工身份是农村户口,法律上还属于农民,但其收入、就业、消费、心理和生活习俗等越来越城市化,一旦失去工作,他们回到农村从事农业生产的可能性很小,不愿意干也不会干,未来这种情况会越来越突出。

总之,现在的农民工群体变得越来越"老",新生代农民工变得越来越"市民化"。如果解决不好,就可能会出现拉美、印度等地区的"贫民窟",将对居民收入、社区安全、贫富差距等带来负面影响。

表2　　　　　　　2008—2018年中国农民工年龄构成变化趋势　　　　单位:%

年份\年龄段	16~20岁	21~30岁	31~40岁	41~50岁	50岁以上
2008	10.70	35.30	24.00	18.60	11.40
2009	8.50	35.80	23.60	19.90	12.20
2010	6.50	35.90	23.50	21.20	12.90
2011	6.30	32.70	22.70	24.00	14.30
2012	4.90	31.90	22.50	25.60	15.10
2013	4.70	30.80	22.90	26.40	15.20
2014	3.50	30.20	22.80	26.40	17.10
2015	3.70	29.20	22.30	26.90	17.90
2016	3.30	28.60	22.00	27.00	19.20
2017	2.60	27.30	22.50	26.30	21.30
2018	2.40	25.20	24.50	25.50	22.40

资料来源:Wind,中国银行研究院。

二是就业结构性矛盾问题日益突出。首先，大学生就业问题较为突出。高校毕业人数处于逐年攀升的态势，2016年至2018年分别达到了704.2万人、735.8万人和753.3万人，应届大学生就业难已成为就业领域的突出问题。其次，城镇化的加快导致农村剩余劳动力转移压力增大。根据国家发展目标，到2020年我国城镇化水平将达到60%左右，意味着有大量的农村劳动力要转移至城镇进行就业。最后，大龄劳动者就业压力逐步加大。到2020年，45~59岁的大龄劳动力人数将从2010年的2.66亿人增加至33.39亿人，提升8.5个百分点，大龄劳动者的再就业问题将逐渐显现。

三是生产智能化正在引致"机器换人"，提高效率和保障就业之间的矛盾将日益突出。智能制造是新一轮技术革命的重要方面，美国大力推动以"工业互联网"和"新一代机器人"为特征的智能制造战略布局，德国也推出了"工业4.0"计划。《中国制造2025》提出了"到2025年，制造业重点领域全面实现智能化"的战略目标，2017年《政府工作报告》也提出要把发展智能制造作为主攻方向。制造领域的智能化、自动化有助于企业提高生产效率、应对劳动力成本上升压力。

但是，伴随着智能制造不断贯穿到设计、生产、管理、服务等制造环节，所产生的机器对人的替代，会给就业带来一定的结构性压力。近年来，中国一些传统制造企业如长虹、海尔等已经开始探索互联工厂，汽车、电子信息、电气机械和器材制造等产业的"机器换人"发展较快。2018年，我国工业机器人产量达到14.7万套，同比增长4.6%。工业机器人的大量使用，会导致相关环节的工作岗位流失。此外，智能制造具有自感知、自决策和自执行等功能，能够节省大量管理人员，使管理层呈现扁平化、去中间化趋势。如海尔公司在实现业务智能化后，裁掉的18%的员工主要为中间管理层。

（三）增加收入，缩小贫富差距，是促进民生改善的重要抓手

我国收入分配问题比较突出。一方面，劳动者报酬、居民收入占GDP的比重偏低，财政收入与企业可支配收入占GDP的比重偏高，即国民收入分配倾向于政府和企业，制约了居民消费，也加剧了产能过剩。另一方面，居民之

间的收入和财产分配不合理,收入差距过大。2018 年我国居民收入基尼系数为 0.467,尽管比 10 年前有所下降,但是近 4 年连续上升,且持续超过国际公认的警戒线。此外,伴随着房价快速上涨,居民财产性收入分配的差距也在迅速加大。就业是最大的民生,也是缩小收入分配的利器。强调就业,有助于提高居民收入,缩小收入分配差距,促进民生改善,践行共享发展理念。

二、重视就业导向的落实措施

(一) 调高就业预期目标

2019 年《政府工作报告》提出实施更加积极的就业政策,更加重视稳定就业导向,一个重要体现就是把城镇新增就业预期目标定在 1100 万人以上。在 GDP 增长目标有所下调的同时,就业目标没有降低,这在宏观调控政策方面有很强的导向和示范作用。尽管目标不低,但实现这个目标的难度不大。主要理由是:2019 年 GDP 增长目标设定为 6%~6.5%,并要求争取更好的结果。如果按每 1 个百分点的 GDP 增长所对应的就业增加人数与上年(196 万人)相同计算,假定 2019 年 GDP 增长 6%,就会创造 1176 万人的新增就业,超过 1100 万人的目标(见表 3)。同时,考虑到经济结构在变化,服务业比重还会提高,这也有助于增加就业。

表 3   2015—2017 年宏观调控主要目标

指标	2015	2016	2017	2018	2019
GDP	7%	6.5%~7%	6.5% 左右	6.5% 左右	6%~6.5%
M2	12%	13% 左右	12% 左右	不再公布	不再公布
城镇登记失业率	4.5% 以内	4.5% 以内	4.5% 以内	4.5% 以内	4.5% 以内
新增就业	1000 万人以上	1000 万人以上	1100 万人以上	1100 万人以上	1100 万人以上
赤字率	2.3%	约 3%	约 3%	2.6%	2.8%
赤字规模	1.62 万亿元	2.18 万亿元	2.38 万亿元	2.38 万亿元	2.76 万亿元
单位 GDP 能耗	下降 3.1% 以上	下降 3.4% 以上	下降 3.4% 以上	下降 3% 以上	下降 3% 左右

资料来源:作者整理。

(二) 更加关注三个群体

为了落实更加积极的就业政策,近年的《政府工作报告》(以下简称《报告》)特别关注三个群体。一是高校毕业生。近年高校毕业生创历史新高,要实施好就业促进、创业引领、基层成长等计划,促进多渠道就业创业。二是退役军人。《报告》提出要切实做好退役军人安置工作。三是特殊就业困难人员。《报告》提出要加大就业援助力度,扶持城镇困难人员、残疾人就业,确保零就业家庭至少有一人稳定就业。

(三) 货币政策对就业目标的关注加强

就业已经成为政府未来工作的核心目标之一,同样也是货币政策以及财政政策的政策目标核心之一。在经济发展过程中,小微企业对于就业的贡献较大,因此解决小微企业融资难融资贵问题的同时,就业问题也会得到相应的改善。货币政策执行报告当中对于就业指标的关注程度也在加强,指出货币政策采用灵活多变的结构性货币政策对小微企业和民营企业进行精准扶持,不仅仅是疏通货币政策传导渠道,同时也是关注充分就业这一传统货币政策目标的体现。

三、政策含义

(一) 货币政策调控框架要增加对充分就业的关注

一直以来中国的宏观调控政策对于就业目标的关注程度不够,出现了就业目标服从于经济增长和通货膨胀目标的实际状况。伴随着经济改革的不断深化,经济的增长对于就业的拉动程度出现一定程度的弱化。从另一方面来看,就业问题的改善也是促进经济高质量发展的必要条件,充分就业也应该成为政策目标的重点关注对象,形成以就业为优先目标的货币政策调控框架。

具体来讲,一是要继续搭配使用各项货币政策工具,提升货币政策对就业的促进作用。包括:数量型和价格型工具的配合,如降准与降息的搭配;长短期政策工具的配合，如短期流动性调节工具（SLO）、抵押补充贷款（PSL）等流动性管理工具的搭配；全面型和定向型工具的组合，如定向降准、利用TMLF等定向释放流动性，引导信贷资源流向重点行业、"三农"、小微企业等领域，推动小微企业发展壮大，切实发挥小微企业吸纳就业的主体作用。二是加大对重要就业领域的支持力度，为大学生、农民工等群体创业和就业提供政策支持。如完善第三产业信贷政策，明确第三产业信贷投放重点，充分发挥第三产业对就业的吸纳作用。

（二）财政政策要更多考量就业，抑制"脱实向虚"

过去多年，积极财政政策重在扩大支出，在"铁公基"方面上了很多大项目，的确拉动了 GDP 增长，但并没有显著带动就业。鉴于就业目标的重要性和财政政策的比较优势，今后实施积极的财政政策，不论是增支还是减税，都应把解决多少就业作为重要的考量因素和评判依据。

本次国际金融危机爆发后，各国重新反思以往的发展模式，制造业回归成为全球性新趋势。制造业是国民经济的主体，是科技创新的主战场，是经济转型升级迈向中高端的重要依托。近年我国经济"脱实向虚"趋势比较明显，制造业对外转移成为全社会关注的焦点，比如福耀玻璃在美国投资建厂等。宏观管理部门要严肃看待和认真解决"脱实向虚"的问题，避免经济"未富先空"。要营造有利于实体经济发展的社会环境，跟上颠覆性技术变革前沿，建立虚拟经济运行监控体系，防止虚拟经济的自我膨胀。

（三）加大人力资本投入，扩大中等收入阶层比重

扩大人力资本投资对当前我国经济发展具有特殊的意义，这不仅是延续"人口红利"的关键，也是供给侧结构性改革的重要内容，能够大大提高劳动者技能对经济转型升级变化的适应性。要进一步加大公共教育支出，特别是加大对农村地区、中西部地区的教育投入。要加大职业教育投入，借鉴德国经验，提高职业教育办学质量，培养与产业发展相适应的高素质劳动者和技术技能人才。适应经济转型和创新发展的新需要，改革教育体制，从批量化生产向

个性化教育转变，培养大量高层次的创新型人才。出台相关政策加大国际高端人才"引进来"的力度。健全医疗保险制度，提升全社会成员的健康水平。

中等收入群体是拉动消费和推动经济结构向中高端迈进的主力军，而消费的扩大和经济转型均有助于创造就业。扩大中等收入阶层比重，要努力实现"两个同步"，即居民收入增长和经济发展同步、劳动报酬增长和劳动生产率同步。继续推进收入分配体制改革，适当调节高收入者收入，增加低收入者收入。加快推进个人所得税改革，实行综合与分类相结合的办法，可再次考虑提高起征点。2018年，个人所得税起征点已由3500元提高到5000元，并从2019年1月1日起，增加个人所得税税前扣除项目。未来可以考虑将个人起征点提高到1万元。标本兼治，突出因城施策，打击投机炒作，坚持"房子是用来住的、不是用来炒的"，建立稳定房价的长效机制。加大环境治理，创造公平的法治社会，增强人们生产生活的安全感和对国家长期发展的信心。

充分发挥市场和政府"两只手"的作用[*]

明确界定政府和市场"两只手"的职能和范围，各归其位、各司其职，既要弥补和解决"市场失灵"问题，更要警惕和解决"政府失灵"问题，这是实现未来我国经济社会有序发展、高效发展、公平发展、清洁发展的基本前提和制度保障。

亚当·斯密的不朽名著《国富论》发表两百多年来，围绕市场和政府"两只手"关系的讨论就从未间断过，包括古典主义、凯恩斯主义、新古典主义、新凯恩斯主义、货币主义等各种学说，都对政府和市场的关系有着各自不同的理论观点，以及建立在此基础上的政策主张。在当前改革大背景下，如何建立新型政企关系，实现政企良性互动，成为一个具有重大意义的历史性议题。

党的十八届三中全会把市场配置资源的作用提升到"决定性"的高度，的确是《中共中央关于全面深化改革若干重大问题的决定》（以下简称《决定》）的一大亮点和重大理论创新。这一创新至少包含两个关键点：一是强调市场在配置资源中的"决定性作用"，替代以前的"基础性作用"；二是从理论上对政府和市场的关系作出更明确的定位，既强调市场的决定性作用，又理

---

[*] 本文撰写于2013年，2019年8月修改。

清市场和政府的功能和定位。

一、"政府失灵"更加严重,"三位"问题亟待解决

党的十八届三中全会强调市场配置资源的"决定性作用",是对市场地位和作用认识的重大突破和升华。改革开放以来,我国对市场和政府的关系、市场在资源配置中的作用的认识,在不断深化和升华。1992年之前,我国对市场和政府的关系就有"有计划的商品经济""国家调节市场、市场引导企业"等多种表述。直到1992年,党的十四大首次提出市场在资源配置中起"基础性作用"的提法,党的十五大、十六大、十七大都提出要从制度上更好地发挥市场在资源配置中的基础性作用。党的十八大提出"更大程度更广范围发挥市场在资源配置中的基础性作用"。

党的十八届三中全会强调市场配置资源的"决定性作用",是对市场地位和作用认识的重大突破和升华。虽然"基础性"和"决定性"有着相似的一面,即市场机制起主要作用,但"决定性"比"基础性"更明确,更加突出市场的作用,这也意味着在全面深化改革的进程中,将更加突出市场作用,更加尊重市场规律。

近些年来,市场配置资源的"基础性"作用发挥得还不够,政府在经济工作中的角色尚未完全理清和到位,"政府失灵"现象在一些地区、一些领域广泛存在。一是政府"越位"。比如在企业投资(如项目审批)、要素价格(如电力、石油、利率、汇率)、市场准入(如垄断行业、服务业)等领域,设置人为壁垒,降低资源使用效率,形成利益集团,政府寻租和腐败问题多发,存在不同程度的"越位"问题。二是政府"缺位"。在教育、医疗、养老、环保、社会公平正义等社会保障和公共服务方面,尽管做了很多工作,但与社会的预期和需求相比还存在较大差距。三是政府"闯位"。有些部门对企业微观经营进行直接干涉,企业独立的市场主体地位难以体现,企业经营决策也很难完全按市场信号和经济规律做出。正因为如此,有人认为这几年政府"越来越大",市场"越来越小"。在政府"三位"现象存在并且越来越突出的

今天,"大政府、小市场"影响到企业的正常生产经营、影响到市场作用的充分发挥,降低了经济运行效率,造成社会福利的净损失。

二、首提市场"无形之手"配置资源的决定性作用

市场决定性作用的提出,将助推我国经济从旧有的要素投入增长模式向效率驱动增长模式转换,效率提升将成为经济增长的新动力。

提出市场资源配置的"决定性"作用,是适应新形势、解决新问题的应势之作。提升市场地位是完善社会主义市场经济体制的需要。市场决定资源配置是市场经济的一般规模,市场经济本质上就是市场决定资源配置的经济。我国社会主义市场经济体制不断完善,也必须尊重和遵循这条规律。经济平稳较快增长、发展方式转变、能源资源节约、生态环境保护,都需要按市场规律办事,让市场在资源配置中发挥更大作用。凡是依靠市场机制能够带来较高效率和效益,并且不会损害社会公平和正义的,都要交给市场,政府和社会组织不能干预。

发挥市场的决定性作用有利于提升经济运行效率。市场决定性作用的提出,将助推我国经济从旧有的要素投入增长模式向效率驱动增长模式转换,效率提升将成为经济增长的新动力。经济要有活力,效率需要竞争,而竞争某种意义上就是企业家面对变化的价格信号,不断采取新的经济策略,这些行动又产生新的信息,以新的价格显示出来的动态过程。由市场决定资源配置将有利于产生有效的价格信号,只有依靠这些"非失真"的市场信号,才能加快优胜劣汰,更好地解决产能过剩、投资低效等深层次问题,不断提高经济运行效率。

发挥市场的决定性作用有利于促进公平竞争。建设统一开放、竞争有序的市场体系是市场在资源配置中起"决定性"作用的前提和基础。市场"决定性"有助于加快企业自主经营、公平竞争,完全依照市场信号即价格决定经营决策,消费者自由选择、自主消费,商品和要素自由流动、平等交换的现代市场体系,提高资源配置效率和公平性。党的十八届三中全会在原来"公平、

公正、公开"的市场规则基础上，更强调了"公平、开放、透明"，尤其是第一次提出"透明"这一原则，把市场规则与国际接轨，体现了国家对经济管理观念的重大转变及对所有市场主体的尊重。

三、政府"有形之手"归位，核心是弥补市场失灵

明确界定政府和市场"两只手"的职能和范围，是实现未来我国经济社会有序发展、高效发展、公平发展、清洁发展的基本前提和制度保障。

尽管古典主义普遍认为"管得少的政府即好的政府"，但国内外经济发展历程表明，仅有市场这只"看不见的手"是不够的，市场也存在失灵问题，如外部性、信息不对称、公地悲剧、知识产权保护、贫富差距等。20 世纪 30 年代席卷资本主义世界的"大萧条"便是市场失灵的经典案例，2008 年爆发的国际金融危机在某种程度上也是泛自由主义的产物。正因为市场也会失灵，因此有必要通过政府这只"看得见的手"来纠正市场失灵。

从我国的实践来看，既运用市场"看不见的手"，又运用政府"看得见的手"，坚持两手抓、两手硬，是改革开放以来实践探索取得的一条极其重要的经验。党的十八届三中全会《决定》提出加强政府在"保持宏观经济稳定，加强和优化公共服务，保障公平竞争，加强市场监管，维护市场秩序，推动可持续发展，促进共同富裕，弥补市场失灵"等方面的作用。这一提法强调了政府要补位、要归位，管好该管的，坚决退出不该管的，通过纠正"政府干预过多和监管不到位问题"，使政府行为符合市场运行的内在要求，确保"全面正确履行政府职能"。

四、做好"加减法"，建设服务型政府

发挥市场的决定性作用，政府要做好"加减法"，有所为有所不为。

做好"加法"，就是政府要增加和完善各类公共服务，努力实现公共服务均等化，提高服务效率。加强知识产权保护、维护宏观环境稳定。促进公平竞

争,加强市场监管、社会管理和环境保护。

做好"减法",就是要大幅减少政府对经济资源的直接控制,退出竞争性经济领域,减少行政审批和对经济的直接干预。减少信贷规模、土地指标、产能数量等行政性直接干预手段,主要运用货币、财税等经济性手段改善宏观调控。消除各种扭曲的保护补贴,形成有效的价格信号。取消或者是下放一些行政审批,加快从事前的项目审批向事中、事后的监管转移,继续推进行政审批制度改革。市场机制能有效调节的经济活动,政府不再干预。比如,当前比较突出的产能过剩问题,其背后或多或少都有政府干预的影子,李克强总理曾指出,"一些政府审批的行业往往出现产能过剩,而政府不干预的行业往往没有产能过剩"。因此,解决产能过剩问题也要靠市场机制。通过市场参数实施宏观调控,弥补"市场失灵"。完全依靠市场调节,可能带来经济增长出现比较大的周期性波动。政府通过适时适度的宏观调控熨平周期,尽最大努力实现经济平稳健康可持续发展,对提高市场配置资源的效率也至关重要。这种科学的宏观调控更多地需要通过市场的传导机制来实现,比如通过价格杠杆、通过各种市场参数来实施宏观调控、实现预期目标等。在此过程中,政府本职是当好"裁判员",而非"运动员",摒弃过多的行政性手段甚至是直接干预。

所以,明确界定政府和市场"两只手"的职能和范围,各归其位、各司其职,既要弥补和解决"市场失灵"问题,更要警惕和解决"政府失灵"问题,这是实现未来我国经济社会有序发展、高效发展、公平发展、清洁发展的基本前提和制度保障。

我国债务置换与美国 QE 的比较及其影响*

以 2015 年江苏省成功发行首批地方债为标志，我国地方债务置换和债券发行工作拉开了序幕，引起了市场的高度关注。债务置换是我国在地方财政收支压力上升、经济下行风险增大等背景下，政府创造性地纾解当前财政困局和稳增长的重要举措。我国债务置换与近年来西方国家实施的量化宽松（QE）政策有本质区别，不应将两者简单地类比甚至等同。而同时债务置换对地方政府、商业银行和债券市场又有着不同的影响。

一、何谓债务置换

所谓的地方债务置换其实就是指在财政部甄别存量债务的基础上，把原来地方政府的短期、高息债务（包括银行贷款、BT、城投债、信托融资等）换成中长期、低成本的地方政府债券。2015 年 3 月，经国务院批准，财政部下发了 1 万亿元地方政府债券置换存量债务额度，置换范围是 2013 年政府性债务审计确定的、截至 2013 年 6 月 30 日的地方政府负有偿还责任的存量债务中、2015 年到期需要偿还的部分。1 万亿元的总债券额度占 2015 年到期政府

---

* 本文撰写于 2015 年，修改于 2019 年 9 月。

负有偿还责任债务的 53.8%，各地区的债券置换额度按照各地 2015 年到期债务和全国统一比例（53.8%）进行测算和分配。

二、债务置换是解决财政困局的重要举措

第一，债务置换有助于减轻地方政府偿债压力、缓释财政金融风险。随着经济增长放缓和房地产市场调整，地方政府财政收入增速大幅下降，2015 年前 4 个月地方财政收入同比增速从过去的两位数降低到 7.7%，比 2014 年同期放缓 3.6 个百分点，国有土地使用权出让收入累计同比下降 38.2%。在收入增速降低情况下，新《预算法》、国发〔2014〕43 号文的出台和实施也使得地方政府难以通过平台公司和非标融资获取资金。同时，地方政府债务以贷款、BT 投资、信托、城投债等为主，举债主体主要是融资平台公司，由于无法享受高信用等级，融资成本普遍高于政府债券利率，地方政府债务偿还压力较大。2014 年，全国地方政府到期债务占地方收入的比重为 18.6%，其中部分地区到期债务量占当年的收入比重较高，最高达到 76.3%。此外，根据审计署数据，截至 2012 年底，有 3 个省级、99 个市级、195 个县级，3465 个乡镇政府负有偿还责任债务的债务率高于 100%。其中，有部分地区地方政府债务违约的风险较大。数据表明，在经济下行压力加大，财政收入大幅放缓背景下，财政金融风险在不断加大，而债务置换能有效缓解不断增大的财政金融风险。

第二，债务置换是提高地方政府公共投资能力和稳增长的需要。数据显示，我国经济下行压力在增大，2015 年 4 月工业增加值、固定资产投资、零售销售同比增长均不及预期。由于制造业和房地产投资双双减速，政府主导的基础设施投资成为稳增长的关键。2015 年 4 月，在制造业和房地产业投资增速降至 10% 以下的同时，基础设施投资累计同比增速仍保持在 20% 以上，地方政府财政支出累计同比增长 13.9%，比同期收入增速高 6.2 个百分点。在收入增速减缓、偿债压力较大的情况下，地方政府支出能力受到较大约束，制约了稳增长的能力。实施债务置换，对提高地方政府投资能力、更有效地稳增长

将发挥更加直接的作用。

第三，债务置换有助于促进地方政府债务规范化、透明化，更好地落实新《预算法》。过去我国地方政府借债的一个大问题在于举债规模、用途以及偿债资金来源等均游离在监管之外，各级政府财力和事权的不匹配更是加大了地方政府隐性负债的冲动。债务置换能够提高存量债务的透明度，一方面便于对地方政府存量债务进行监督，防范违约风险；另一方面有利于向全面规范、公开透明的预算管理制度过渡，促进财税体制改革。

三、债务置换与美国量化宽松（QE）的区别

市场许多人将这次债务置换称为中国版的 QE。但事实上，我国地方政府存量债务置换计划与美国扩张央行资产负债表的 QE 有显著不同，主要表现在以下几个方面。

一是购买主体不同。美国量化宽松（QE）政策中的购买主体是央行，即美联储，美联储通过购买机构债和抵押支持证券（MBS）等向市场投放流动性，其结果会引起央行资产规模的大幅增加。例如，经过三轮 QE，美联储的资产规模由 2008 年 10 月末的 1.97 万亿美元增加到 2014 年 10 月的 4.49 万亿美元，增长了 2.28 倍，其中持有的美国国债由 4765 亿美元增加到 24616 亿美元，更是增长了 5.17 倍。我国债务置换计划中购债主体不是央行，而主要是商业银行、信托、证券、保险等金融机构，其并不直接影响央行的资产负债表，购买的标的是地方债。

二是对市场流动性影响不同。美联储通过 QE 能直接向市场注入流动性。而我国债务置换计划并不直接增加社会流动性，只是将原有的短期债务置换成长期债券。虽然近期公布的《关于 2015 年采用定向承销方式发行地方政府债券有关事宜的通知》提出"地方债纳入中央国库现金管理和试点地区地方国库现金管理的抵（质）押品范围"，但这更多的还是为了地方债置换的顺利进行而做的制度安排，受债券持有者和央行行为的影响，其并不会直接向市场大规模释放流动性。

三是政策目的不完全相同。美国等国的 QE 主要是在短期利率接近于零、市场陷入"流动性陷阱"和价格型货币政策工具（利率）无效的情况下，通过向市场投放流动性来力图压低长期利率，即使利率期限结构平缓化，降低社会风险溢价，刺激投资消费和经济增长。而债务置换是为了将高风险、高利率的短期债务转换为低风险、低利率的长期债券。尽管稳增长是其中一个目的，但主要目的在于降低地方政府负担，化解短期违约风险，同时进一步规范地方政府举债融资机制，促进财税体制改革。

四、债务置换对各类市场主体的影响

第一，直接利好地方政府。通过将高风险、高利率的短期债务转换为低风险、低利率的长期债券，可以减少地方政府的利息支出。根据财政部的测算，1 万亿元的债务置换可以为地方政府减少 400 亿～500 亿元的利息负担。这既能通过"时间换空间"，缓释地方政府短期资金链断裂引起的财政金融风险，又能使地方政府腾出部分资金用于其他支出，同时也能促进存量债务的透明化、规范化，为向以政府债券为主体的地方政府举债融资机制过渡打好基础。

第二，对商业银行的影响。首先，银行资产由原有的高利率融资平台贷款转换为低收益率的债券，银行收益会有一定损失。其次，原有债权的期限由短期变为长期，使得银行的资产期限总体延长，在负债期限不变的情况下，可能会导致银行借短贷长的期限错配风险上升。但与此同时，债务置换对银行也有有利的方面，一是虽然债务置换会导致银行的资产收益有所降低，但是相应的风险也会随之下降。由于影子银行问题与平台公司、BT 投资、信托等地方政府主要融资渠道密切相关，政府存量债务风险的降低会缓解银行资产所面临的信用风险。二是与银行贷款等不同，地方债券未来将可以在市场上交易，具有较好的流动性。同时，允许地方政府通过将债券作为抵（质）押品获得资金又进一步提高了债券的流动性。三是改变了银行的资产结构，提高了银行的资本充足率。银行所持有的地方政府债务主要是风险权重为 100% 的与表外业务和地方政府融资平台相关的债权，而根据《商业银行资本管理办法（试行）》，置换后的政府债券的风险权重为20%，这将提高银行的资本充足率，优化银行资产结构。四是缓解存贷比压力，债务置换使得银行的贷款余额下降，降低存贷比，在《商业银行法》修改之前还是能增加银行的可贷资金的。

第三，对债券市场的影响。短期来看，可能带来长期债券的供给增大和市场流动性紧张。一是长期债券供给偏大。从期限看，2015年第一批置换债券的额度的定向承销发行，要求在2015年8月31日前完成，这意味着每月要多供给近几千亿元的地方债。二是地方债发行恐导致短期市场流动性紧张，进而使资金收益率曲线出现平坦化。从长期看，地方债务置换对债市、股市都是利好。因为地方债务置换后，再融资需求下降，流动性风险显著降低，同时实体经济中这种具有隐性担保的高收益资产供给将迅速减少。

五、政策含义

债务置换是"以时间换空间"，创造性地解除当前困局的重要举措。未来，顺利进行债务置换，要兼顾解决当前问题和促进中长期改革，特别要重视相关配套政策和制度的供给。

第一，针对债务置换的配套政策要及时跟上。债务置换是应对当前复杂局面的有力举措。在债务置换过程中，最重要的是须坚持市场化取向，逐步放宽对投资者的限制。政府须改变定向承销和"谁家的孩子谁抱走"的方式，鼓励保险、社保基金、住房公积金等机构参与，丰富市场主体，使得地方债券收益率能更加真实地反映市场供求、期限、风险溢价等信息。

第二，要坚持积极和稳妥原则。由于当前经济下行压力较大，地方政府债务集中到期风险上升，因此要加快推进存量债务置换工作，及时降低地方政府还本付息压力，提高财政支出能力。但同时要强调稳妥，一是充分考虑市场容量和承受力，把握好节奏，避免节奏太快造成发行失败或者市场剧烈波动。二是在对地方政府债务全面评估的基础上进行整体规划，建立全口径债务统计监管，摸清各地区债务偿还压力，测算债务置换后的资金需求，明确置换债务的还款资金来源，对近期债务置换和长期债务偿还进行全面的统筹规划。

第三，建立市场化的地方债券评级和定价机制，促进债券市场健康发展。为强化地方举债融资的硬约束，未来要建立健全地方政府债券和财政的信息披露制度，逐步建立市场化的地方债券评级和定价机制。同时，要扩大国债和企业债的发行规模，丰富债券的期限和品种，建立有效的收益率曲线。地方政府债券评级是债务置换、完善地方举债融资机制的基础性制度建设，相关部门要高度重视和完善地方债券信用评级工作，评级结果能够真实反映各地债券的风险、期限和市场供求，避免"走过场"。

第四，理顺中央与地方财税关系，推进财税体制改革。债务置换解决的是短期债务偿还问题，只是"以时间换空间"将还债压力推迟，从长远来看，要从根本上解决地方债务风险还是要推动财税体制改革。一是建立全面规范、公开透明的现代预算制度。2014年9月新《预算法》的通过意味着这方面取得决定性进展，未来要进一步加强落实预算管理制度。二是建立健全有利于科学发展、社会公平、市场统一的税收制度体系，增值税、消费税和资源税等税收改革正在加快进行，已取得明显进展，未来要利用有利时机，进一步加快相关改革。三是贯彻中共十八届三中全会精神，加快明确中央和地方政府事权和支出责任，加快建立财权和事权相匹配的财政分权体制。

第三章
房地产市场与调控政策

概　要

1998年以来，我国房地产市场蓬勃发展，对改善居民居住条件、拉动经济增长和创造就业发挥了重要作用。但最近几年，房价节节攀升，超出了大多数老百姓的承受能力。住房是人们生活的必需品，又是特殊商品。短期内需求大幅增加而供给难以及时跟进，使其很容易成为投资品。生活必需品要求价格的稳定性和投资品价格的波动性之间的矛盾，是房地产市场最基本的矛盾。

本章首先梳理世界各主要国家和地区房地产调控的经验与借鉴，而后针对不同的外部冲击，分析其对我国房地产市场的影响，并为促进我国房地产市场健康稳定地发展提供政策建议，最后对房地产市场中的"租购同权"、棚户区改造、债券融资支持保障性住房建设等专题进行分析解读。

第一，世界主要国家和地区在不同背景下出台了不同的住房调控政策。德国、新加坡等国家和我国香港特区为解决住房短缺提供公共住房，保障居民"住有所居"；英国、韩国等作为典型的"地少人多"的国家，为弥补房地产市场缺陷，通过税收、法律等手段整治房地产投机行为；"9·11"事件使美国经济雪上加霜，为了拉动经济、活跃市场，美国采取了降息、优惠贷款等政策，刺激房地产市场，带动经济增长，但同时也为2008年国际金融危机的爆发创造了条件。

世界主要国家和地区抑制房地产投机的政策措施集中体现为：政府高度重视，明确各级政府的责任；对房地产交易和保有环节课以重税；法律严禁炒地炒房行为；政府控制资金端供给，调节房屋供应量；政府作为定价主体，保障房屋定价的平稳性；及时公布供求信息，限制最高空置率。为解决购房困难群体尤其是中低收入家庭的基本住房问题，许多国家和地区政府采取多种措施完善住房保障制度。这些措施包括实物与货币补贴相结合模式、发放住房补贴为主的模式、政府建房为主的模式、法律强制模式、租售并举模式、分离土地所有权和使用权，降低购房成本等。

近年来，我国也建立了包括经济适用房、廉租房、"两限"房等在内的住房保障制度，并且投资和建设规模逐年扩大。但住房问题依然没有得到很好的解决。借鉴其他国家和地区经验，我国住房调控政策应以人为本，构建政府主导型的住房保障体系、高度重视住房在经济社会发展中的基础性作用、"保低放高"，继续扩大保障性住房建设和覆盖范围、增大住房市场交易和保有环节税负、实行以政府建房为主的住房保障模式、完善法律法规建设，为房地产业健康发展提供有力的法律保障。

第二，受美国次贷危机的拖累，世界房地产市场已经处于风雨飘摇之中。一波未平，一波又起。2008年9月中旬华尔街又引发了被称为"百年一遇"的全球金融新风暴给已经陷入低潮的世界房地产市场带来更加沉重的打击。受外部环境更加严峻的影响，国内经济减速已成定局；次贷危机引发的国际金融危机将使各信贷机构对发放贷款和金融创新更加审慎，从供给和需求两方面导致房地产市场萎缩；在世界各地房价下跌的大环境下，国内房价难以"独善其身"。根据当前各国应对措施、力度和发展趋势初步判断，我国房地产市场出现"中幅调整"的可能性最大。政策上，我国房地产调控应坚持以人为本，坚持"稳"字优先，把改善供给和稳定需求作为政策调控的重中之重，既要防范由多重因素叠加导致市场出现过度调整，也要促进房价理性回归。

第三，广州市近期提出的"租购同权"，即租房人和购房人同样享有子女就近入学等公共服务资源的权益，引发了市场的广泛关注。"租购同权"短期对房价影响有限，可能抬升学区房租金，但长期将缓解房价上涨压力，有助于培育和发展住房租赁市场，建立购租并举的住房制度。目前部分城市实际上已经通过"居住证+积分"制度一定程度上保障了"租售同权"。为加快"租购同权"落地，政策上应完善相关配套细则；加大公共服务资源有效供给，平衡区域差异，逐步放宽承租人的门槛限制；政府提供更多的租赁房源，对租赁性用地乃至相关公共服务进行统一规划，防止房租的过分上涨。

第四，棚户区改造作为我国一项城镇保障性安居工程，最早开始于辽宁省，主要以实物安置的方式实施，由地方财政进行投资支持。进行棚户区改造，能提高城市土地综合利用率，合理布局城市空间，改变城市面貌，促进城市和谐和可持续发展。在当前经济下行压力增大的背景下，实施新一轮棚户区改造工程，存在风险程度高、回收期长等困难或问题。但棚户区改造有助于改善居民住房条件、解决城市二元结构问题，是稳增长的重要举措。商业银行在加大棚户区改造支持的策略上，需加强风险控制，坚持商业化原则，有针对性地探索对棚户区改造的项目评估、风险识别和计量的方法等，在能力范围内加大对棚户区改造的支持力度；通过金融创新，探索低成本、多元化的产品和服务模式；积极调整优化信贷结构，盘活存量、用好增量，加快存量信贷资产周转，以带动贷款累放额的增加，提高资金使用效率。

第五，为解决中低收入家庭的住房困难问题，国家提出2011—2015年建设保障性安居工程3600万套。但在2012年前后，相关部门不断收紧政策，多次提高存款准备金率和加息，导致银行可贷资金日益紧张而社会资金进入意愿又不强烈的情况下，为了弥补保障房约8000亿元的资金缺口，国家发展改革委出台相关政策，允许投融资平台公司与其他企业申请发行企业债券，筹措保障房建设资金。

第六，因地方政府通常会对公司成立以后的财政投入有一个承诺，以获得银行的认可和支持，所以融资平台债依然具有准政府债务属性。在国际上，有瑞士通过发债，尤其是以政府隐性担保为保障房建设融资的先例，对中国具有一定的借鉴意义。目前我国国内流动性收紧，保障房建设融资困难，市场状况与此前的瑞士相似，但区别在于政府的债务负担水平差异很大。

第七，在分析我国债务规模的相对大小上，我们通过分析国债负担率、国债依存度、国债偿债率三项指标，结果显示除了国债负担率以外，其他两个指标都比较安全。可以总结为尽管我国政府债务目前来说还是可控的，离国际警戒线还有一定的距离，但最近几年速度在不断加快。融资平台发债需关注企业债的担保问题、资金督导问题和债务可持续性问题三个方面。政策上，建议政府担保规范化、专款专用阳光化、优惠政策多元化。

"房住不炒"：主要国家和地区房地产调控经验与借鉴[*]

自 1998 年住房制度改革以来，我国房地产市场蓬勃发展，对改善居民居住条件、拉动经济增长和创造就业发挥了重要作用。但最近几年，房价节节攀升，超出了许多购房者的承受能力，超出老百姓承受能力的房地产市场必定是不可持续的。"他山之石，可以攻玉"，归纳和总结世界主要国家和地区住房市场调控政策的背景、经验与教训，对完善我国住房政策、破解当前住房市场难题及促进房地产市场健康发展具有重要的借鉴意义。

一、世界主要国家和地区出台住房调控政策的不同背景

住房是人们生活的必需品，又是特殊商品。短期内需求大幅增加而供给难以及时跟进，决定了住房很容易成为投资品。生活必需品要求价格的稳定性和投资品价格的波动性之间的矛盾，是房地产市场最基本的矛盾。这个基本矛盾决定了不能把所有住房问题全都交由市场这只所谓的"无形之手"去解决，客观上也要求由政府"有形之手"加以调节，以弥补市场失灵。

---

[*] 本文撰写于 2010 年，2019 年 8 月修改。

（一）提供公共住房，保障居民"住有所居"

随着人口增长和经济发展，各个国家和地区住房矛盾不断凸显，保障居民"住有所居"成为各个国家和地区住房调控政策的重中之重。新加坡有460万常住人口，国土面积仅699平方公里，人口密度大，土地资源十分有限。新加坡建国初期，面临严重的房荒，住房形势十分严峻。为解决住房短缺及其引发的社会问题，早在1960年，新加坡政府就宣布成立建屋发展局，1964年推出了"居者有其屋"的政府组屋计划，将政府工作的重点放在解决普通收入者的居住问题上。目前新加坡住房自有率已经达到90.9%，居住在组屋中的人口占比82%。我国香港特区政府干预房地产市场始于1954年，当时石硖尾大火导致5万多人丧失家园，政府不得不进行安置，并于当年成立了香港房屋委员会，负责建立和发展与商品房市场并行的公共经济房系统。1972年，房屋委员会制定了公共房发展规则，耗资54亿港元；1987年制定了香港公共经济房的15年发展战略。坚持公共房保障体系与商品房市场并行发展，两者界限分明，成为香港特区政府在房地产价格调控中最为成功的举措。德国住房合作社起源于1862年的汉堡，起初受工业革命迅速发展影响，主要通过互助建房模式解决工人住房紧缺问题，后来逐步发展成为入会社员提供租赁住房的互助组织。会员申请入社后需一次性缴纳会员费，合作社利用会员缴纳的会费以及银行提供的低息贷款进行住房建设，在建成后，按照社员入社的时间顺序，依次分配给社员租住。社员入住租赁房屋后需要按房屋类型定期支付房租，享有永久租住权。在租住期间，可以将永久租赁权转让或赠予他人，也可以直接退租，申请取回初期缴纳的股份费。2017年全德有近2000家合作社，提供约230万套住房，占租赁房源总量的10%。

（二）弥补市场缺陷，整治房地产投机

由于国土面积相对较小，可开发土地有限，外来人口增多，刚性需求不断增加，英国商品房供应一直处于相对紧缺状态。独特的客观条件决定了英国房价的长期上涨趋势，为房地产投机创造了基础性条件。多年来，英国建立起了

一套较为完善的税收制度，有效抑制了房地产的投机行为。韩国是一个典型的地少人多的国家。近年来，韩国经济持续增长，为房地产价格持续上涨创造了重要的条件，特别是进入21世纪后，许多富人利用他们拥有的富有资金和私有房地产，加入房地产投机，使得投机活动日益猖狂，房价不断攀升。韩国许多大城市房价年涨幅达到7%～10%，有的城市最高年涨幅达到28.9%。地价、房价不断升高，对韩国社会、经济发展和人民生活的提高造成了巨大伤害。在此背景下，韩国政府痛下决心，决定通过税收、法律、舆论等多种手段重拳整治房地产投机。

（三）刺激住房消费，带动经济增长

从促进经济增长的角度看，许多国家和地区都把房地产业作为国民经济的支柱产业来加以扶持。21世纪之初，由于高科技股价泡沫破灭，使包括房地产在内的整个美国经济陷入低迷，"9·11"事件使美国经济雪上加霜，房地产业更是成为受恐怖袭击事件影响的"重灾区"。为了拉动经济、活跃市场，美国采取了多种办法刺激房地产市场。2001年初至2003年6月末，美联储采取了13次降息行动，将联邦基金利率从6.5%降到1%，是1958年以来美国利率的最低点。同时，美国还通过优惠贷款政策，帮助中低收入家庭以较低条件贷款购房。尽管在扩张性货币政策的持续刺激下，美国房地产业和整个国民经济进入了新一轮景气繁荣，但同时也为新的金融危机创造了条件，最终导致2008年国际金融危机的爆发。

二、世界主要国家和地区抑制房地产投机的政策措施

（一）政府高度重视，明确各级政府的责任

综观世界各个国家和地区，凡是房地产市场发展比较平稳、住房保障制度比较完善的国家，无一不是政府高度重视、态度坚决、旗帜鲜明地整治房地产市场投机的。比如，为抑制不断高企的房价，韩国前总统卢武铉就提出，治理房地产投机是"一场与房地产投机势力进行的战争"，既说明了这项工作的艰

巨性，也表明了韩国政府对整治房地产投机的信心和决心。同样，面对建国之初异常严峻的住房形势，新加坡政府明确提出了"居者有其屋"的口号："我们的新社会，居者有其屋是关键。"并于1960年成立建屋发展局，紧接着在1964年正式推出了"居者有其屋"的政府组屋计划。西班牙的宪法则明确规定，所有西班牙公民都有权拥有适合自己的住房，政府的责任就是采取一切可能的手段和措施，推动这一目标的实现。

（二）对房地产交易和保有环节课以重税

近些年来，英国、韩国等国家的房地产市场发展比较平稳，房价很少出现暴涨暴跌现象，与这些国家在房产交易和保有环节严格征税并适时调整有关。

一是分档征收交易印花税。如在英国，居民购买17.5万英镑到25万英镑的房产须按房价的1%纳税；购买25万~50万英镑以及50万英镑以上价格的房产，税率分别增至3%和4%；购买没有达到17.5万英镑的房屋则无须征税。不同档次的税率设置，既有利于抑制投机者大量购买豪宅或高端物业进行投机，又不会给普通商品房购买者造成太大的经济负担。

二是征收累进资本增值税。韩国是采用累进税制、征收重税整治房地产投机的典型国家。从2006年起，韩国对出售第二套或第三套房产的卖主征收30%的资本增值税，从2007年起，改为对出售第二套房产的卖主征收50%的资本增值税，对拥有第三套住房的卖主征收60%的资本增值税。同样，在英国，除居民出售其拥有的唯一的住房无须缴纳资本增值税外，政府对房地产转移的收益部分开征资本增值税，税率从10%到40%不等。事实证明，征收资本增值税是抑制投机性需求最有效的手段。因为投机者购买房产就是看中了未来升值空间，一旦要缴纳高额增值税，其预期收益将大大降低。

三是征收收入所得税。在英国，私人出租房产也要缴纳收入所得税，而且税率较高。如个人出租房产所获收入如果超过每年规定的免税额（6745英镑，2019年4月6日至2020年4月5日提高到12500英镑），就要缴纳收入所得税，税率按收入多少分20%与40%两档。

四是征收遗产税。英国政府还对价值超过一定金额的房地产征收遗产税。

遗产税的征收对象是房主去世后的房产以及在世时赠予或由子女继承的房产。2009—2010 年，价值超过 32.5 万英镑的上述类别房产都要缴纳遗产税，税率高达 40%。

五是征收不动产税。在美国，不动产税的计算基数通常是税务部门根据法律规定在公平的市场价值的基础上评估的价格，而税率在各州则各有不同。英国不仅征收不动产所有税，近几年还不断上调不动产所有税税率，如从 2008 年起，不动产所有税税率由以前的 1%~3%上调到 5%，并且还在酝酿进一步提高。英国、韩国等国家对房地产交易转让和保有环节课以重税的税收制度，不仅客观上起到了抑制投机、稳定房价的作用，而且还把房价上涨的很大一部分收益以税收形式纳入国库和地方财政，扩大了各级政府增加保障性住房的财源，维护了社会公平。

六是征收继承和赠予税。德国除直接交易征收高额资本利得税之外，即使是通过继承或赠予获得房产，也需要依据遗产继承人与被继承人或赠予人与被赠予人的亲疏关系实行不同的全额累进税率征收，最高税率达到 50%。具体征税制度方面，通过继承与赠予获得房产，政府则会根据《继承与赠予税法》向受让方征收继承和赠予税。根据规定，继承者或受赠者被划分为三个等级：第一等级为死者的配偶、注册合伙人，死者的子女、继子女、孙子女，以及由于死亡原因而发生转移财产情况下的父母及其他先辈；第二等级为由于礼物馈赠而发生财产转移情况下的父母和其他先辈，兄弟姐妹，侄子，侄女，继父母，媳妇，女婿，岳父母，已离婚的配偶或已注销合伙关系的合伙人；第三等级为其他继承者或受赠者。税率方面，根据继承者或受赠者等级划分的不同及标的资产价值的不同，税率为 7%~50%（见表 1）。

表 1　　　　　　　　　　德国继承与赠予税税率

标的资产价值	继承者与受赠者等级		
	等级一	等级二	等级三
≤7.5 万欧元	7%	15%	30%
≤30 万欧元	11%	20%	30%
≤60 万欧元	15%	25%	30%
≤600 万欧元	19%	30%	30%

续表

标的资产价值	继承者与受赠者等级		
	等级一	等级二	等级三
≤1300万欧元	23%	35%	50%
≤2600万欧元	27%	40%	50%
>2600万欧元	30%	43%	50%

数据来源：德国联邦政府官网、广发证券发展研究中心。

（三）法律严禁炒地炒房行为

为了抑制地价、房价不断飙升，日本政府于1989年颁布了《土地基本法》。该法规定了对土地要树立四个观念：一是土地应服务于公共福利；二是土地的使用必须根据规划的要求；三是土地不能作为投机的对象；四是房地产的利润如果不是辛辛苦苦赚来的，就要通过交税还原给社会。根据《土地基本法》的精神，日本于1991年公布了《综合土地政策推进纲要》，提出了十项政策目标：打击土地价格"只涨不落"的神话，地价应与其使用价值相适应；从控制需求的角度制定政策；对土地交易进行限制，要以真实需求抑制地价的上涨；正确引导土地的利用，分散城市人口，均衡供求关系；增加供给，进行住宅再开发；使所有者按照土地利用规划进行使用；控制银行向房地产贷款的规模；为了提高土地的利用效益，减少土地闲置，土地所有者应交纳固定资产税；公布土地标准价格，使市场交易地价趋于合理；公布土地供求关系。

按照法律规定，日本对买卖土地的买方征收相当于成交额3%的不动产所得税。对取得土地者两年之内将土地卖出的，征收9%的土地转让税，以后逐年递减，10年降为3%。以此鼓励土地开发利用，制止倒买倒卖。为运用国土规划法控制地价，日本规定超过一定规模的土地交易，经营者有义务向地方政府知事报告交易价格、土地使用目的等。如果知事认为价格过高或使用目的不当，可劝告其降低价格或中止交易。

20世纪60年代以来，新加坡先后颁布了《新加坡建屋与发展法》《建屋局法》和《特别物产法》等法律，对解决建房问题和抑制住房炒卖行为发挥了独特的作用。申购环节中，政府规范购买流程和购买模式，并对申请者的资质进行规定。申请人资质的衡量标准主要包括身份、年龄、收入和产权。对于身份的限制保障了组屋的受惠对象主要为公民,单身永久居民和外国人不能购买组屋,永久居民仅能以家庭形式购买组屋,且家庭中必须同时有公民成员才能申购新组屋。而对于收入和产权的限制则使得组屋供给以"保障刚需"为主,优先满足中低收入家庭需求。而相比新组屋,二手组屋的限制条件有所放宽,取消了收入限制,且允许纯永久居民家庭(不含公民)购买二手组屋,扩大了组屋覆盖面的同时,也为组屋转售市场增加活力。在组屋租赁的申请过程中,公租房体制对申请人收入和产权加以更严格的限制,优先保障低收入群体刚需。而除了公租房体制之外,建屋发展局设立育儿家庭体制满足特殊人群租房需求,申请人如果是已婚夫妻或带孩子的离异、丧偶人士(公民),可以通过育儿家庭体制申请公租房。新加坡政府按照申购次序(初次申购、二次申购)和申购家庭类型进行分配,优先保障"初次申购者"和"特殊群体"需求。一般来说,HDB 房屋的 70%~95% 分配给初次申购者,而新加坡政府对于"特殊人群"的优先保障主要体现在加大对于育儿家庭、老年人家庭、多代家庭等特殊群体的供给力度上。此外,组屋的明确定位是"以自住为主",严格限制居民购买组屋的次数。规定新的组屋在购买后五年之内不得转售,也不能用于商业性经营。如确需在五年之内出售,必须到政府机构登记,不得自行在市场上出售。一个家庭不允许购买两次组屋,更不允许以投资为目的购买组屋。居民在获得组屋后五年之内不可以出租,五年后允许腾出半套出租,但房主必须与房客合住,不能将整套住房出租。所有申请租住组屋的人都需要持有有效期内的新加坡工作许可证或相关签证。如果住户违反规定倒卖或出租组屋,不仅面临高额罚款,而且还会被起诉判刑。由于严格执行限制炒房的法律和法规,新加坡政府有效地抑制了"炒房"行为,市场中的投机性需求很小。

(四)政府控制资金端供给,调节房屋供应量

所有新加坡公民和永久居民身份的受雇员工都必须根据相关规定缴纳一定数量的公积金,相当于存储一笔年利率为 2.5% 的资金(而新加坡前十大

银行存款年利率从2002年8月至今持续保持在0.5%以下,2017年9月存款年利率仅为0.16%),在购买组屋时可以从中央公积金普通账户提取资金用于支付首付和后期房贷本息。而对于供给端HDB建造组屋,中央公积金局利用会员储蓄购买政府债券,政府获得资金后再以专项资金支持计划向HDB提供资金,相当于一部分会员储蓄资金间接流入HDB建造组屋(见图1)。

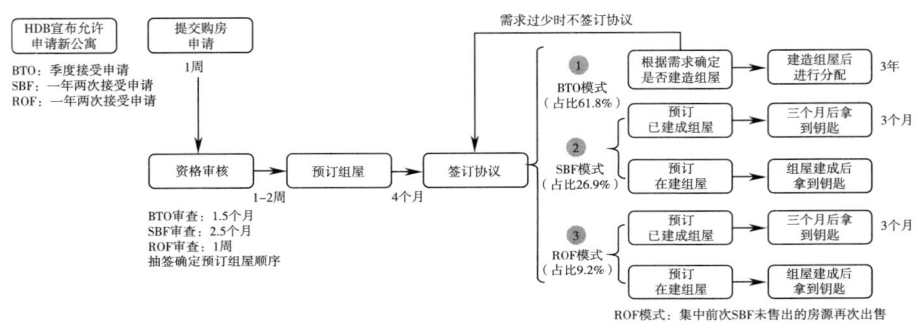

数据来源:新加坡中央公积金局、广发证券发展研究中心。

图1 三种购买组屋的方式中"先预订再建造"的BTO模式占比最高

组屋的购买模式分为3种,分别为BTO、SBF、ROF模式,三种模式的区别在于BTO采用"先预定后建设"方式,而SBF和ROF模式预订的房屋为"已经建成或者是正在建造中"的组屋,通过"先预定后建设"为主,配合"已建成/建设中待预订"为辅的组屋购买方式,政府一方面可保障对申购时间要求较高的申请者的需求,另一方面在BTO模式下,依照需求确定供给量,在申购需求不足的时候,取消相应的组屋建设计划,一定程度上可以减少组屋建设供过于求的情况发生,使建设量与预定量、售卖量更为匹配。根据HDB年报数据,由于组屋主要申购模式BTO从预约到售卖约用时3年6个月,我们采用2014年、2015年、2016年三年组屋当年售卖量/三年前预定量粗略估计供需比(供给/需求),可以得到2014—2016年新组屋供需比分别为94.9%、81.9%和98.9%,基本可以满足市场需求。

（五）政府作为定价主体，保障房屋定价的平稳性

以新加坡的组屋定价来看，政府是定价主体，对一手组屋的价格实行严格的管控。一般来说，在不考虑购房补贴的情况下，2~5 居室组屋的售价约为对应类型组屋申购家庭年收入中位数的 3~5 倍；而在考虑购房补贴后，购买年限将进一步缩短，如 2 居室的补贴力度最大约覆盖组屋售价的 90%，以最大补贴力度计算，结合申请 2 居室组屋家庭的年收入中位数，2 居室组屋的购买年限仅为半年，组屋的可购买性有较高保障。

二手组屋的定价机制虽然由买卖双方决定，接近市场化，但由于政府对二手组屋转售（供给端）实施税收、时间等严格的管控、对申请人资质（需求端）加以若干限定条件，本质上相当于二手组屋的市场化仅限定于满足条件的组屋与申购人之间。

从组屋、私宅的售价对比来看，2016 年组屋均价约为 424 新元/平方英尺，有地私宅均价约为 1148 新元/平方英尺，非有地私宅均价约为 1230 新元/平方英尺，组屋价格约为私宅价格的 1/3。价格波动方面，2008 年到 2016 年，组屋销售价格的波动性（方差）仅为非有地私宅售价的 1/5，为有地私宅售价方差的 1/15，组屋在政府强调控的指导下，不仅定价水平较低，且组屋市场价格波动更为平稳（见表 2、图 2）。

表 2　　2017 年 5 月发售的新组屋与同地区二手组屋房价对比

单位：新元，%

城镇		新组屋（无补贴）a	新组屋（有补贴）b	二手组屋 c	补贴覆盖房价 1−b/a		新组屋/二手组屋 b/c（考虑补贴）
						a/c（不考虑补贴）	
武吉巴督	2 居室	49000 起	4000 起		91.8		
	3 居室	165000 起	90000 起	275000	45.5	32.7	60.0
	4 居室	246000 起	186000 起	395000	24.4	47.1	62.3
	5 居室	365000 起	360000 起	535000	1.4	67.3	68.2

续表

城镇		新组屋（无补贴） a	新组屋（有补贴） b	二手组屋 c	补贴覆盖房价 1－b/a	新组屋/二手组屋 a/c（不考虑补贴）	新组屋/二手组屋 b/c（考虑补贴）
武吉班	2居室	42000	3000		92.86		
	4居室	231000	171000	370000	25.97	62.43	46.22
	5居室	313000	308000	465000	1.60	67.31	66.24
蔡厝港	2居室	52000	7000		86.54		
	3居室	204000	129000		36.76		
	4居室	226000	166000	345000	26.55	65.51	48.12
	5居室	293000	288000	410000	1.71	71.46	70.24

注：组屋每年四次售卖计划分别在2月、5月、8月、11月，其中2017年5月新组屋前三个发售区域为武吉巴督、武吉班、蔡厝港。

数据来源：HDB，广发证券发展研究中心。

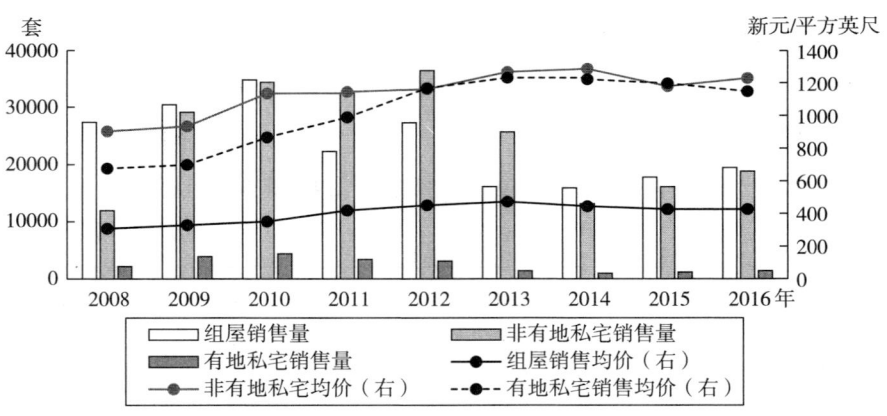

数据来源：Squarefoot Research，广发证券发展研究中心。

图2 组屋、有地私宅、非有地私宅销售量与销售均价

（六）及时公布供求信息，限制最高空置率

完善的市场秩序是房地产市场健康发展的前提。墨西哥全国劳动者住房基金机构依据各城市申请购房贷款的数量向开发商传递市场需求的信号，引导他们到供不应求的区域投资。同时，新开发项目和二手房必须依法在该机构进行评估和验收注册，成为该机构房源的正式供应方。为了防止出现囤积居奇、哄抬房价的情况，该机构采取了限制最高空房率、设定最高房价以及提供官方参考房价等措施，确保住房价格如实反映市场供需状况。任何新开发楼盘和二手房在上市前，必须经过国有联邦抵押贷款公司授权的商品房和经济房价格网上系统评估房屋的"参考价值"，评估参数包括地理位置、配套设施、破损率等，这样可让购房者准确了解所购房屋的真正价值，防止房价虚高。为了防止投机商炒房，政府规定只有在全国劳动者住房基金机构注册的正式职工才可以申请购买此类房屋，同时对申请人的资格进行严格审查。

三、世界主要国家和地区住房保障模式比较

在抑制房地产投机的同时，许多国家和地区政府还不遗余力采取多种措施完善住房保障制度，有效地解决了购房困难群体尤其是中低收入家庭的基本住房问题。

（一）实物与货币补贴相结合模式

在美国，通常年收入低于2万美元的家庭被视为低收入或者是贫困家庭，来自这样家庭的人口目前约有3900万人，占美国总人口的12.1%。美国政府多年来为解决这部分低收入者的住房问题绞尽脑汁，想了很多办法，终于形成了一套比较完善的住房保障制度。

1. 实物补贴。一是公共住房，指政府房屋署拨款建设并直接管理的房屋。这种房屋主要用于出租，其租金标准根据家庭收入而定，一般为该家庭收入的1/3。二是廉租公屋，指政府为低收入偏上家庭提供租住的公有住房。其家庭

年收入限制标准相对较高,如一家一口为28150美元,两口为32150美元,一般租金标准要超过家庭收入的1/3。一旦家庭收入超过标准,便要搬出去,否则,将大幅度提高租金,租金高达基准租金的5倍以上。根据分类供应制度的要求,采取切实可行的措施,保证中低收入者能买得起或租得到相应的住房。低收入者租住符合政府规定要求的住房,只支付其家庭收入25%的租金,超过部分的房租由政府代付。

2. 货币补贴。一是租金补贴。主要是针对低收入者承租私人房屋的,政府鼓励私人将符合出租标准的房屋出租给低收入者。当低收入者承租后,低收入者将自己收入的1/3付给房主,其余部分房租由政府代付。二是购房补贴。根据美国前总统布什2003年签署的《美国首付款法案》,凡能够支付月供房屋抵押贷款但没有足够的钱支付房屋首付款的美国家庭,可向地方相关机构申请低收入家庭特别资助,政府将帮助购房者交齐首付款和办理房屋过户手续时的有关费用。为购房的中低收入家庭提供1万美元或者是住房买入价格6%的首付款资助,该法案每年至少帮助6万户低收入家庭支付首付款和交易费用。

3. 用义工降低修缮成本。由于劳动力成本高昂,美国修缮房屋的费用中人力成本一般要高于材料费。对此政府和很多社区组织都鼓励年轻的志愿者无偿帮助低收入者进行房屋修缮,大大降低了他们的修缮成本。志愿者借此得到较好的履历记录,在今后的就业过程中受到用人单位的优先录取,而接受援助的居民则有义务以社区义工等形式回报社会。

(二) 发放住房补贴为主的模式

住房补贴分为租房补贴和购房补贴两类。租房补贴制度是目前德国对低收入居民住房保障的主要方式。德国政府为解决战后住房短缺问题,通过给予补贴的形式支持各类机构建设"社会住房",并提供给低收入家庭租住。社会住房的低租金能有效减轻低收入家庭的租金压力,但申请社会住房需要经过严格的审批制度才能入住。以慕尼黑社会住房为例,一般由政府移民与房产管理处对申请者提供的家庭收入、家庭人口、现有住房情况等进行资格审定和等级评价,符合要求的申请者参与社会住房轮候,最终获配与其等级相应的社会住房。申请租住社会住房的家庭，家庭收入必须在国家规定的低收入线以下，没有自有产权住房，并在所在城市工作或居住一定的年限。同时，评估采取动态评定方式，承租家庭每年要向政府住房局进行家庭收入申报。凡收入超过规定标准的应退出社会住房，否则将收取市场租金（见图3，表3）。

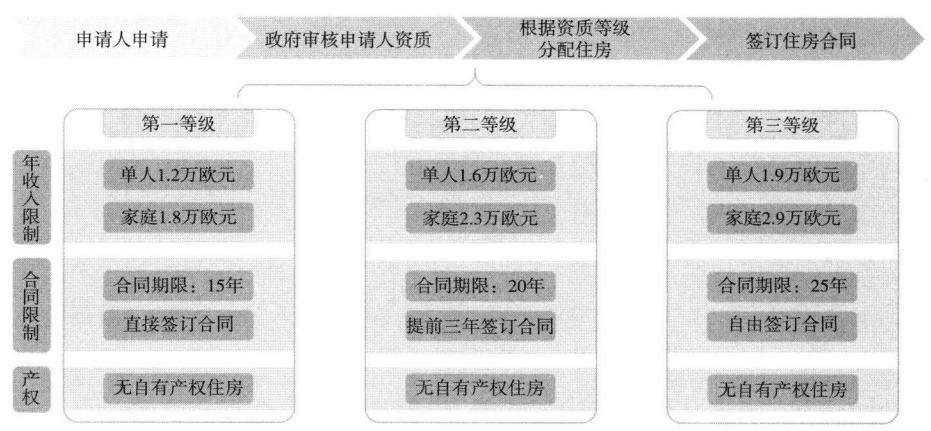

数据来源：Landsamt München，广发证券发展研究中心。

图3 德国慕尼黑市社会住房申请流程

表3　　　　　　　　　德国低收入线标准和住房保障标准

家庭成员数	现有住房状况	低收入线标准（欧元/月）	住房保障面积（套内面积）
1人	无自有产权房	830	50平方米
2人	无自有产权房	1140	60平方米
3人	无自有产权房	1390	75平方米
4人	无自有产权房	1830	90平方米

注：每增加一人可增加13平方米以上。

数据来源：《赴德学习住房保障制度报告》、广发证券发展研究中心。

联邦政府通过社会住房控制租金的同时，还于1965年颁布《住房补贴法》，向低收入家庭直接发放房租补贴。住房补贴总共可以覆盖约12%的市场租赁者及13%的社会住房租赁者。其中，租房补助金额主要根据家庭收入来确定，并由政府（联邦政府和州政府各承担一半）承担低收入家庭实际交纳租金与可承受租金的差额（可承受的租金一般按照家庭收入的25%确定）。补贴期限主要为15年，15年以后随着家庭收入的增加，相应地逐年减少住房补贴。

租金补助金额取决于三个因素：家庭成员中拥有租金补助权的人数、补助家庭所在行政区域的租金水平、家庭总收入。其中，家庭可补贴人数的计算方面，每个租赁居住的自然人均拥有租金补助权，而失业金的获得者或者社会保障金的获得者将无法再同时享有租金补助权；补助家庭所在行政区域的租金水平则是指某行政区域的每平方米平均租金与德国住房市场整体每平方米平均租金的百分比偏差，联邦统计局会对此数据进行专门的统计，并对公众发布。基于租金水平的计算，政府将租金补助划分了六个不同的梯级。

在补助期内，如果发生以下情形：应考虑的家庭成员数目增加；应考虑的租金上涨超过15%；家庭总收入降低超过15%。租金补助金额应当提高。相对应地，如果三种情形均向相反方向发展，租金补助金额应当减少或消失。补助期限方面，租金补助期原则上定为12个月，同时也根据特殊情形作相应调整。

整体来看，德国政府通过《住房补贴法》和《租金补助法》确立的租金补贴政策，受益群体相对社会住房来说更为广泛，有效地提高了租赁者的租金支付能力。并且，住房补贴的发放考虑申请对象情况作动态调整，灵活性较强。

（三）政府建房为主的模式

该模式以新加坡为典型代表。按照1964年推出的"居者有其屋"组屋计划，新加坡政府成立专门的法定机构，对占住户80%的中低收入者，统一供应组屋，并实行严格的限房价、限户型政策，保证大多数居民买得起组屋。政府规定，每户中低收入家庭可以购买一套组屋，购买组屋居住不满5年出售要交较高的税。同时，还对少数低收入困难家庭实行更加优惠的住房保障政策：（1）对占居民家庭总数8.5%的困难户供应由政府补贴的小户型组屋。政府补贴标准为：两室一套的，政府补贴购房总价的1/3；三室一套的，政府只补贴5%；四室以上大户型的不补贴。（2）对占居民家庭总数8.5%的特困户（月收入不超过 800 新元的家庭）政府租以面积更小的旧组屋（一般为 40 平方米左右），月租金仅为十几新元。

（四）法律强制模式

该模式以法国、德国为典型代表。法国政府专门颁布法律，从 2000 年开始，规定任何开发商在住宅建造规划中，至少拿出 20% 的面积，卖给社会福利房屋管理公司，由其出租或出售给低收入者，并提供房屋的日常维护和管理，其余 80% 则按市场价格销售。这样做的好处：一是促进了不同社会层次的居民相互掺杂和融合，防止人为地将一座城市分割为富人区和穷人区，特别是避免出现贫民窟；二是促进了街区内多种多样的经济文化生活的融合。

针对第二次世界大战后大量中低收入者住房困难的问题，德国政府于 1950 年颁布了第一个《住宅建设法》，推动福利性公共住宅的建设。政府与私人企业、限制盈利性企业开展合作。政府需向企业提供覆盖企业建房预算 50% 的无息贷款，偿还期限 25 年，这本质上是由国家代缴了 25 年的贷款利息。作为接受政府补贴的回报，房屋所在地政府在建房合同规定年限内（通常是 20~30 年）拥有建房企业建造房屋的使用权，政府可以将这些房屋以低廉的租金（为市场租金的 50%~60%）转租给有需要的民众。虽然住房产权归建房企业所有，但在合同期限内所有权的转让必须经过政府许可，且承让人必须保持住房的原有性质不变。以上的举措实质上限制了此类房屋长达 20 余年的流通性，在合同期限内住房的性质其实就是社会保障房。当合同约束年限到期之后，房产便可进入自由住房市场，租金定价不再受到政策限制，房屋属性也就由保障房转变为市场化住房。为解决战后住宅严重缺乏问题，日本政府在 1951 年颁布了《公营住宅法》，明确指出公营住宅的受益对象为低收入家庭。公营住宅计划极大地缓解了低收入家庭的住房紧张状况。根据 1996 年新修订的《公营住宅法》，日本公营住宅的来源有三：一是地方公共团体建设公营住宅；二是地方公共团体收购民间住宅；三是地方公共团体租用民间住宅。

（五）租售并举模式

该模式以中国香港为代表。香港是典型的高房价地区，居民平均住房面积标准较低，但中低收入居民的住房问题却得到了很好的保障。香港采取的住房政策主要包括：

1. 居屋政策，是对中低收入者实施的购房优惠政策。政府无偿提供土地，由房委会组织建造居屋，并设立专项基金。设定优惠对象，一般要求家庭月收入不超过2万港元，并进行动态调整。实行优惠价格，居屋的销售价格相当于市场价格的60%~70%。政府提供抵押贷款担保，贷款比例为房价的95%，期限20年，具体由房委会担保。限制产权，5年内出售，只能按原价出售给房委会，第二个5年内出售，要以房屋时价出售给房委会；10年以后出售，可以自由上市，但同时要将增值收益的45%~55%交给房委会。

2. 公屋政策，即优惠租房政策。租房资格限定为：单身月收入4600港元以下；两口之家月收入不超过7600港元，三口之家月收入不超过9500港元，四口以上之家月收入不超过2万港元。根据不同居住情况，实施低租金政策。人均建筑面积5.5平方米以下的，租金占家庭收入的15%；人均7平方米的，租金占家庭收入的18.5%。公屋平均租金水平仅相当于市场租金的30%。

（六）分离土地所有权和使用权，降低购房成本

受制于德国土地私有制，政府直接可供给建设公共住房的土地相对有限，住房建设演变的过程中，政府多次积极购买土地用于住房建设。以第一次世界大战后为例，受战争影响，战后土地价格约为战前的20%，在这个阶段政府集中购买大量土地。多数城市在战后不到1年的时间内，市政拥有的土地面积已经超过25%，其中，德国首都柏林市政约购买1万英亩土地，战后市政拥有土地比例约为33%，较战前约提高4个百分点，第五大城市法兰克福政府拥有其辖区土地面积已超过50%。为支持住房建设，在积极购买土地之后，政府再将土地以低价转卖给住房合作社和限制性盈利企业，规定土地仅能用于建设公共住房，同时保留政府再次回购土地权力。1951年，《住宅所有权和长

期居住权法》颁布,价值方面,地上权总价值约为土地价值的1/2,且可以分期支付,每年支付土地总价值的4%~6%,极大地降低了建造住房的土地成本。期限方面,土地地上权的使用期限一般为60~99年,其中居住用地一般为99年。到期之后,地上权者可以继续续期或者直接购买土地所有权,经协商后,土地所有权者也可以选择购买地上权者所建造的建筑物,购买价一般不低于地上建筑市值的66%(见图4)。

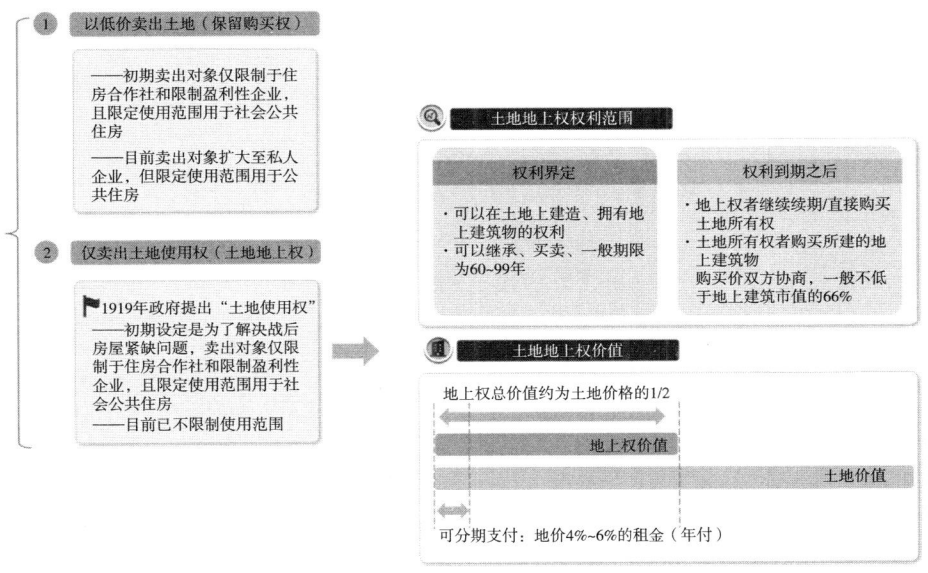

资料来源:Anne Power. *Hovels to High Rise*:*State Housing in Europe Since* 1850,广发证券发展研究中心。

图4 土地端政府提供的优惠措施

(七)通过信贷政策抑制投机

德国奉行稳健货币和信贷政策,防止过量货币资金流入房地产市场。长期以来德国保持着非常稳定且低速的货币供应,并维持相对收紧的信贷政策,严控全国杠杆水平,保障房地产市场稳定运行。

德国住房融资体系采取多渠道配贷、提供多种贷款形式,防范融资风险,保障住房融资体系的安全。融资渠道主要包括全能银行和专业银行两大类。全能银行从事全面的金融服务业务，包括吸收长中短期储蓄存款，建立长期专项基金，发行各种投资证券，提供各种长中短期贷款，从事证券买卖业务和其他金融服务。全能银行有不同的所有制形式，主要有公营银行、私人商业银行和合作银行。专业银行主要从事专项金融服务，主要包括抵押银行、住房储蓄银行。德国《住房储蓄银行法》规定不允许金融机构提供100%的抵押贷款，在满足居民购房需要的同时通过多渠道配贷有效分散银行风险。因此，几类银行中市场份额最高的不超过32%，最低的也达到10%以上（见图5）。

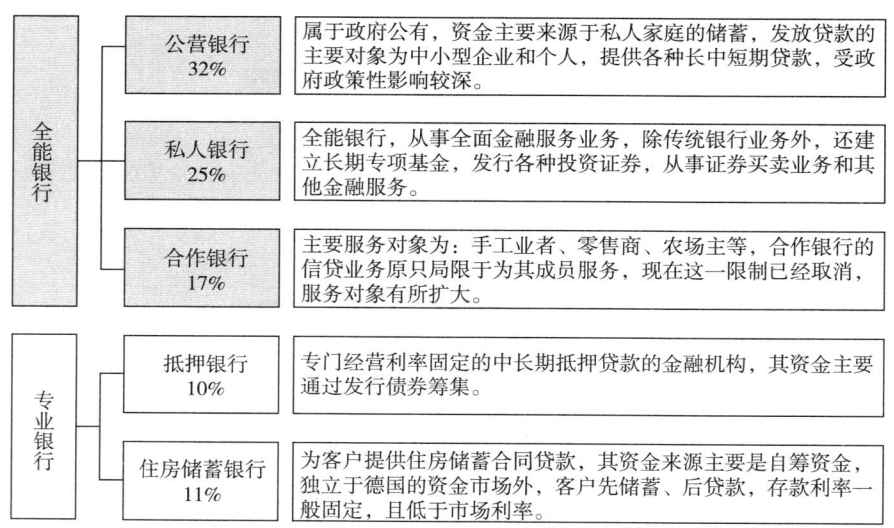

数据来源：《德国的住房金融体系》、广发证券发展研究中心。

图5　德国住房融资来源及市场份额

多渠道配贷融资分散风险的同时，市场提供多种固定利率贷款形式，稳定融资成本。德国住房金融市场主要存在固定利率贷款、住房储蓄贷款、短期抵押或无抵押贷款、低息无息贷款四种方式。其中，以住房储蓄贷款为主导贷款模式，住房储蓄贷款实行"先存后贷"的模式，客户首先需要与银行签订一份固定金额与期限的住房储蓄合同，按月向银行存款，在存款总额达到合同金额的40%至50%且参加储蓄至少两年以上时，方可向银行申请合同全额的购房贷款。住房储蓄"先存后贷"的特点使其具有较低的财务杠杆，降低了银行配贷风险，储蓄年限达两年以上才有资格申请配贷也极大地抑制了住房投机需求。基于此，德国政府大力支持住房储蓄的发展，是四种贷款方式中唯一能得到国家奖励的储蓄形式（见图6）。

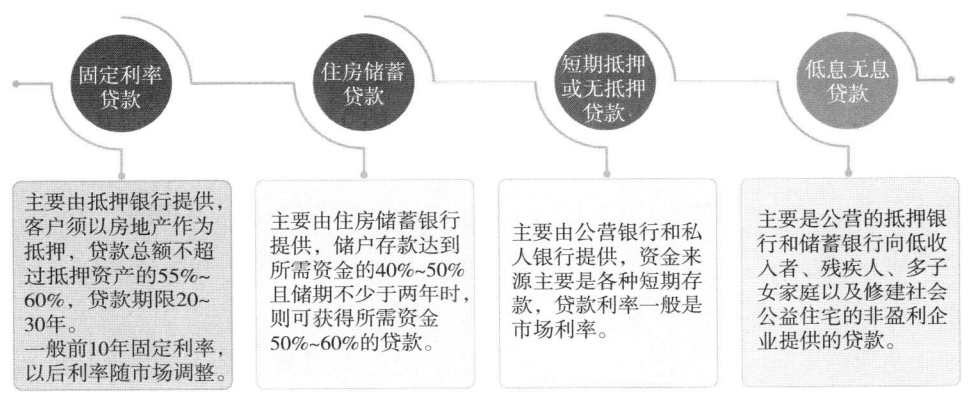

数据来源：《德国的住房金融体系》、广发证券发展研究中心。

图6　德国住房贷款种类

四、世界主要国家和地区住房调控政策对我国的启示

近年来，我国也建立了包括经济适用房、廉租房、"两限"房等在内的住房保障制度，并且投资和建设规模逐年扩大，但住房问题依然没有得到很好的解决。借鉴其他国家和地区经验，我国住房调控政策应实现两大目标：一是解决居民的"住有所居"问题，维护社会公平和稳定；二是抑制市场投机和泡沫，促进房地产市场和经济金融的健康平稳发展。

（一）以人为本，构建政府主导型的住房保障体系

住房是生活必需品，具有准公共产品性质，无法通过价格、供求等市场机制来解决低收入家庭的居住问题，因此不能将所有的住房问题全交由市场解决。从政策实践来看，世界上也没有哪个国家和地区将住房问题全部推向市场。我国房地产政策要坚持以科学发展观为指导、坚持以人为本，从构建社会

主义和谐社会的高度出发，构建以政府为主导的住房保障体系，避免过度市场化。同时，正确处理房地产在拉动经济增长与满足老百姓住房需求、建设发展与土地保护、价格调控和泡沫预警之间的关系。

（二）高度重视住房在经济社会发展中的基础性作用

安居是民生之本，只有安居才能乐业。早在1931年，美国前总统胡佛就指出："没有什么东西比住房对人们的幸福和社会的安定更加重要。"住房问题不仅是一个经济问题，更是一个社会和政治问题。即使是最富裕的国家和地区也都有低收入阶层和家庭，因此住房保障并不是个别国家和地区的特有政策。需要指出，治理市场投机与发挥房地产的支柱作用两者之间并不总是矛盾的。新加坡房地产业占GDP的比重超过了20%，英国也接近20%，但其房地产市场泡沫很小、居民尤其是中低收入家庭的住房问题得到了很好的解决。从长远来看，完善住房保障、抑制房地产泡沫，反而能更好地促进房地产业乃至整个国民经济的健康稳定发展。美国、日本等国家由房地产泡沫引发的金融危机警示我们，放任房地产市场过度投机就是拿今天一时的繁荣来赌明天，就是透支未来，是对全社会的不负责任。相反，旗帜鲜明地抑制房地产泡沫不仅对购房者有利，也对房地产自身、宏观经济金融的健康平稳发展都有利。

（三）"保低放高"，继续扩大保障性住房建设和覆盖范围

世界上许多发达国家和地区，人均收入水平和经济的市场化程度都很高，但这些国家和地区并未将住房问题全部交由市场去解决，在大力发展住房市场的同时，政府也在不遗余力地以非市场化的手段实施不同方式和不同程度的住房保障制度，比较好地解决了大部分居民的住房问题。如以公共住房占比来看，新加坡公共住房占市场总供给的比例达到85%，中国香港超过50%，英国接近40%，瑞典在20%以上。而我国保障性住房占比还不到10%。住房既是奢侈品和投资品，更是生活必需品。因此，为满足中低收入家庭的基本住房需求，我国应坚持政府和市场两条腿走路，采取"保低放高"政策。所谓"保低放高"，就是指政府为中低收入者提供廉价住房或优惠住房贷款，保证

中低收入者买得起住房或者租得起住房；高收入者的住房问题则交由市场解决。长期来看，我国政府应满足住房市场50%左右的需求。由于投入巨大，财政负担重，短期实现该目标不太现实，但可以考虑走渐进式道路，采取逐年提高新增住房面积中保障性住房比重的办法。当前我国保障性住房占市场总供给的比例不到20%。目前城镇住房保障的对象只覆盖到户籍人口，应尽快将住房保障的对象扩大到城市常住人口。在扩大建设规模和覆盖范围的同时，还应降低保障性住房（如经济适用房和廉租房）价格，大幅减轻中低收入家庭的住房负担，增加这些家庭的其他消费性支出。在英国每套经济房价格是家庭年收入的3倍左右，我国香港公屋平均租金水平相当于市场租金的30%。与经济发展和收入水平相比，我国的保障性住房价格明显偏高。比如即使经济适用房价格的房价收入比也在6:1的国际警戒线之上。可适当降低我国保障性住房的房价：一是将经济适用房的目标价格控制在家庭年收入的6倍以内；二是廉租房的目标租金水平控制在市场租金的30%～40%；三是将家庭可支配收入的25%作为低收入家庭"可支付性"的判断标准。

（四）增大住房市场交易和保有环节税负

我国房地产市场投机气氛渐浓、泡沫成分不断增大，与当前我国房地产市场税制结构不合理有很大关系。具体表现在房地产开发和建设环节税种多、税负重，而交易和保有环节税种少、税负轻。统计显示，我国房地产保有环节税负仅占市场价值估值的0.15%左右。因此，税收政策调控的重点应由投资开发环节向交易和保有环节转移，增加交易和保有环节的税负，这是解决当前我国房地产诸多问题的治本之策。借鉴国外经验，我国住房税收政策应作以下调整：

1. 大幅提高房地产交易资本增值税。对居民出售第二套及以上住房的增值收益按面积大小和年限长短征收20%～50%的资本增值税。一般原则是，面积越大、年限越短，税率越高。

2. 抓住时机推出物业税。征收物业税是国际上的通行做法。经过多年的研究和准备，我国征收物业税的时机已经成熟。为满足和支持居民自住和改善性需求，可以考虑对居民家庭第一、第二套住房免征物业税，但对第三套及以上住房开征物业税，并且随着套数增加，税率也随之提高。

3. 对居民自购住房用于出租的，提高租金所得税税率，抑制投资性需求。

（五）实行以政府建房为主的住房保障模式

从世界各地经验来看，一般而言，那些面积狭小、土地资源紧缺、人口密度大的国家和地区，都实行以政府建房为主的住房保障模式，并且取得了不错的效果。我国拥有近14亿人口，人均耕地面积还不及世界平均水平的一半，"人多地少"是我国的基本国情。基本国情决定了我国住房市场只能走小户型、低耗能、集约型的发展模式，不能走美国那种大户型、高耗能、分散式的发展道路。在住房保障模式的选择上，土地资源稀缺、住房需求缺口巨大、居民收入差距悬殊，决定了我国应以建房为主解决中低收入家庭的住房问题。具体而言，一是对中等偏低收入家庭，购买政府投资建设经济适用房或限价房，并且其标准随经济发展不断下移。二是对低收入者，以租住政府建设廉租住房和公共租赁房为主，范围不断扩大。三是提倡公平、合理和理性的住房消费，根据户型和人口制定不同的房价和租金水平。

（六）完善法律法规建设，为房地产业健康发展提供有力的法律保障

从各国经验和教训看，凡是住房问题解决得比较好的国家和地区都有比较完备的住房法律法规。比如日本、新加坡等。尽管我国已经形成了以《物权法》《城市房地产管理法》《土地管理法》《城乡规划法》和《合同法》为基础，其他法律法规及部门规章为辅助的房地产市场调控法律体系，但其中不少法律法规原则性强、缺乏执行细则，难以贯彻执行；并且政出多门，部分法律法规之间缺乏协调性和一致性。为抑制房地产投机、打击炒房炒地，切实解决住房保障问题，建议在稳定的前提下，修改和完善现存房地产法律法规，稳步推进我国住房市场和住房保障的法制化进程。

外部冲击与我国房地产政策调整*

受美国次贷危机的拖累,世界房地产市场已经处于风雨飘摇之中。一波未平,一波又起。2008年9月中旬华尔街又引发了被称为"百年一遇"的全球金融新风暴——"两房"被美国政府国有化,雷曼兄弟公司申请破产,美林公司被收购,保险业巨头AIG岌岌可危;包括美国、欧洲、日本、新加坡等在内的世界各主要股市全线重挫,银行、保险、证券公司损失惨重。这场由美国次贷危机引发的国际金融新风暴,反过来将给已经陷入低潮的世界房地产市场带来更加沉重的打击。

一、国际金融危机加快国内房地产市场的调整

(一) 外部环境更加严峻,国内经济减速已成定局

经验研究表明,宏观经济向好是房地产业扩张的前提和基础。随着次贷危机引发的国际金融风暴的持续蔓延,受外部环境、政策调整和周期性变化等因素的影响,国内经济减速趋势明显,明年继续减速的概率也在增大。宏观经济放缓将对房地产市场产生下拉作用:一是居民收入减少,影响自主需求;二是企业效益下滑,社会流动资金减少,影响投资需求和意愿;三是心理预期改

---

* 本文撰写于2008年,为了读者朋友能还原再现当时的情景,故对本文内容未作大的调整。

变,"追涨杀跌"的本能使投机需求大幅减少。人民银行最新调查表明,未来三个月内打算买房的居民人数占比为13.3%,比上年同期下降了2.8个百分点,并创自1999年调查开始以来的最低水平。

(二) 金融监管加强,银根紧缩

美国次贷危机新风暴的产生和蔓延,使"华尔街模式"受到严峻挑战,暴露了现代金融业在产品创新和市场监管等方面存在的严重漏洞。美国次贷危机引发的国际金融危机将使各信贷机构对发放贷款和金融创新更加审慎,各经济体金融监管当局也将加强金融监管,减少货币流动性,最后从供给和需求两方面导致房地产市场萎缩。

(三) 世界各地房价下跌,国内房价很难"独善其身"

美国次贷危机升级之前,国外房价下跌已经在从美国向其他国家和地区蔓延。美国房地产出现了"自1933年以来住宅价格的最大跌幅"(罗奇),7月在成交量下跌的同时,价格同比下降7.1%;英国8月平均房价跌幅达到5.3%,跌幅为7年来最大;丹麦、爱尔兰和冰岛等欧洲国家也纷纷步美国后尘;新兴经济体也一样,如越南胡志明市的房价从2007年底的5600美元/平方米下跌至目前的2800~3100美元/平方米,下降幅度达到五成。美国次贷危机引发的国际金融危机,将使已经低迷的全球房市更加举步维艰,纷纷加入下跌的行列。在国外许多城市房价"降声一片"的大环境中,我国房价也很难"独善其身"。

(四) "热钱"流出的可能性增大,投机需求减少

"热钱"流入是导致本轮全国的房地产热的一个重要原因,尤其对北京、上海、深圳这样的一线城市来说更是如此。国际金融危机将使世界许多经济体出现流动性不足,大量资金回流"救市"增大了国内"热钱"流出的可能性。另外,从趋势来看,人民币不再单边大幅升值,"热钱"流向也因此发生改变。大量"热钱"一旦撤离,再加上贸易顺差减少,国内流动性也会从"过

剩"变为"不足"，导致投机需求大大减少。事实上，受国际金融新风暴的影响，投资者对盈利预期已经在改变，如摩根士丹利挂牌销售其在上海的物业，高盛公司也有类似的举动。

二、房价过高，市场调整势在必行

价格水平是衡量市场调整空间和可能性的关键因素。衡量房价高低的方法很多，这里我们采用"房价收入比""价格租金比"两种方法来衡量我国房价的高低。不论从房价收入比，还是从价格租金比来衡量，都能说明我国房价过高，房地产市场继续调整的空间和可能性都很大。

（一）我国"房价收入比"为8∶1，远高于世界其他国家

从需求方面，支撑房价的主要有自住、投资和投机三大需求。当房产作为自住需求时，决定房价的则是居民的实际消费能力，通常用"房价收入比"来表示。所谓"房价收入比"是指一个地区的住房平均价与家庭年平均收入的比值。比值越大，说明居民家庭对住房的支付能力越低；比值越小，说明居民家庭对住房的支付能力越高。联合国人居中心在对50多个国家的首都城市进行调查后认为，一套住房的合理价格应在居民年收入的2～3倍，如超过6倍时，大多数人就会无力购买，市场就会出现问题。针对我国的现实情况，专家（包括世界银行专家）给出的"合理的住房价格"的"房价收入比"为3～6倍，也就是一个家庭3年到6年的收入，可以购买一套住房。根据测算，2007年我国"房价收入比"为8倍，远高于世界上其他国家（见表1），北京、上海和深圳等一线城市的"房价收入比"也远高于其他城市，北京高达22倍，上海、深圳分别为16倍、15倍。由于统计口径和测算方法不同，这些数据可能存在不可比因素，但仍然能说明我国房价过高的事实。

表 1　　　　　我国与世界其他国家"房价收入比"之比较

国家/城市	房价收入比	年份	数据资料来源
中国	8:1	2007	作者测算
美国	3:1	2006	《小康》
巴西	5.6:1	2006	中宏网
加拿大	4.8:1	2006	中宏网
北京	22:1	2007	作者测算
上海	16:1	2007	作者测算
深圳	15:1	2007	作者测算
中国香港	11:1	1997	《北京行业分析报告》
东京	4:1	2007	《国际金融报》
伦敦	8:1	2007	英国《金融时报》

注:"收入"指人均可支配收入,房屋面积均按90平方米计算。
资料来源:作者整理。

（二）房价租金比逐年提高,我国房地产市场泡沫和系统性风险同步放大

当房屋作为投资需求时,决定房价的因素是房屋租金,国际上通常用"价格租金比"来表示房价水平的高低。所谓"价格租金比"是指每平方米使用面积的房价与月租金之间的比值,该比值越大,说明市场投机成分增加,泡沫在增大,反之亦然。此指标类似于股市中的"市盈率"。受到数据可得性的限制,这里我们采用国家统计局公布的商品房销售价格指数和租赁价格指数之比来表示房价与租金价格的相对变化:如果比值大于1,说明价格租金比较高,投机成分和市场泡沫较大;反之,如果比值小于1,则说明价格租金比较低,市场的投机成分和泡沫较少。数据显示,近几年我国房地产市场"价格租金比"不断提高,2003年为1.03,到2007年增加到1.05,而2008年6月则猛增到1.07,说明随着房价上涨,我国房地产市场的投机成分和市场泡沫在不断增大,房地产市场整体系统性风险在不断提高。

三、不同情形及其结果

综合判断,国际金融和经济冲击将加快我国房地产市场的调整,但不会对

我国房地产市场构成决定性影响。我国房地产市场调整关键还是取决于国内外经济形势和货币政策两大变量。根据宏观经济和货币政策的不同取向，2008年、2009年我国房地产市场调整可能出现三种情形。

情形一：深幅调整。如果国际金融危机持续蔓延，并且演变为经济危机，美国、欧盟、日本三大经济体同时陷入衰退，房价和成交量持续萎缩；新兴经济体饱受通胀和外需减弱之苦，经济增速明显放缓。国内方面，出口和投资增速较快下滑，消费减缓，物价居高不下，货币政策进一步紧缩。在这种情况下，预计房地产市场调整不会在明年结束，持续时间至少在3~5年，房价跌幅将在35%~50%。

情形二：中幅调整。如果在世界各大央行联手救市的作用下，金融危机不会演变为全球经济危机，美国经济减速，但依然为正增长，欧盟、日本徘徊在衰退的边缘，新兴经济体经济增速放缓；国内方面，出口和投资增长放缓，消费保持稳定，通胀压力减小，货币政策有所调整和放松。在此情形下，房地产市场调整将持续到明年下半年，房价跌幅在20%~35%。

情形三：小幅调整。如果在大规模救市计划的带动下，金融危机很快过去，美国经济出现小幅回升，日本、欧盟经济保持低增长；新兴经济体经济保持较快增长；在出口、投资和消费三大需求同时带动下，经过2008年的短暂调整，明年国内经济增长速度回升，物价回落到正常水平，货币政策转为稳健。在此情形下，经过2008年的短期调整，明年房地产成交量将明显回升，房价跌幅将在20%以内。

根据当前各国应对措施、力度和发展趋势初步判断，我国房地产市场出现"中幅调整"的可能性最大。原因在于，一是尽管不会陷入严重衰退，但世界经济明显减速；二是国内经济明显放慢；三是物价水平尚未回到正常水平，货币政策总体偏紧。

四、促进房地产市场健康稳定发展的政策建议

近几年，我国房价上涨远远超过了居民收入增长，长期脱离普通老百姓真

实需求和购买能力基础上的房地产市场必定是不可持续的，出现调整也是必然的。适当的调整有利于将过高的房价拉回普通购房者的承受范围之内，更有利于房地产业长期健康稳定发展。当前，在国际金融经济形势更加严峻的大背景下，面对"保"经济增长和普通老百姓期盼房价下降的两难选择，我国房地产调控应坚持以人为本，坚持"稳"字优先，把改善供给和稳定需求作为政策调控的重中之重，既要防范由多重因素叠加导致市场出现过度调整，也要促进房价理性回归。

（一）正确认识各级政府的"救市"行为

针对当前房地产市场出现的疲态，各级政府纷纷出台了包括减免各种税费、降低房贷利率浮动范围和首付比例等多种"救市"措施。这些"救市"措施对促进房市企稳、稳定购房者信心具有一定作用，但却不能解决当前房地产面临的根本问题。一是"救市"措施没有抓住和未能解决影响我国房地产健康发展的最核心、最本质问题——高房价；二是为解决当前成交量下降、市场低迷等问题的救市措施，客观上制造了未来更大的问题（放任泡沫），对促进房地产长期健康稳定发展不利；三是表面上"救市"措施补贴的受益人是普通购房者，但本质上是用纳税人的钱补贴开发商的利润，受益的是开发企业，与实现广大人民的最根本利益、构建社会主义和谐社会的宗旨相悖。因此，根本之策还在于引导房价回归至合理水平。

（二）大规模进行保障性住房建设，弥补商品住宅成交量萎缩带来的市场"缺口"

由于房地产在我国经济发展中具有十分重要的意义，如果房地产市场过度调整必将影响消费结构升级、扩大就业和经济增长。因此，在当前市场低迷和市场调整已成定局的情况下，解决问题的根本办法不是"补贴"买房人，而是依照1998年《国务院关于进一步深化城镇住房制度改革加快住房建设的通知》（简称23号文）精神，大规模增加保障性住房建设，增加有效供给，达到既能切实满足广大老百姓"住"的需要，又能弥补由商品住房价格过高导致交易量下降的"缺口"的目的。等到市场调整到位、购房者信心和成交量开始回升时，再择机调整大规模保障性住房建设政策。有些人认为，如果不"救楼市"，维持高房价，房地产开发商就没有积极性增加投资，从而拖累整个经济的发展，也就是所谓房地产开发商绑架了整个经济。其实这种担心是不必要的，政府只要大规模增加保障性住房，是完全可以弥补房地产开发商投资减少所出现的缺口且有余，保持经济又好又快发展。当然，政府也可以采取大规模增加公共工程投资来达到这一目的。从可行性来看，大规模建设保障性住房，不会给政府带来很大的财政负担。

（三）改革用地供给制度，稳定供地节奏

地价高涨是近年房价飙升的重要原因之一，为改善供给、促进房价向合理水平回归，政府应考虑改革土地供给制度。政府依法确定基准定价，开发商取得土地不再是谁出的价高给谁，而是在保证按招标条件建房的前提下，建成的房子质量好、售价低给谁，避免由于炒高地价而造成房价上涨，从源头上降低地价上涨对房价产生的成本压力。加快保障性住房土地供应计划的落实，保证"三房"建设按计划顺利进行。

（四）吸取次贷危机教训，高度关注房地产信贷风险

房地产泡沫是导致美国次贷危机和国际金融危机的"罪魁祸首"。要深刻吸取次贷危机的教训，密切关注我国房地产走势，充分估计房地产泡沫破灭产生大规模不良贷款的可能性。预防房地产信贷规模过度膨胀，住房信贷一定要与经济增长、借款者的还款能力相匹配。金融创新必须适度，要与市场的接受程度和投资者的接受能力相协调，与监管能力相适应，加大外资在房地产市场流向的监管。同时，加快金融生态建设，完善法律和执法体系，完善社会信用体系，提高审计、会计、信息披露等标准。

房地产市场"租购同权"的影响与建议[*]

广州市提出"租购同权"引发了市场的广泛关注，中山、沈阳等城市住建局有关负责人称将通过立法，明确租赁当事人的权利义务，逐步使租房居民在基本公共服务方面与买房居民享有同等待遇。这更加激发了市场对"租购同权"的热烈讨论。

一、我国租赁市场发展现状

根据住建部公布数据，2016年，我国总体人均住房面积已经达36.6平方米，超过35平方米的小康水平线，但由于人口流动城市内部之间存在严重的结构失衡现象，人口净流出的三、四线城市人均住房面积较高，超过全国平均水平，住房供给相对充足，但人口持续导入的一线及部分二线城市，人均居住面积严重不足，住房问题比较突出，亟须通过发展住房租赁市场补充供给总量来缓解住房矛盾。九部委公布的租赁试点城市以及两部委公布的利用集体建设用地建设租赁住房的试点城市均反映了这一点（见图1、图2）。

未来租赁市场将呈现典型的量（租赁人口）价（租金）齐升态势，进而

---

[*] 本文撰写于2017年，2019年9月修改。

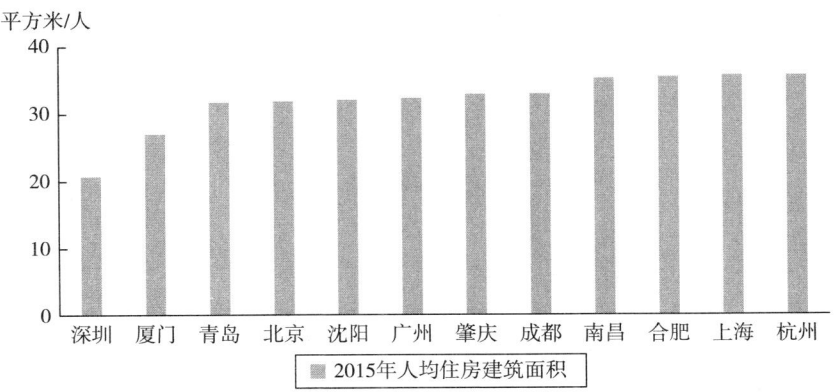

数据来源：统计年鉴、广发证券发展研究中心。

图1 重点城市人均住房建筑面积

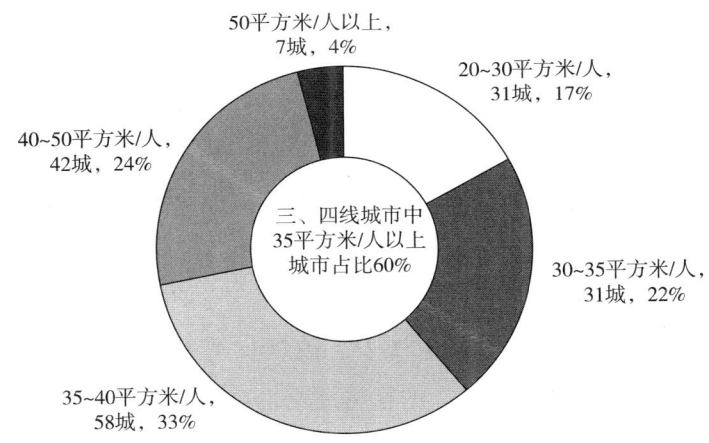

数据来源：中国省市经济发展年鉴、广发证券发展研究中心。

图2 178个三、四线城市人均住房建筑面积分布

推动市场规模（租金GMV）快速增长。我们认为增量主要来自三个方面：（1）都市圈人口持续增长是长期趋势，为租赁人口的增长奠定基础；（2）限购及高房价之下部分流动人口被动进入租赁市场；（3）观念升级，注重居住体验的新生代人群主动进入租赁市场。

对比国际经验，都市圈人口持续增长将是长期趋势。我国发达地区人口长

期正向流入，目前以北京、上海、广州和深圳为中心形成京津冀、长三角、珠三角三大都市圈。四大一线城市的常住人口均已超过千万，上海、北京更是超过了 2000 万。但我国的都市圈尚处于发展阶段，与美国、日本等发达国家相比仍有差距。发达国家的经验表明，人口汇聚大都市圈将会是未来的长期趋势。对比普通城市，一、二线城市更广阔的发展平台、更完善的基础设施、更优质的教育条件将持续吸引流动人口汇聚于此。在美国，有 9 个人口数大于 500 万的城市，这 9 个城市所占人口比例为 24.6%，其中仅纽约的占比就高达 6.1%，洛杉矶占比为 4.2%。虽然近年我国存在部分流动人口返乡置业的现象，但主要是因为高房价下的住房需求无法得到满足，如果租售并举的住房体系能够形成，都市圈的人口吸附能力将进一步加强。

行政限购使得更多人失去购房资格从而只能租房。大都市圈里的人口聚集使得一、二线城市将有巨大的居住需求，但目前重点城市的行政限购以及高房价压制了人们的购房需求，进而扩大了租房市场的需求。自 2016 年 9 月起，为抑制房价继续上涨，一、二线城市政府相继出台限购限贷政策，并在近期不断加码，限购对非户籍外来人口的限制尤为严格，部分已有经济能力但在限购政策下没有购房资格的外来人口，对于住房的需求将转移到租房市场上。

此外，高房价使得部分人口被动转向租赁需求。较高的购房成本使得我国购房者的首次置业年龄被推后。根据世联行的统计，2016 年包括一线城市在内的热点城市平均首置年龄已超过 35 岁，较 2012 年提升了 2~3 年，对应以毕业大学生为代表的新进流动人口的租房周期也普遍上升到 10~15 年（假设大学生 23 周岁毕业）。显而易见，高房价未来将使得更多人更长时间停留在租房市场从而扩大了租赁市场。

未来，随着经济的发展，人均收入的提高，租金也将稳步上涨。同时，随着消费观念的升级，部分注重居住体验的新生代人群将主动进入租赁市场。中国目前已经初步呈现主动寻求品质租赁的趋势。根据人口普查统计，我国平均婚育年龄正处于不断推迟的过程中，从 2000 年到 2010 年，女性平均初婚年龄推迟 0.94 岁，男性平均初婚年龄推迟 1.01 岁，而女性平均初育年龄推迟 1.89 岁。由于婚姻是年轻人首次置业的重要催化因素，婚育年龄推迟直接影响了年轻人在租房市场上的停留时间。在平均婚育年龄的推迟表象背后，本质上是教育周期的拉长以及生活观念的更新，越来越多的年轻人更加倾向于通过长期租房以获得生活品质上的提升。

但值得注意的是，尽管目前推动租赁市场发展的因素众多，我国1.6亿的租赁人口绝对规模已经位居世界第一，但从相对值来看，我国的租赁人口占总人口数的比例仅为11.70%，与日本的33.30%和美国的31.25%相比显著偏低。对于大多数我国购房者而言，购房的出发点更多的是看重与住房绑定的户籍、教育、医疗、养老等相关权益，许多人在面对结婚、入学、就医等问题时，不得不选择重压下购房，进一步助推房地产市场及房价向上的趋势。因此，租购不同权是当前制约租房比例逐步增加的重要因素，"租购同权"这一概念应运而生，成为政府促进租赁市场持续发展、房地产市场合理降温的重要切入点。

二、"租购同权"的含义

所谓"租购同权"，是指租房人和购房人同样享有子女就近入学等公共服务资源的权益。与过去限制政策不同，近年来房地产调控政策开始更加注重供给侧的调整和长期制度的建设。2015年底召开的中央经济工作会议就提出"以建立购租并举的住房制度为主要方向，把公租房扩大到非户籍人口"等去库存措施，2017年《政府工作报告》进一步明确和提出房价上涨压力大的城市要合理增加土地供应，要加快住房租赁市场立法，加快机构化、规模化租赁企业发展。总的来说，地方调控措施已经开始有所转变，增加土地供应、完善住房租赁市场已成为当前政策的重要方面。租购同权正是这一政策导向的重要尝试。

2017年广州率先发布《加快发展住房租赁市场的工作方案》，在其16条新政中，首次提出"赋予符合条件的承租人子女享有就近入学等公共服务权益，保障租购同权"。虽然在子女入学上对于承租人的条件仍有诸多限制，但我们认为广州这一工作方案的发布，可视为将"租购同权"首次从概念推进到实质执行阶段，承租人在未来将逐步获得与购房者相同的权益。在此之后，深圳、武汉、沈阳、合肥等10城跟进,在教育、医疗等方面对承租人提供权益保障(见表1)。

表1　　　　　　　2017年各大城市推出租购同权政策一览

发布时间	城市	文件名	租购同权相关条款
2017-07-10	广州	《广州市人民政府办公厅关于印发广州市加快发展住房租赁市场工作方案的通知》	承租人子女享有就近入学等公共服务权益。
2017-07-20	沈阳	1.《沈阳市人民政府办公厅关于印发沈阳市住房租赁试点工作方案的通知》 2.《关于在沈租赁住房居民享受公共服务相关政策的通告》	1. 承租人按享有养老服务、社会福利、社会救助、居委会选举以及随迁子女义务教育的公共服务; 2. 非户籍人士享有与户籍人士相同待遇。
2017-07-25	合肥	《合肥市人民政府关于印发合肥市住房租赁试点工作实施方案的通知》	承租人享有义务教育、医疗、养老等公共服务。
2017-08-03	成都	《成都市人民政府办公厅关于印发成都市开展住房租赁试点工作实施方案的通知》	引导城镇居民通过租房解决居住问题,符合申领居住证条件的居民凭房屋租赁合同备案凭证可申请办理居住证,居住证持有人按规定享受公积金、义务教育、医疗卫生等基本公共服务。
2017-08-08	郑州	《郑州市人民政府办公厅关于印发郑州市培育和发展住房租赁市场试点工作实施方案的通知》	承租方可在居住地落户,享有基本就业、公积金、子女义务教育等公共服务。
2017-08-15	南京	《市政府办公厅关于印发南京市住房租赁试点工作方案的通知》	建立承租人权利清单,逐步实现购租同权,特别是在义务教育、基本医疗、计划生育、公共卫生、健康促进、基本养老、就业服务、社会保障、社区事务、科技申报、住房保障和公积金提取等方面。

续表

发布时间	城市	文件名	租购同权相关条款
2017-08-27	肇庆	《肇庆市人民政府关于印发肇庆市住房租赁试点工作实施方案的通知》	承租人可申领居住证，按照有关政策享受义务教育、医疗等基本公共服务。
2017-08-29	武汉	1.《市人民政府关于开展培育和发展住房租赁市场试点工作的实施意见》 2.《武汉市培育和发展住房租赁市场试点工作扶持政策（试行）》	承租人享受我市义务教育、基本公共就业服务、基本公共卫生服务和计划生育服务、法律援助和其他法律服务等国家规定的基本公共服务。
2017-08-29	郑州	《杭州市人民政府办公厅关于印发杭州市加快培育和发展住房租赁市场试点工作方案的通知》	符合条件的承租人子女可享有就近入学等公共服务权益。
2017-09-22	深圳	《深圳市人民政府办公厅关于加快培育和发展住房租赁市场的实施意见》	非深圳户籍承租人可享受义务教育、医疗等国家规定的基本公共服务。

资料来源：作者整理。

从需求端来看，"购"和"租"是解决城市常住人们居住问题的两种方式。我国房屋产权和户籍与享受城市公共服务权利之间的交叉挂钩及房价涨多跌少的"不对称性"使得居民更加倾向于购房（衍生出了住房的投资属性）。因此，租购同权对购房需求的影响关键取决于两点：其一，"租购同权"的推进以及落实情况；其二，租赁透过购房供需关系以及租金变化对房价预期的影响。

梳理国内外不同地区关于"租购同权"做法，可以总结一些值得借鉴的经验和启示。将房屋产权与公共服务资源适当松绑，有利于房地产市场的健康发展。"学区房"并不是中国独有，其他国家（地区）也都存在，"学区房"房价和租金往往要高于一般房屋价格。中国香港、新加坡等地区的学位不看产权，而是看实际居住地、家庭与学校间的紧密程度等，这在一定程度上有利于减缓学区房价格的上涨。

"租购同权"的具体方案和落实更值得关注。广州等城市虽然提出采取"租购同权"措施，但如何实施仍有待具体方案的出台。如深圳在学位安排上探索积分入学办法，不仅需要考虑对户籍、房产的分类情况，还考虑购房或租房时间、社保等情况。实施方案不同，其效果也可能会有差异，其中如何确定教育资源分配方式是重点，是"租"与"购"能否同权、在何种程度上实现同权的重要决定因素。

当前，中央政府以及多个地方政府更多地强调租房在享受基本公共服务方面的"同权"。在享受基本公共服务方面，在一线及热点二线城市可能很难做到无差别化同权，本质原因还是在于这部分城市受到人口控制、资源限制等外部条件约束，尤其是市场关注比较多的学区房问题，一线及热点二线城市优质教育资源总量稀缺且分布不均衡现象本身亟待解决，如果实现"租售"享受教育资源的同权，会再次加剧矛盾。美、日、德、英等国家能够实现教育、医疗等资源同权的本质原因在于其优质资源分配均匀。例如，日本教师实现每两年轮换流动制、德国学校没有省级、普通学校之分，均保证了教育资源的均匀分布（见表2）。

表2　公共资源的均衡分布是海外国家能够落实"租售同权"的前提

国家	美国	英国	日本	德国
房屋法律及产权	《住房和社区发展法》《美国房屋租赁法》购房：永久产权。租房：拥有房屋使用权，按照租赁合约约定的期限。	《英国房产租赁法》购房：分为永久产权和土地租借权。土地租赁年限一般为125年（一些为999年），法律允许延伸到期的土地租赁契约。租房：按租赁合约约定的期限。	《公营住宅法》购房：永久产权租房：按照租赁合约约定的期限，政府提供的公租房租金为同区域商品房租金的1/4~1/3。	《租房法》房东只有提出相应理由才能提前9个月解除合同。《住房中介法》处罚机制避免租房者被中间人乱收中介费。购房：永久产权。租房：按租赁合约约定的期限。
基础教育	无户籍制度约束，公立基础教育遵循划片入学，入学不需要房产证明，只需要居住证明。公立学校的设施资源以及生源质量无较大差异，教育资源相对均衡。	公立学校实行就近入学制度，每一所公立学校的招生地区都有明确界限。租学区房也能进名校，但必须在学区住满6个月以上，才有权利申请当地入学。教育资源分布相对均衡。	无户籍制度，只要住在片区，就能申请片区的公立小学。义务教育阶段的公立中小学全部免费并实施平等教育且全日本公立小学的硬件设备基本相同。	教育经费均衡分配。户口不以房屋产权为参考，租来的房子也可去市政厅报户口，以此作为上学凭证，教育资源均衡。

续表

国家	美国	英国	日本	德国
医疗保险	社会医保由雇主承担，与租购房屋无关；只要有居住位置、合法身份及收入证明即可申请政府出资的低收入医保。医疗资源分布均衡，平均每万人拥有24.2个医生、98个护理人员及30个床位。	实行全民医保制度：凡居住在英国的人，无须取得保险资格即可在免费或低费用的情况下享受医疗保健服务。社区医保系统提供初级医疗90%以上的服务，医院服务经费79%以上由财政拨款，资源均配。	实行全民医保，在日本居住的居民（包括外国人在内）都享有加入国民健康保险的权利。国民健康保险覆盖各类群体，日本医疗资源分布均衡，平均每万人拥有的医生、护理和床位数分别达21.4个、41.4个和137个。	实行强制的法定医疗保险，与户口无关，保障范围广泛，无论收入的高低，每个人都可以获得平等的保障。由政府或公益性组织如教会承办的医院，其床位数占总数的80%～90%，资源均衡分配。
税收制度	购房：房产税税率介于1%～3%，房产税作为房产永久持有的最基本保证。 租房：无须缴纳房产税，但房东实际已将房产税费转移到租金中。	购房：每年缴纳房产印花税，税率按照房屋评估价值分成5个区间。 租房：无须缴纳房产印花税，同时无额外租赁税收。	购房：根据固定资产交易价格一次性缴纳4%的交易税（自用住房较低，为3%）、登记税及印花税。 租房：除交易税外无额外税收。	购房：缴纳评估价值1%～1.5%的不动产税，房屋买卖还要交3.5%的交易税。若新购住房未满7年转让，其综合税率达50%。 租房：相关的租房交易税费。
总结	租房和购房在法律、教育、医保、税费等方面享有的权益是等同的，只要居民合法纳税，就可以享有本地公共服务，但资源的均匀分配是前提。			

资料来源：链家研究院、《2013年世界卫生统计报告》。

三、"租购同权"长期意义大于短期意义

短期对房价影响有限，可能抬升学区房租金，但长期将缓解房价上涨压力。从短期来看，房价并不会因"租购同权"政策的出台而快速、大幅回落，当前一、二线城市房地产市场的供求紧张状况仍然存在，且"租购同权"政策落地难度较大，相关的配套细则与措施仍有待进一步完善。此外，"租购同权"改变的只是资源分配方式，而不能改变优质教育资源稀缺的现实状况。学区房供给有限的背景下，在购房入学基础上增加租房入学的需求，将大概率

推动学区房租金的上涨。

从长期来看,"租购同权"一定程度上能缓解房价上涨压力。住房兼具投资与消费双重属性,当前的高房价是这两种属性的综合反映。房屋产权上绑定的附加值越多,其投资属性越明显,买房的投资需求甚至高于住房需求,进而抬高房价。"租购同权"政策旨在剥离房屋产权上绑定的附加值,有助于回归住房的基本居住功能,稀释住房的投资属性,从而抑制房价上涨。

有助于培育和发展住房租赁市场,建立购租并举的住房制度。2015年中央经济工作会议就提出,要大力发展住房租赁市场,建立购租并举的住房制度。此次广州市出台的"租购同权"便是政府发展住房租赁市场众多措施中的一条。"租购同权"实现后,租房与购房一样可以享受教育等公共服务资源,因此会有众多家庭选择租房,大大提高租房需求,促进住房租赁市场发展。

除广州市出台"租购同权"政策外,住建部等九部委联合印发《关于在人口净流入的大中城市加快发展住房租赁市场的通知》,选取12个城市作为首批开展住房租赁试点的地区。无锡等多个城市明确"租房落户"政策,进一步将房屋产权与户籍松绑,从中央到地方均密集出台政策推动住房租赁市场快速发展(见表3)。这些政策皆体现了政府鼓励租赁的导向,我国房地产市场正逐步向"购租并举"的模式过渡,多层次房地产市场供应体系正加快形成。

表3　　　　　　　　　　发展租赁市场的宏观政策梳理

时间	相关政策
2015年1月	住建部公布《关于加快培育和发展住房租赁市场的指导意见》。
2015年12月	中央经济工作会议提出,以建立购租并举的住房制度为主要方向,把公租房扩大到非户籍人口。
2016年6月	国务院办公厅印发《关于加快培育和发展住房租赁市场的若干意见》,全面部署加快培育和发展住房租赁市场工作。
2016年12月	中央经济工作会议再次要求,加快住房租赁市场立法,加快机构化、规模化租赁企业发展。
2017年4月	住建部和国土部公布《关于加强近期住房及用地供应管理和调控有关工作的通知》。
2017年5月	住建部公布《住房租赁和销售管理条例(征求意见稿)》(我国首部专门针对住房租赁和销售的法规)。
2017年7月	住建部会同八部委联合发布《关于在人口净流入的大中城市加快发展住房租赁市场的通知》,选取12个城市作为首批开展住房租赁试点的单位。

资料来源:笔者整理。

有助于租房者子女享受优质教育资源，实现公共服务权利均等化。就近入学的招生安排使得教育资源与房屋产权紧密捆绑，在优质教育资源稀缺的情况下，只有购买名校附近的住房才能拥有名校入学资格。"租购同权"政策则旨在改变这一现状，将房屋产权与教育等公共服务资源相分离，不拥有房屋产权不再成为获取公共服务权益的障碍，使符合条件的承租人子女同样享有就近入学的权利和机会。这实质上是以住房为抓手，谋求公共服务权利均等化，让租房者和购房者一样可以享受公共服务资源。

有助于缓解年轻人的购房压力，促进房地产市场平衡健康发展。实现"租购同权"，将有利于完善房地产市场的"租买选择机制"，人们可根据自身经济实力进行由租到买、由小到大、由旧到新的梯次消费选择，推迟年轻人的购房时间，甚至引导更多人选择终身租房。这既能分流一部分购房需求，又有利于培养更为理性的住房消费观念，促进房地产市场未来的平衡健康发展。

四、政策含义

一线及热点二线通过"居住证+积分"实现有门槛的"租售同权"是具备现实意义的可操作方式。实际上，部分重点城市（例如，上海、深圳、杭州以及南京等）在此之前已经落实了居住证积分同权（但在享受教育资源方面同权但不同权重），目前在中央层面大力推动的背景下，未来这些城市政策或许在某些门槛上的设置或者权重比例分配上进行微调，但"租售同权"的进一步突破存在外部约束的瓶颈。因此，对于这些城市而言，有门槛的"租售同权"对需求转化（"购房"需求转化为"租房"需求）的边际引导实际有限（见表4）。从这个角度看，中国一线及热点二线城市的租房人口比例会有所提升，但倾向于认为会低于国际大都市的平均水平（目前，我国一线城市租赁人口比例在35%左右，国际主流大都市租赁比例在50%以上）。

表4　　　　　　　　　　部分城市实际上已经通过
"居住证＋积分"制度一定程度上保障了"租售同权"

城市	医疗政策	教育政策	户籍政策
上海	持有居住证的人员，参加职工医保期间，可以在上海享受医疗保险，配偶、子女也可以参加医保。	外来人口随迁适龄子女按规定可持居住证在沪接受义务教育，如登记入学的学生数大于学校招生计划数，区县教育行政部门则按照"户籍地与居住地一致优先"原则，先安排户籍地与实际居住地一致的适龄儿童、少年，再统筹安排本市户籍"人户分离"的适龄儿童、少年入学，统筹时参照适龄儿童、少年实际居住时间、与同住监护人的关系等因素先后排序。	落户条件：1. 持有"上海市居住证"满7年；2. 持证期间按规定参加本市城镇社会保险满7年；3. 持证期间依法在本市缴纳所得税；4. 在本市被聘任为中级及以上专业技术职务或者以上职业资格，且专业及工种对应；5. 无不良行为记录。
深圳	持居住证可个人购买深圳市"五险一金"（养老保险、医疗保险、失业保险、工伤保险和生育保险，住房公积金）。	持有居住证按有关规定可享受子女在深圳就学政策，根据申请学生家长（或监护人）在学区的连续居住时长得分、计生得分及在社保（营业执照）已连续缴费（营业）时长得分相加计算总得分，依据总得分情况按从高到低的顺序排序来确定入学，各区具体计分政策有所不同，但户籍和房产是比较重要的条件。	在深圳合法租赁住房每满1个月积0.2分，每年固定指标按积分排名落户。落户条件：1. 男性在55周岁以下，女性在50周岁以下；2. 持有有效的深圳经济特区居住证；3. 拥有深圳市合法产权住房（或在深圳市租赁住房）并参加深圳市社会养老保险年限均已满5年；4. 未参加过国家禁止的组织及活动；5. 申请积分入户人员违反计划生育规定依法缴纳社会抚养费完毕。
杭州	持合法生育证件的育龄夫妇，在现居住地生育子女的，可享受生育救助政策。	凡年满3周岁，持有"浙江省居住证"的随迁子女，可以申请在市区接受学前教育。凡年满6周岁，持有效居住证的随迁子女，可以申请在市区接受义务教育，学校在录取时按照学龄儿童户籍情况进行分批录取，无户籍排在最后。	已取得临时居住证满三年、有固定住所、稳定工作者可以申领居住证，证件有效期为9年。申请积分落户条件：1. 年龄在18周岁以上，具有完全民事行为能力；2. 持有本市有效的"浙江省居住证"；3. 总积分达到80分及以上；4. 无刑事犯罪记录及未参加国家禁止的组织或活动（积分落户实行年度总量控制）。

续表

城市	医疗政策	教育政策	户籍政策
南京	依法参加社会保险	随迁子女在居住地居住满一年并提供相关证明，可统筹安排随迁子女进入公办中小学就读，不收捐资助学费用，随迁子女与本市户口学生享受免杂费、课本费、作业本费的政策，但有户籍生源报名后无户籍生源才可以报名。	落户条件：1. 持有本市有效的"江苏省居住证"；2. 在本市城镇有合法稳定住所；3. 正在本市合法稳定就业且近2年内连续缴纳社会保险；4. 累计积分达到100分；5. 无严重刑事犯罪记录。

资料来源：各城市政府官网、广发证券发展研究中心。

完善相关配套细则，使"租购同权"尽快落地。住房上附加的教育、医疗等公共服务资源不平等问题，涉及社会的诸多方面。要让"租购同权"真正得以实现，需要多个部门形成合力、共同推动，后续应尽快出台相关配套细则和规范，包括用地规划、税收征管、融资贷款、承租人管理制度等相关措施的细化，使"租购同权"政策更具可操作性。加快立法、完善租赁环境，明确出租人与承租人双方权利义务关系，规范相关行为；政府在税收、融资方面提供相应支持；搭建房源交易平台，为租赁市场健康稳定运行提供便利和保障。近日住建部表态将通过立法逐步明确"租购并举"的房地产市场供应体系，便是响应政策深入细化的一个重要信号。

加大公共服务资源有效供给，平衡区域差异，逐步放宽承租人的门槛限制。广州市出台的"租购同权"政策对承租人仍有较严格的门槛限制，其他城市也对承租人进行了条件限制。在当前我国城市公共服务资源有限的情况下，对承租人设置一定门槛有助于阶段性目标的实现，防止对现有资源尤其是优质资源的无序竞争。未来要实现真正意义上的"同权"，则需要加大教育、医疗等公共服务资源的有效供给，缩小区域间的差距，不仅要分好"蛋糕"还要做大"蛋糕"。充分发挥市场机制作用，动员社会力量参与，构建多层次、多方式的公共服务供给体系。加强公共服务人才队伍建设，从培训体系、激励机制和福利待遇等方面促进公共服务队伍的长效运行。通过教师交流轮岗制度等方式，缩小区域差距，实现公共服务资源的均衡配置。

保障充足、优质的租赁房源，防止房租的过分上涨。一是政府提供更多的租赁房源，对租赁性用地乃至相关公共服务进行统一规划。北京、上海近年公布的土地供应规划中，将租赁住房与商品房进行了区分，且提高了租赁住房的比重。上海以"招拍挂"方式公开推出位于张江和嘉定新城的两块租赁住房用地，明确所建物业"只租不售"，均是这方面的有益探索。二是充分利用好当前的存量市场，鼓励国有企业进行厂改住、商改住，通过税收、融资等优惠提高社会化方式提供租赁房源的积极性。三是积极探索租赁运营融资新途径，借鉴国际经验，充分发挥房地产信托投资基金（REITs）的作用，吸引社会资金的参与，提高市场运营效率。

棚户区改造中的商业银行支持策略[*]

棚户区改造作为我国一项城镇保障性安居工程,最早开始于辽宁省。2005年建设部编制东北三省棚户区改造计划,2008年末国家发展改革委提出全国范围内开展3年改造棚户区220万户的规划。从2009年到2013年全国一共完成棚户区改造1364万套,主要以实物安置的方式实施,投资主要由地方财政支持。2015年6月,国务院常务会议实施三年棚改计划,改造各类棚户区1800万套,开启了新一轮棚户区改造工程。2017年国务院常务会议确定实施2018年到2020年3年棚改攻坚计划,再改造各类棚户区1500万套,加大中央财政补助和金融、用地等支持,以改革创新的举措、坚持不懈的韧劲啃下"硬骨头",兑现改造约1亿人居住的城镇棚户区和城中村的承诺。

一、稳增长、调结构和惠民生的最佳结合点

棚户区是指在城市建成区范围内,房屋质量较差、居住密度大、人均建筑面积小、基础设施不健全、治安和消防隐患大、环境卫生较差的区域。生活在这里的居民收入普遍较低,居住条件较差。随着人口密度的增加,棚户区的"脏乱差"与城市大环境形成巨大的反差,导致城市内部的二元结构和贫富差

---

[*] 本文撰写于2013年,2019年9月修改。

距问题不断凸显。

棚户区改造能有效改善民生，也是拉动投资和促进增长、扩大消费和经济转型的重要抓手，不仅关系老百姓的切身利益，也关乎整个社会的长远发展。棚户区改造是稳增长的重要举措。从短期来看，土地划拨会拉动投资，棚户区改造需要大规模住房建设，会带动其上下游产业的发展，如水泥、钢铁等行业，和与住宅相配套的供电、供暖、供气、排水、通信、道路、绿化、污水与垃圾处理等基础设施的建设。这些都会有力拉动投资和经济增长，尤其是在当前经济下行压力较大的背景下，更能有效发挥"稳增长"的作用。以棚户区改造带动建材行业为例，预计2018年进行580万套的棚户区改造，按50%实物安置比例及每套50平方米推算（成本2000元/平方米），可拉动2900亿元的投资。更重要的是，从长期来看，学校、医院、社区服务等公共基础设施的建造，不仅可以推动整个区域的发展，也有助于提高城市内部公共服务的均等化，成为既利当前，又利长远，既能稳增长，又能惠民生的新的经济增长点。

从2014年开始伴随着较为严重的三、四线城市商品房库存问题，国家提出了通过货币化安置的方式代替实物化安置的调整措施，一方面避免重复建设产生更多的库存问题；另一方面通过引导棚改居民购买商品房，协助解决商品房库存问题。2014—2018年全国总共拆除棚户区住房2912万套，2015—2018年平均每年600万套左右（见图1，图2）。

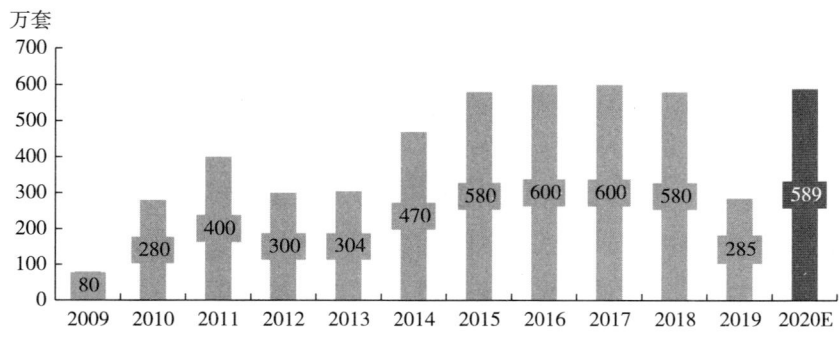

数据来源：住建部。

图1　全国棚改计划量

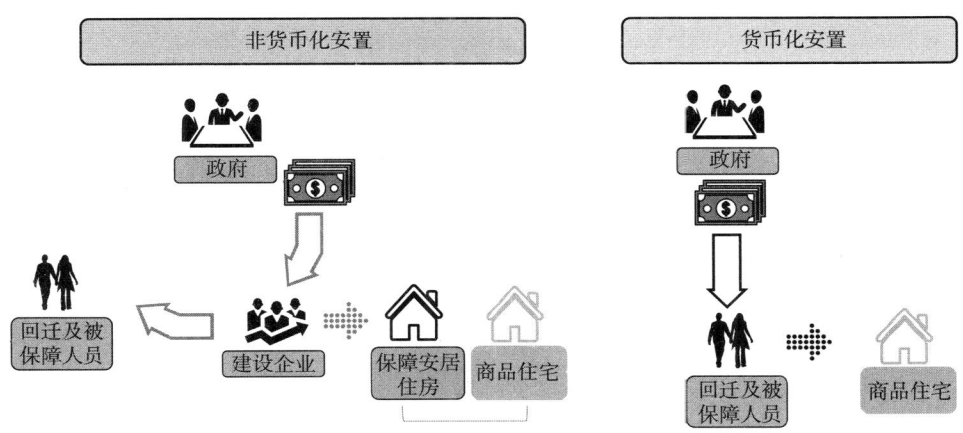

数据来源：政府官网。

图2 货币化安置策略"二维"解决库存逻辑

我们对棚改货币化对于地产销售的影响进行了简单测算（见图3）。根据测算结果，对于三、四线城市而言，西部、东北地区三、四线棚改货币化安置影响比例更高，在2019年棚改总量下降以及货币化比例下行的背景下，对三、四线销售的托底效应将有所减弱。

从安置方式来看，早期棚户区改造多以实物安置为主，流程为政府对棚户区采取拆除新建、改建（扩建、翻新）、综合整治等方式进行改造，而安置房屋采取原地重建或异地建设相结合，属于保障性住房政策的一部分；而货币化安置的流程为政府掏钱把旧房子拆掉，居民可选择自由支配补偿款、自购商品房以及接受政府提供的收购房源三种货币化安置方式。货币化安置可兼顾保障性和政策实效性，同时也会降低政府行政成本，提高安置效率。棚户区改造的货币化安置，是一种兼顾保障性和目的性的政策选择，是政府调控篮子中的一种被证明有效的调节方式。货币化政策的推行主要是为了解决三、四线城市的库存问题。经过近年的去库存政策，2019年三、四线城市的库存水平已经回落至2009年以来的低位。具体来看，2014年我国住宅中期库存（累计开工未售住宅面积）为31亿平方米，对应去化周期35个月，而截至2019年6月末，住宅中期库存已降至28亿平方米，去化周期下行至23个月。

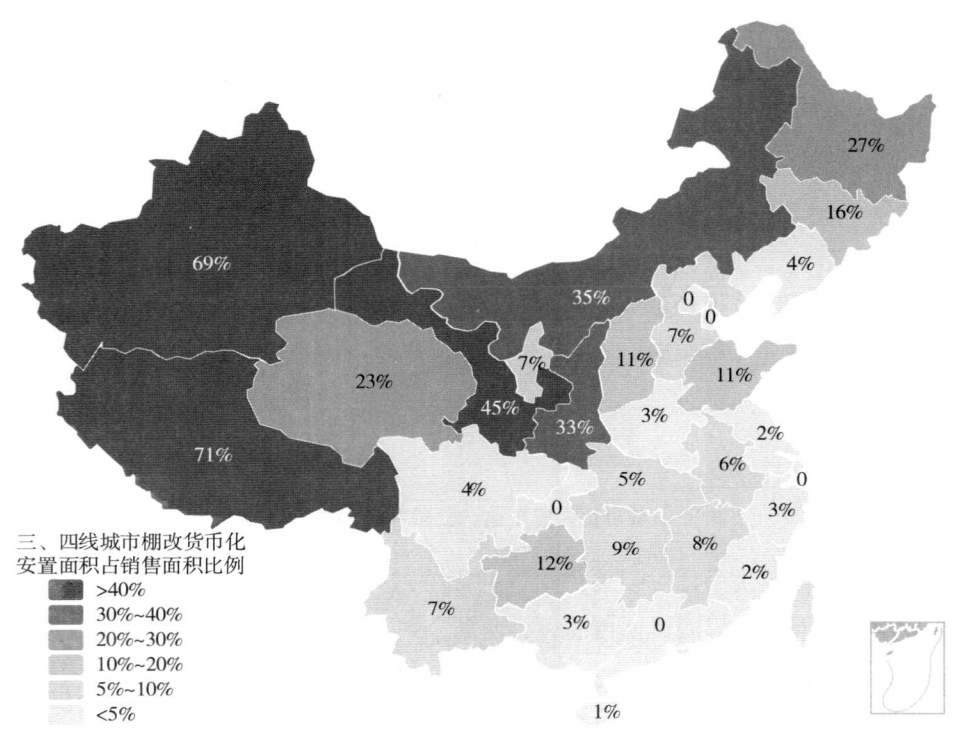

数据来源：各地政府网站，统计局。

图3 测算各省三、四线城市棚改货币化安置面积占销售面积的比例（2018）

棚户区改造有利于经济结构调整。首先由于棚户区居民的就业率较低，收入水平不高，导致其消费能力有限。在棚户区改造过程中，需要增加用工量，能提供新的就业机会。其次，棚户区改造将带动相关地区商业和第三产业发展，优化产业结构。居民在满足了物质需求后，会进一步追求更高的精神文化需求，因此在棚户区改造安置住房区，会形成新的商业中心、餐饮、娱乐、社区服务、文化产业等服务业将会得到发展。最后，在城镇化过程中，城市内部的二元结构，也是最需要加以解决的突出问题。棚户区改造缩小了城市内部的贫富差距，有助于缩小城市内部的二元差距。

棚户区改造有利于消化过剩产能。由于前期的过度扩张和当前的需求不畅，我国一些传统行业、新兴行业和基础设施领域均出现了严重的产能过剩问题，水泥、钢铁、电解铝等行业的产能利用率都在80%以下。产能过剩加重了企业的债务压力，旧债未还又借新债，形成恶性循环。棚户区改造安置住房增大了对钢铁、水泥、煤炭、电力、平板玻璃、铁合金、电石等行业的需求，有助于这些行业消化过剩的产能。利用过剩期产品价格低廉的有利时机，也有利于降低建设成本。

棚户区改造有利于城市建设。城市棚户区拥挤脏乱，基础设施缺乏，消防隐患突出。进行棚户区改造，能提高城市土地综合利用率，合理布局城市空间，改变城市面貌，促进城市和谐和可持续发展。同时，能增加绿化面积，清理之前脏乱差的死角，减少生活用煤及污染物的排放，改善城市环境。棚户区改造是重大的民生工程。棚户区改造属于保障性住房领域，是准公共产品，是政府提供的民生类公共基础设施和民生工程。棚户区居民多为低收入群体，很多还是企业老职工，曾为国家建设作出过重要贡献。加快实施棚户区改造，能够帮助困难群众改善住房条件，圆他们的"住房梦"。同时加快解决农业转移人口的市民化。在此基础上，进一步解决居民就业、教育、社会保障等人们最关心的问题，促进社会稳定与和谐发展。

二、商业银行支持棚户区改造存在的问题与策略

目前，我国棚户区改造项目融资主要有商业银行贷款、开发性金融、公积金贷款、债券、股权、资产支持证券、信托计划、资产管理计划以及PPP等模式。按照融资方式与特点，可分为四大模式：贷款融资模式、债务工具直接融资模式、股权融资模式、非传统融资模式。其中，商业银行贷款融资模式是指棚户区项目承建企业或项目公司通过向商业银行贷款的方式进行融资的模式。由于棚户区改造项目贷款数额大和周期长等特点，商业银行发放的棚户区改造项目贷款在承贷主体范围、贷款品种、自有资金比例、担保方式、贷款期限、合法手续认定方面与一般商业性贷款有所不同。商业银行贷

款模式的优势在于融资环节较少、程序简单,对融资企业和项目公司资质要求比发行债券低,劣势是融资成本较高、对项目资本金要求严格、要求棚改自身商业价值高。由于商业银行贷款模式审批便捷、手续简单不需要额外的行政审批环节,因此目前商业银行贷款模式是目前应用最多和最广的棚户区改造融资模式。

棚户区改造中资本占用周期较长,资本回报率偏低。

在建设和配售环节,棚户区改造住房缺乏商品房的预售制,且在建成后的配置环节滞留时间较长,相当一段时间不能转变为有效需求。配套资金能否及时到位,配套工程能否及时配建都存在不确定性。除原地建设回迁外,异地安置房很多位于城市新区,距中心城区较远,给居住者带来不便,影响到认购,导致已经建成的房屋迟迟不能分配。这些问题导致棚户区改造建设不能及时回笼资金。

在消费融资环节,由于棚户区居民工作和收入较不稳定,信用信息不完善,信用偿付能力缺乏,信用水平较差,因此拖欠和违约的概率较高。此外,改造后的住房中有一部分是免费分配给原棚户区居民,这使企业几乎无法通过出售所建房屋偿付信用贷款。因此,商业银行参与支持棚户区改造面临较大的信用风险和障碍。

新一轮棚户区改造面临较前期更大的困难。经过前几年的改造建设,容易改造的棚户区大多已经基本完成,剩下的多是改造难度大的"硬骨头"。不少棚户区位于中西部地区、独立工矿区、资源枯竭型城市和企业较集中的三线城市,位置偏远、市场运作空间小、配套设施建设压力大,有的还需要易地搬迁,商业开发价值低、资金难以自行平衡,再加上建材、人工费用上涨较快,改造成本高企,各地棚户区改造的资金缺口普遍较大。

综上所述,在当前经济下行压力增大的背景下,实施新一轮棚户区改造工程,确实存在风险程度高、回收期长等困难或问题。此外,棚户区改造有助于改善居民住房条件、缩小城市二元结构,而且也是稳增长的重要举措。因此,加大对棚户区改造的支持,是商业银行履行社会责任、提升社会形象、维护银行与政府良好关系的重要着力点,也是新的业务发展机会。

三、商业银行支持棚户区改造的政策选择

(一) 加强风险控制,坚持商业化原则

由于棚户区改造尚缺乏成熟的金融支持模式,商业银行要坚持商业化原则,有针对性地探索对棚户区改造的项目评估、风险识别和计量的方法。关注项目的地理位置、配套设施、担保方式,关注拆迁风险、后续资本金到位风险等,关注政府政策,建立支持棚户区改造的信贷监测制度。在风险可控、商业可持续的前提下,向符合条件的棚户区改造项目提供贷款,加大对棚户区改造的支持力度。

(二) 推进金融创新

通过金融创新,探索低成本、多元化的产品和服务模式,创新金融产品,改善金融服务。要综合运用投资银行、银团贷款、金融租赁等工具,通过试点发行债券,推进信贷资产证券化。帮助棚户区改造项目拓宽融资渠道,降低融资成本,促进和形成更加紧密、互惠共赢的新型银企关系。

(三) 提高资金使用效率

积极调整优化信贷结构,盘活存量、用好增量,加快存量信贷资产周转,以带动贷款累放额的增加,提高资金使用效率。目前银行业信贷余额达到150万亿元,若能较好地盘活存量,如将年信贷周转率提高至现在的1.1倍,则通过存量周转增加的贷款就有15万亿元。商业银行应在保持对棚户区改造的信贷总量适度增长和均衡投放的基础上,更加注重加快存量资产的周转和优化信贷结构。

2014—2018年棚户区改造作为我国改善民生以及房地产去库存的重要手段取得了不错的效果,目前棚户区改造将在2020年接近尾声,对于商品房去库存的影响也逐步减弱。作为我国金融系统的主力军,商业银行应当以商业原则为基础,在棚户区改造的最后阶段,实现支持国家民生工程和自身业务发展的双重目标。

债券融资能否助推保障房建设[*]

2011年前后，为了解决保障房约8000亿元的资金缺口，国家发展改革委下发了《关于利用债券融资支持保障性住房建设有关问题的通知》（以下简称《通知》），明确允许投融资平台公司与其他企业申请发行企业债券，筹措保障房建设资金。这是政府为筹措保障房建设资金进行的新的尝试。

一、债券融资政策出台的背景

为解决中低收入家庭的住房困难问题，国家提出从2011年至2015年建设保障性安居工程3600万套，其中2011年和2012年分别开工建设1000万套。根据住建部发布的数据，2011年度建设保障房投资需要1.3万亿元到1.4万亿元，其中各级政府承担5000多亿元，剩余的8000多亿元要通过社会机构和被保障对象等多种渠道筹集。能否按时、低成本、足额地筹集到这么大规模的资金，直接影响着保障房建设的进度。一般来说，保障房的融资来源主要有四种模式：一是政府财政，包括中央和地方财政投入、住房公积金贷款、土地出让净收益、地方政府发债等；二是企业自有资金；三是企业贷款；四是企业发债，包括发行中期票据、企业债、公司债等。在央行不断收紧货币政策，多次

---

[*] 本文撰写于2011年，2019年9月修改。

提高存款准备金率和加息，导致银行可贷资金日益紧张而社会资金进入意愿又不强烈的情况下，如何顺利融得足够资金填补保障房建设资金缺口，是政府面临的一个重大课题。此项通过发债为保障房融资的政策，正是在这样的大背景下产生的。

二、投融资平台债依然具有准政府债务属性

《通知》中的发债主体主要是指各级城市政府的投融资平台。投融资平台是各级城市政府通过划拨土地、股权、国债、房地产等资产，成立一个资本金和资产等可达到融资标准的城市投资公司，代表政府进行城市建设的投融资公司，建设和管理城建相关项目和资产。在融资平台成立初期，地方政府会投入一定比例的财政资金作为融资平台的自有资本金，并以此为基础吸引其他主体投资。事实上，国家发展改革委早在2010年11月就曾下发通知，明确指出各级政府及其所属部门、机构和主要依靠财政拨款的经费补助事业单位，均不得以财政性资金、行政事业单位等的国有资产，或以其他任何直接、间接方式，为投融资平台公司发行的债券提供担保或增信。但是，地方政府通常会对公司成立以后的财政投入有一个承诺，这样就能获得银行的认可和支持。正因为如此，投融资平台公司发行的债券具有政府担保的性质（虽然这种担保没有严格的法律约束力）。

三、保障房建设融资的国际经验

在国际上，通过发债尤其是以政府隐性担保为保障房建设融资的先例并不多，但也并非没有。比如，1990年由于信贷收紧、利率走高，瑞士负责公租房建设的瑞士住房合作社（Co – Operateve Housing Associations）面临资金严重不足的威胁。为了融得建设所需资金，合作社成立了债券发行合作社（Bond-Issuing Co – operative，BIC），所发债券由联邦住房委员会（Federation Housing Office）提供担保。由于有政府提供担保，这样的债券能够获得很高的评级

（AAA），因此吸引了养老金、保险公司等很多机构投资者参与购买。通过发债，1991年瑞士第一只债券就筹到资金8510万瑞士法郎。此后，37只债券发行，共计募集资金达到30多亿瑞士法郎。每当市场流动性不足，利率走高时，债券发行合作社就会通过发债进行融资。在2007年前后，这种债券需求量很大，每年的债券融资额可以达到2亿瑞士法郎，占瑞士住房建设资金总需求的70%。由于有政府担保，这种债券的利率通常会比市场利率低1%，建成房屋的租金也可以控制在很低的水平，通常比私有房低20%~50%。通过政府担保企业发债筹资，瑞士住房委员会的这一运行策略非常成功：从1991年至今，通过债券融资进行建设的工程项目已达到877个，提供非盈利房30000套。如今，我国国内流动性收紧，保障房建设融资困难，市场状况与1990年的瑞士十分相似。因此，瑞士当年通过政府担保企业债融资建设保障房，对中国具有一定的借鉴意义。但需要指出的是，当前中国与瑞士有一个重要的区别，就是政府的债务负担水平差异很大。

四、融资平台发债面临的主要约束

根据有关部门发布的数据测算，2017年，我国中央财政债务余额约为13.47万亿元，地方显性债务规模约为18.58万亿元，两者之和为32.05万亿元，占当年名义GDP的比重约为38.76%。从地方政府融资平台个数上来看，截至2017年底，全国约有9185家地方政府融资平台，其中浙江省最多，为919个；其次是四川省648个、广东省637个。这样的债务规模究竟是大还是小呢？我们通过几个指标来分析我国债务规模的相对大小。

（一）国债负担率

所谓国债负担率是指一国的国债余额占国内生产总值（GDP）的比重，是衡量整个国民经济承受能力的指标。该指标主要着眼于国债存量，表示国民经济国家债务化的程度和国债累积额与当年国民经济总量之间的比例关系。它重视从国民经济总体来考察国债限度的数量界限，被认为是衡量国债规模最重要的一个指标。一般认为，国债负担率应当控制在45%为宜，欧盟制定的警戒线为60%。从国际比较来看，西方陷入债务危机的国家的债务负担率普遍超过60%，日本高达253%，美国100%，法国达到98%等。2018年中国的债务负担率尽管较低（50%左右），但已经接近警戒线水平（见图1）。可见，我国国债负担率已经不小，尤其是在考虑地方政府债务以后，中国政府的债务状况已经不容乐观。相比之下，前面提及的瑞士是个名副其实的低负债国家。其2018年债务负担率为27.7%，始终保持在较低水平，这为政府担保债券融资提供了良好的条件。

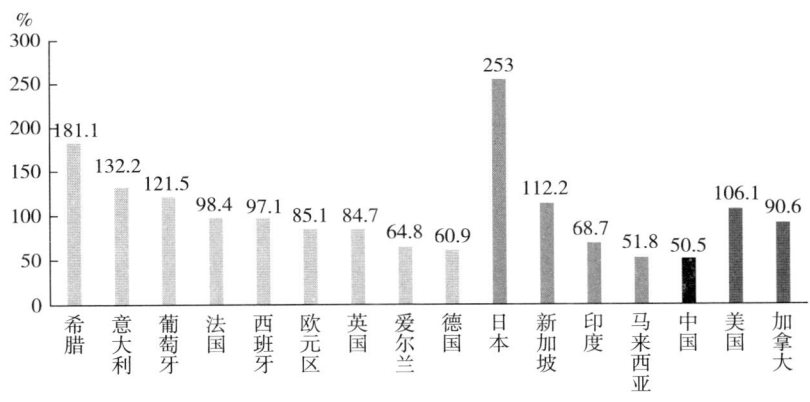

注：日本为2017年数据。

资料来源：https://zh.tradingeconomics.com，作者整理。

图1 2018年主要国家政府债务占国内生产总值比重

（二）国债依存度

国债依存度是指一国当年国债发行额与当年财政支出额的比率，用于衡量国家财政支出对债务收入的依靠程度。国债依存度有两种计算口径，一是从国家财政角度考虑，以当年国债收入与全国财政支出总额进行比较；二是从中央财政角度考虑，即中央财政依存度，指中央政府债务收入与中央财政支出额之比。根据政策规定，此前我国地方政府不能发行公债，国债全部由中央财政发行、掌握和使用，并负责还本付息，因此能够准确说明问题的应当是中央财政债务依存度。我国 2018 年发行国债 3.68 万亿元，一般公共预算支出 220906 亿元，国家财政国债依存度为 16.66% 左右，距离 25%～30% 的国际警戒线还有一段距离。

（三）国债偿债率

国债偿债率是指当年国债的还本付息额占当年财政收入的比率，即当年财政收入中用于偿还债务的部分所占份额，反映政府财政偿还举借债务的能力。据测算，我国 2015 年和 2016 年的国债偿债率分别为 9.13% 和 14.09%，低于 22% 的国际警戒线。

综合以上三项指标来看，我国除国债负担率以外，其他两个指标都比较安全。但是，国债负担率是最重要的一个指标，因为它是抛开财政政策本身，从整个经济总量的角度来衡量一国的举债偿债能力的。如果国债负担率很高，意味着负债总量并没有在当年带来很大的经济规模，从而反映出政府的负债经济效益不佳。在我国，政府负债投资基础设施建设一直是拉动经济的重要手段。随着经济的增长，房价出现泡沫，基础设施建设空间缩小，政府负债的边际效益也在减小。此次债券融资保障房建设，政府的债务负担必然加重（主要来自地方政府非直接负债）。如果不能有效地拉动经济，债务危机会逐步显现。

五、融资平台发债需要关注三个问题

以上分析表明，尽管我国政府债务风险目前还是可控的，离国际警戒线还有一定的距离，但靠近国际警戒线的步伐在加快，尤其是近两年来更是如此。因此，如何协调发债筹集保障房资金和控制政府债务水平二者之间的关系，是当前和未来一段时间需要高度关注、思考和解决的问题。

（一）企业债的担保问题

一方面，由于《通知》中的发债主体即融资平台是地方政府牵头设立的（很多企业管理人员都是政府官员），这种政企不分的混合体所发行的债券，自然有政府担保的性质；另一方面，中央明文规定不允许地方政府担保企业债，直接造成地方政府对于债券的担保都不具有法律效力。保障房融资的首要任务，就是明确界定债券性质。这样才可以使地方政府的债务"阳光化"，也可以避免实际操作中模棱两可情形的发生。

（二）资金督导问题

就保障房融资资金的使用来说，一方面，由于目前我国地方政府债务规模已经不小，所以会有借旧还新（还本付息）的诉求；另一方面，也会有投资高收益商品房的冲动。因此，各地要根据《通知》所强调的精神，加强对募集资金使用方向的引导与监督，确保专款专用。同时发行人也必须按计划提取偿债基金，对募集来的资金实行专户管理，防范偿债风险。

（三）债务可持续性问题

保障房建设是一项长期工程，保障房建成后的维修、运营和物业管理等还需要额外后续资金的投入，并非一劳永逸的事情。最新的地方政府负债数据，已经敲响了"借旧还新"的警钟；而保障房建设又具有准公共产品性质，不能以赚钱为主要目的。在这种情况下，对于负债累累的地方政府来说，要有效、持续地解决资金问题，还需要有新思路、新方法。

六、几点建议

（一）政府担保规范化

从融资保障房的角度来看，如果失去了政府担保，融资成本会大幅升高。在流动性收紧的当下，甚至会导致无钱可借。因此，政府担保不可或缺。但如果过度放开政府担保，又很可能诱发政府债务的无限度扩张。所以，对政府担保额度与担保对象进行限制，是一种可行的做法。

（二）专款专用阳光化

保障房建设工程大、任务重，事关老百姓的基本生活问题，必须要账务公开，接受社会监督，防止以保障房建设名义融得的资金被挪作他用。"5·12"大地震后，政府斥资重建汶川，收效很快，其重要原因就在于有全社会的关注与监督。

（三）优惠政策多元化

企业债融资的最大难题在于保证一定的收益率。单从保障性住房本身出发，政府要付出很大的代价才可以满足市场收益率。但是，政府对参与企业的优惠政策可以多元化，比如对参与保障房建设的企业在商品房、办公楼等其他方面的开发用地给予优惠，以弥补其利润损失。这对于政府来说，可以缓解保障性住房带来的债务负担；对于企业来说，既可以树立企业形象，又可以从其他渠道获得和弥补收益。

第四章
瞄准服务实体经济的金融改革

概 要

2019年2月22日，中央提出将加快金融供给侧结构性改革和防范金融风险设定为未来中国金融改革的方向标，从优化金融结构入手，提高金融服务实体经济的效率。

改革开放40年来，我国金融业发展迅速，规模已位居世界前列。然而，金融发展的不平衡、不充分问题不仅影响了实体金融融资的可得性，还造成了杠杆高企、监管套利丛生、新兴金融无序创新等金融乱象，加大了潜在风险隐患。因此，金融供给侧结构性改革的工作重心将从注重量的扩张转向金融供给的优化重组和提质增效。

第一，在2018年博鳌亚洲论坛上，金融业对外开放提速成为焦点，这标志着我国新一轮金融对外开放正式起航。新一轮金融业对外开放不仅放宽了银行、证券、保险行业外资持股比例限制，而且还扩大外资金融机构在中国的经营范围。2018年底前我国开启"沪伦通"进一步拓宽了我国资本市场与国际市场的联通渠道。这些新的政策对金融开放提速和经济转型发展产生了深远的影响。

第二，党的十九大报告对未来金融工作提出了健全货币政策和宏观审慎政策"双支柱"调控框架。国际金融危机后，人们意识到传统的货币政策单一框架是不稳定的，而构建"双支柱"调控框架既有助于保持币值稳定，又有利于防范化解系统性金融风险。根据国际经验，英国央行直接承担了宏观审慎监管职能,美国则加强金融监管机构与美联储的沟通与协调,而美联储只负责部分宏观审慎职能。结合中国新时代特征,我国将不断完善 MPA,进一步加强货币政策与宏观审慎政策之间的协调和配合。

第三,近年来,随着我国地方政府债务不断累积,地方政府债务风险不断危及我国金融发展。为防范化解地方政府债务风险,首先,地方政府、相关部门以及监管机构要对地方政府的隐性债务全方位地掌握,避免违规性风险;其次,充分发挥资本市场作用,推动地方政府融资平台转型;再次,进一步拓宽基础设施建设项目的融资,吸引社会资本的参与;最后,将金融与财务合作,不断化解地方政府债务风险。

第四,存款保险制度、金融监管部门的审慎监管职能和中央银行的最后贷款人安排被公认为是金融安全的三道重要防线。多国实践表明,存款保险制度在维护金融安全与稳定方面发挥了重要作用,在一定程度上维持了金融体系的稳定。虽然存款保险制度意义重大,但是存在成本和风险问题。其中,最主要的缺陷就是有可能助长道德风险。为了能"风险最小化",科学合理地设计存款保险制度,加大保证额度和范围,各地区应因地制宜制定存款保险制度,建立健全相关法律制度。

第五,2016 年 2 月,人民银行、国家发展改革委、银监会等八部委提出"在审慎稳妥的前提下,选择少数符合条件的金融机构探索开展不良资产证券化试点",重启不良资产证券化有助于提高不良资产流动性和不良资产处置效率,降低银行期限配错风险,盘活存量金融资产,分散金融体系风险,丰富金融产品供给。此次不良资产证券化实现了对公、零售不良资产批量处置的制度创新,优先档收益保障程度高和流动性资金安排的创新。然而,很多国家在开展不良资产证券化过程中,出现了很多问题,借鉴国外经验教训以及我国现实发展中的瓶颈和不足。在接下来的工作中,我国应建立健全配套的法律法规,加快市场需求和供给主体的培育,提高参与主体的专业化水平,加强信息披露和监督协调,避免不良资产证券化产品链条过长。

第六,实体经济和银行业发展是共生共荣的。实体经济一旦萧条衰退,银行将面临巨大的风险;同样,经济发展更离不开银行业提供的金融服务。因此，只有银行业金融机构与实体部门形成良性互动，才能实现经济和金融的可持续发展。中国银行业对实体经济的支持已经取得了巨大的成就，但是现在银行业金融机构还存在"四个占比较低"的结构性问题。结合金融市场发展的现状，建议增强在理念、产品、服务、机制、技术和机构上的创新意识和力度，这样才能更好地促进实体经济的繁荣与发展。

第七，2008年国际金融危机使得中国加强了银行流动性管理，目前银保监会为商业银行的流动性管理设定了四个监管指标和七个监测参考指标，作为货币创造主体的商业银行，在实现自身流动性指标符合监管要求的同时，其经营与业务结构也在发生变化，而这些变化将对货币供给产生一定的抑制效应。由于微观监管政策以及金融机构对自身资产负债结构进行最优安排等因素，这将对我国货币供给的规模产生越来越显著的影响。因此，建立健全宏观审慎管理框架，把货币政策调控手段与微观审慎管理的要求有机结合起来，从而更为系统、有效地实施宏观货币调控。

第八，我国政策性和商业性金融机构持续致力于支持农业企业"走出去"，并且给予多元化的支持。然而，这也存在着一定的问题。首先，涉农贷款规模仍然很小，比重也很低，贷款期限短，贷款审批程序冗长，金融服务成本过高，涉农贷款的风险防范机制不成熟等问题导致不能完全满足"走出去"的农业企业的资金需求。其次，金融服务以存款业务为主，难以满足多元化的需求。最后，我国大型银行的网点布局的广度和深度仍不能完全满足农业企业"走出去"的需求。为了能让金融支持农业企业"走出去"的政策有效实施，我国应当提升中资金融机构的跨国金融服务水平，拓展外资投资的多元化融资渠道，拓宽和深化农业部门同人民银行、银保监会、政策性银行等的战略合作，促进金融支持农业企业"走出去"政策的落地，完善境外投资风险评估和多渠道风险分担补偿体系，帮助企业有效判断和分散风险。此外，建立银企合作的产业融合发展战略、政银合作的财政支出双选项目和政企合作的直补放贷或财政质押模式。当前全球农业跨国并购项目增多，导致企业单笔融资巨额化，因此，建立政银企大型并购风险应急机制，及时预判风险、合理估值，有助于加强并购的成功率和减少巨资损失的可能性。

金融供给侧结构性改革的背景、内涵及影响

2019年2月22日，中央政治局专门围绕完善金融服务、加快金融供给侧结构性改革、防范金融风险开展集体学习。本次会议首次提出要加快金融供给侧结构性改革，这是未来几年我国金融改革的方向标，标志着我国金融改革的整体思路要从优化金融结构入手，以提高金融服务实体经济的能力和效率。金融供给侧结构性改革为何成为金融改革重中之重，需要深入理解其背后的动因、内涵及影响。

一、金融供给侧结构性改革成为金融改革重中之重

当前，我国金融发展不平衡、不充分问题突出，对中国经济迈向高质量发展形成制约。改革开放40年来尤其是党的十八大以来，我国金融业发展迅速，金融规模已位居世界前列。2018年，中国银行业资产规模全球第一，股票市值和债券余额全球第三，保险业保费收入全球第二。但金融发展的不平衡、不充分问题不仅影响了实体经济融资的可得性，还造成杠杆高企、监管套利丛生、新兴金融无序创新等金融市场乱象，加大了潜在金融风险隐患。

（一）融资结构不均衡制约金融服务实体经济能力

我国融资结构不均衡、宏观杠杆率偏高的问题长期存在。一是直接融资与

间接融资不平衡。直接融资发展一直滞后于经济发展需要,与发达经济体有很大差别,成为制约金融服务实体经济的短板。近年来在去杠杆和严监管背景下,社会融资需求集中向银行转移,使得融资结构失衡问题更显突出。2018年人民币贷款占社会融资总量的比重达到81.4%,比2015年提高了30个百分点;企业债券和非金融企业股票融资只占社会融资规模的14.8%,远低于美国、欧盟、日本等主要发达经济体。二是直接融资中以债权融资为主,股权融资占比低。2018年股权融资占社会融资总量的比例仅1.9%(见图1)。三是债券市场内部也存在不平衡。国债、地方政府债和金融债占比较高,公司债和企业债占比偏低,而针对民营企业、中小微企业、初创企业和一些高速成长阶段的高科技企业的高收益债市场几乎是空白。

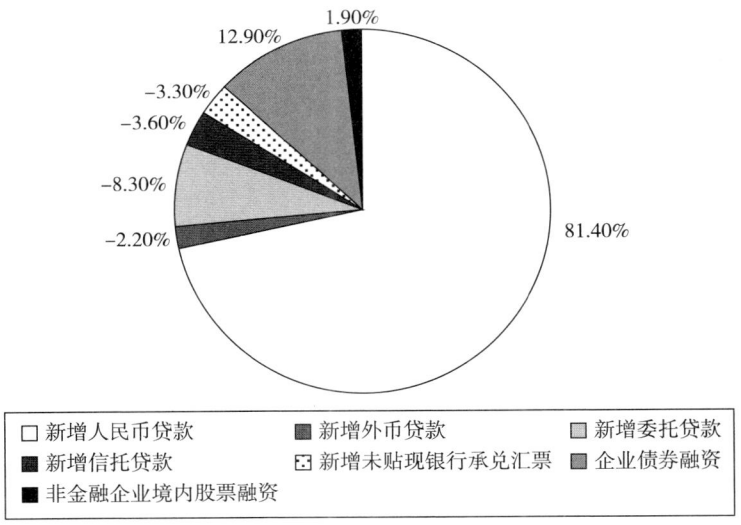

资料来源:Wind,中国银行研究院。

图1 2018年新增社会融资构成情况

(二)金融资源配置不合理难以满足高质量发展的需要

从金融资源配置的地区来看,主要集中于东部经济发达地区、城市地区,而中西部地区、农村地区获取金融服务的难度较大。发达地区由于经济发展水平高,金融市场主体多元,金融供给相对充分;欠发达地区由于经济发展水平低、金融深化不足,导致金融压抑较重,金融供给明显不足。2018年,东部广东、江苏、浙江的股权融资规模分别为2189亿元、1665亿元和1062亿元,中西部江西、陕西、贵州的股权融资规模仅为51亿元、69亿元和67亿元(见图2)。从金融资源配置的领域来看,主要集中于大型企业、基础设施、房地产等领域,对中小微企业、节能环保、创业创新等领域的支持相对不足。这既与近年来金融体系自我循环、脱实向虚有关,也与"重资产、重抵押"的传统金融服务模式滞后难以满足小微、创新企业的融资需求有关。

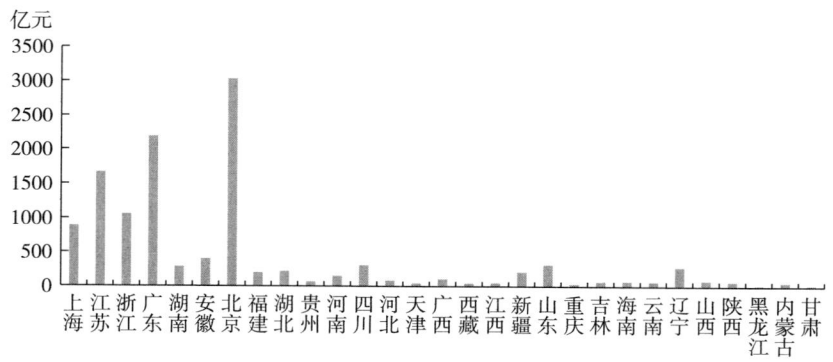

资料来源:Wind,中国银行研究院。

图2 2018年各省股权融资规模

(三)传统金融与新型金融各自面临发展难题

传统金融面临活力不足、转型艰难的困境。随着信息技术的迅猛发展和人们生产生活方式的巨大变化,传统金融产品和服务已经越来越难以满足"随时、随地、随心"的金融需求,适应场景和创新能力显得不足。

新型金融野蛮发展,有待进一步规范监管。近年来市场上出现"e租宝"事件、校园贷、首付贷、P2P爆雷潮等问题均与此密切相关。这些主要涉及小微和民营企业融资的新兴融资渠道,一方面反映了目前国内融资市场结构的短板与市场需求的不匹配,另一方面也反映了政策对发展迅速的科技金融监管的滞后。2018 年中期，P2P 问题平台集中爆发，"踩雷"的投资者高达 6000 万人，涉及金额超过 5700 亿元。截至 2019 年 2 月末，P2P 累计问题平台数量已达 2695 个（见图 3）。在新型金融快速发展过程中，金融监管有待及时跟上，补足监管短板、避免监管真空。

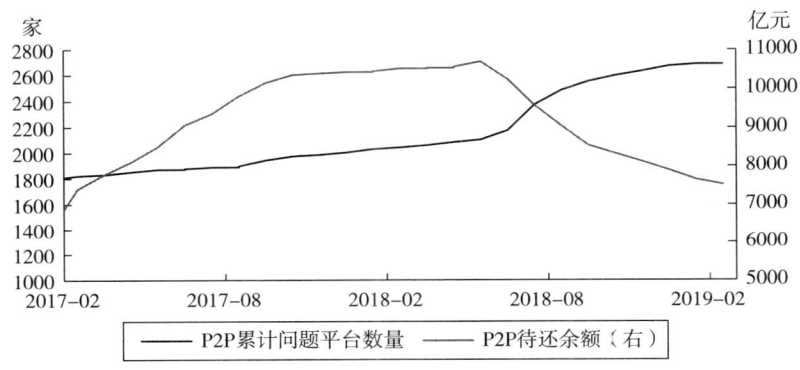

资料来源：Wind，中国银行研究院。

图 3　P2P 问题平台情况

（四）金融机构发展的差异性不足阻碍金融效率的提高

一方面，大、中、小金融机构差异性不足，多层次、广覆盖、有差异的银行体系尚未建立。目前，中国拥有全球规模最大的银行业，全球十大银行中中国占据四席（见表 1）。截至 2018 年末，中国银行业资产规模达到 261.4 万亿元，远大于欧元区、美国、日本等经济体。但我国银行业同质化现象突出，大、中、小银行普遍"求大、求全"，部分金融机构不专注于主业，跨区域经营现象突出。银行业服务对象、金融产品、服务模式高度雷同。另一方面，银行与非银行金融机构间发展不平衡。我国金融机构中银行是主体，非银行金融机构起步较晚。但近年来，非银行金融机构发展速度明显加快，且存在一定程度的无序扩张、发展不规范、治理不完善等问题，部分保险、资管公司的隐藏风险逐步暴露，需要高度警惕。

表 1　　　　　　　　2018 年《银行家》1000 家大银行榜单前 10 名

1	中国工商银行	中国	4007226
2	中国建设银行	中国	3398523
3	中国银行	中国	2990388
4	中国农业银行	中国	3234006
5	摩根大通集团	美国	2533600
6	美国银行	美国	2281477
7	富国银行	美国	1951757
8	花旗集团	美国	1842465
9	三菱日联金融集团	日本	2890455
10	汇丰控股	英国	2521771

资料来源：根据《银行家》整理，中国银行研究院。

（五）金融全球服务能力难以满足我国高水平对外开放新格局的要求

中国进入高水平开放的新阶段，对金融业跨境服务和参与国际竞争的能力提出了越来越高的要求。一方面，中国企业"走出去"需要金融"走出去"，担当跨境金融的服务者、全球资本的整合者、金融桥梁的建设者、目标市场的探路者和抵御风险的护航者。另一方面，中国金融机构的全球化布局、综合竞争力、金融市场的国际化水平以及参与全球金融治理的能力等需要与中国高水平对外开放新格局、中国企业迈入全球新时代相适应。比如，当前中国债券市场已是全球第二大市场，但境外机构参与比重较低，境内外融资成本仍出现严重脱钩。2018 年境外机构持有中国债券的比重约为 2.7%，明显低于韩国、日本等国家超过 10% 的水平。

二、深刻理解金融供给侧结构性改革的内涵

与习近平总书记关于金融工作的系列讲话精神一脉相承，金融供给侧结构性改革内涵丰富，标志着未来金融工作的重心将从注重量的扩张转向金融供给

的优化重组和提质增效,是新时期做好金融工作的根本遵循。

(一)金融供给侧结构性改革是解决当前中国金融领域突出问题的战略指引,本质是通过改革实现金融制度优化和服务效率提升

实体经济的发展方向决定了金融改革的方向。当前,随着经济领域改革转向供给侧结构性改革,必然要求金融创造与之相匹配的条件。与习近平新时代中国特色社会主义经济思想相呼应,金融供给侧结构性改革是其在金融领域的根本要求,它是金融发展一般规律与中国金融改革实践探索相结合的科学部署,是解决当前中国金融领域突出问题的战略指引。它既包含指导思想和方法论,又有发展目标、改革重点、实施策略等。

在方法论上,其强调要加强对金融工作本质和规律的认识,立足中国实际,走中国特色金融发展之路。在发展目标上,其强调要贯彻落实新发展理念,强化金融服务功能,找准金融服务重点,以服务实体经济、服务人民生活为本。在改革重点上,强调要以金融供给侧的优化为突破口,进一步优化金融市场、组织、产品结构等,为实体经济发展提供更高质量、更有效率的金融服务等。

总的来看,金融供给侧结构性改革的核心是改革,即通过金融制度的良性变迁,实现金融服务实体经济效率的提升。其包括完善金融宏观调控手段,强化逆周期和宏观审慎管理手段的运用;强化市场在利率、汇率形成机制中的作用,提高金融资源配置效率;补齐金融短板,修补市场失灵;推进金融市场法治化建设,完善社会信用体系;参与全球金融治理,构建与中国经济地位相适应的治理体系;应对科技变革,构建与"互联网+"相适应的科技金融体系和监管体系等。

(二)优化融资结构,构建与五大发展理念相适应的金融体系是重中之重

"创新、协调、绿色、开放、共享"这五大发展理念是未来中国经济高质量发展的重要方向,但现有的金融供给与新的金融需求之间存在缺位与错位,构建与五大发展理念相适应的融资体系是金融供给侧结构性改革的逻辑起点及

方向。为此，习近平总书记提出六个方面的要求：一是要以金融体系结构调整为重点，优化融资结构和金融机构体系、市场体系、产品体系，为实体经济发展提供更高质量、更有效率的金融服务。二是要构建多层次、广覆盖、有差异的银行体系，提高中小金融机构数量和业务比重。三是要建设一个规范、透明、开放、有活力、有韧性的资本市场，完善资本市场基础性制度，把好市场入口和市场出口两道关。四是围绕建设现代化经济体系建设要求，构建风险投资、银行信贷、债券市场、股票市场等全方位、多层次的金融支持服务体系。五是按照供给侧结构性改革的要求，适应经济发展更多依靠创新、创造、创意的大趋势，推动金融服务结构和质量转变。六是要更加注意尊重市场规律、坚持精准支持，选择那些符合国家产业发展方向、主业相对集中于实体经济、技术先进、产品有市场、暂时遇到困难的民营企业重点支持。

（三）构建多层次、广覆盖、有差异的银行体系是实现金融"提质增效"的关键环节

经过多年的发展，中国金融资产规模快速增长，形成了以商业银行为主的多层次、广覆盖的金融体系。截至 2018 年底，中国银行业金融机构共有法人机构 4588 家银行，包括商业银行、信用社、金融资产管理公司、信托公司、企业集团财务公司、金融租赁公司、汽车金融公司、村镇银行等（见表 2）。与此同时，银行竞争格局发生了深刻而复杂的变化：一方面，国有商业银行占全部银行业金融机构的资产比重不断下降（见图 4），民营资本进入中小银行、村镇银行的广度和深度均有所提高，银行体系广覆盖正在形成。另一方面，在金融规模快速扩张的同时，也出现了金融机构经营理念类同、经营模式同质，差异化发展不足等问题。房地产、地方融资平台等领域资金供给相对充分，"三农"、小微企业、民营企业等金融服务覆盖面和渗透率偏低。考虑到以银行为主的金融组织结构是中国的基本国情，建立"多层次、广覆盖、有差异的银行体系"是实现金融供给"提质增效"的关键环节。核心是增强银行体系的专业化和差异性，为实体经济提供更加精准的金融支持。

表2　　　　　　　　　　　中国金融机构构成类型　　　　　　　　　　单位：家

机构类型	2010年	2018年	机构类型	2010年	2018年
大型商业银行	5	6	信托公司	63	68
政策性银行	3	4	金融租赁公司	17	59
股份制银行	12	12	汽车金融公司	13	25
城市商业银行	147	134	货币经纪公司	4	5
农村信用社	2646	812	消费金融公司	4	23
农村商业银行	85	1427	资产管理公司	4	4
农村合作银行	223	30	外资金融机构	40	41
民营银行		17	新型农村金融机构	396	1668
企业集团财务公司	107	253	银行业金融机构法人数	3769	4588

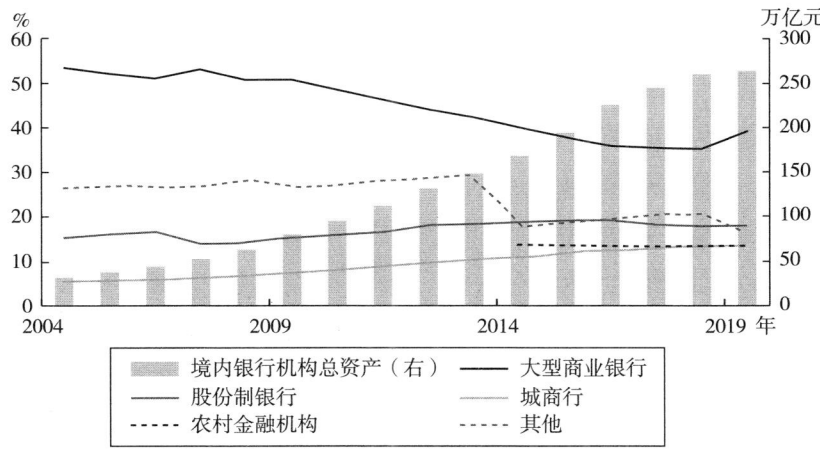

资料来源：Wind，中国银行研究院。

图4　不同金融机构资产占比

（四）提高金融双向开放水平是金融供给侧结构性改革的重要内容

中国经济参与全球化竞争，需要金融业双向开放。作为实施新一轮高水平开放的重要抓手，扩大金融双向开放，提高中国金融机构国际化竞争力有利于运用好国际国内两个市场、两种资源，更好地服务于对外开放新格局的构建。一是深化资本市场的开放广度与深度。在"沪港通""深港通"和"债券通"的基础上，持续推动资本市场的双向开放程度，逐步放开或取消境内外投资额度限制，拓展境外机构参与资本市场的主体范围和规模。除股票、债券市场以外，外汇与银行间市场也需进一步开放，稳步开拓利率、汇率衍生产品，提供更多风险对冲工具。二是持续推进人民币资本项目的审慎开放。坚持循序渐进的原则，立足基本国情、借鉴国际经验，在风险可控前提下，分阶段、有步骤地培育资本市场工具、扩大外国金融机构的参与、放松资本账户交易管制。三是提高金融机构的国际竞争力。中国金融机构的全球化布局、全球化服务能力与综合竞争力应与企业"走出去"步伐相适应。四是积极参与全球经济金融治理，加强宏观经济政策国际协调，建立国家金融安全审查机制，健全金融安全网，持续提升人民币在对外开放中的作用和国际地位，提升在国际金融市场及事务方面的声音和发言权等。

（五）构建与金融新发展相适应的监管体系，是推动经济转向高质量发展的根本保障

近年来，伴随着经济增长减速换挡，各类隐性风险逐步显性化，这既与外部冲击加大经济周期、金融周期、房地产周期"三碰头"有关，也与市场主体在经济繁荣时的盲目扩大投资有关，有的则与全覆盖、穿透式金融监管体制改革相对滞后有关。针对这些新现象、新问题，近年来中国金融监管体系已经发生了重大调整，中国金融监管体系已经由过去"一行三会"转变为"一委一行两会"，以功能监管为主正成为中国监管转型的重要方向。总的来看，未来随着金融体系复杂度、开放度越来越高，市场波动更加频繁，可预测的和不可预测的风险都将越来越多，这对金融监管也提出了更高的要求。构建与金融新发展相适应的监管体系既是防范化解系统性金融风险的需要，也是推动经济转向高质量发展的根本保障。习近平总书记提出，要加强监管协调，坚持宏观审慎管理和微观行为监管两手抓、两手都要硬、两手协调配合。要加强基层金融监管力量，强化地方监管责任，建立监管问责制，解决金融领域特别是资本市场违法违规成本过低等问题。

（六）在稳增长基础上防风险，实现两不误、两促进

近年来，金融市场乱象频出，金融风险呈多发和频发态势，这成为中国经

济迈向高质量发展的"拦路虎",也加大了金融体系的系统性风险。经过近两三年的治理,当前重点领域金融风险有所缓解。但是,房价高企、地方政府债务累积和新兴金融创新无序等现象依然存在,在前期防范化解金融风险过程中还滋生了新的风险,并对经济增长形成拖累。从未来趋势看,随着中国金融开放程度的提高以及金融市场的不断发展,可以预料和难以预料的风险挑战将更多更大,防范化解金融风险永远在路上。习近平总书记提出要"在稳增长的基础上防风险",这是基于当前中国经济下行压力较大的新背景下,对防范金融风险工作提出的最新要求,有利于做到稳增长和防风险两不误、两促进。预计未来相关各方在防范化解风险过程中,将采取以下政策导向:一是在处置风险的过程中,要按照金融风险产生来源的不同、影响大小的不同,分类处置,积极引导市场参与的力量,并在发展中逐步化解。二是管控风险要把握好节奏和力度,防止政策叠加带来的紧缩效应,以及"一刀切"可能带来的负面影响。

三、加快推进金融供给侧结构性改革的影响

第一,金融服务实体经济的效率和水平将进一步提升,融资难融资贵问题有望缓解。

习近平总书记多次强调,金融要把服务实体经济作为出发点和落脚点,全面提升服务效率和水平,把更多金融资源配置到经济社会发展的重点领域和薄弱环节。金融补短板将成为金融工作重点,而缓解融资难融资贵问题则是重中之重。2019年《政府工作报告》单独将"着力缓解企业融资难融资贵问题"列为工作任务之一,并提出了一系列具体措施,包括货币信贷投放政策,也包括商业银行资本补充、商业银行考核机制完善等,还包括量化的信贷投放指标要求等。随着政策效果的逐渐显现,我国企业尤其是中小微企业面临的融资难融资贵问题有望缓解。

第二,资本市场改革可期,资本市场将在中国金融体系中扮演更重要的角色,发挥更重要的作用。

发展现代资本市场已经成为服务实体经济、促进经济结构优化与要素资源

优化配置的关键。深化资本市场改革正是金融供给侧结构性改革的一项重要内容。2018年中央经济工作会议就明确提出，资本市场在金融运行中具有牵一发而动全身的作用，要通过深化改革，打造一个规范、透明、开放、有活力、有韧性的资本市场。目前，中国已经推动设立科创板并试点注册制，这有助于释放资本市场活力、提升国际竞争力。可以预见，未来将大力推进资本市场基础性制度改革，强化优胜劣汰市场机制，真正发挥出资本市场高效的资源配置效力。中国资本市场将迎来新的历史机遇，步入深化改革发展的新阶段。

第三，金融双向开放水平将进一步提高，给金融发展带来新机遇和新挑战。

近年来，中国金融业对外开放步伐不断加快，放宽金融机构外资持股比例上限、放宽QFII和RQFII准入条件等措施释放了中国金融业深化改革、扩大开放的强烈信号。未来，我国金融开放将进一步推进，这既为金融改革发展提供了新动力，也提出了新挑战和新要求。一方面，外资进入有利于改变资本市场风格，由短线投机向价值投资转变，外资机构成熟的发展经验、较强的中间业务能力值得中资机构深入学习，也对国内市场是一个有益的补充。另一方面，金融市场开放将加速风险跨境、跨市场的传播，给宏观经济调控和跨境资金流动管理带来更大挑战（见表3）。

表3　2018年以来外资金融机构在中国增资和新设点动向

行业	具体动向
银行	约旦阿拉伯银行筹建上海分行； 中国信托商业银行筹建深圳分行（台资银行）； 东亚银行（中国）有限公司深圳前海支行升格为分行（港资银行）； 彰化商业银行在大陆的子行开业（台资银行）； 国泰世华商业银行在大陆的子行开业（台资银行）； 摩洛哥外贸银行筹建上海分行； 泰国汇商银行筹建上海分行； 北京银行宣布将与荷兰ING银行共同出资30亿元设立合资银行。
证券	瑞士银行申请增持瑞银证券，由24.99%增至51%； 野村控股申请设立在华证券公司，拟持股51%（日本第一大券商）； 摩根大通申请设立在华证券公司，拟持股51%，并计划在未来监管允许的条件下增持至100%。

续表

行业	具体动向
保险	韦莱保险经纪有限公司首获扩大业务范围（英国保险公司）； 德国安联保险集团拟在上海独资设立安联（中国）保险公司。

资料来源：作者整理。

第四，金融监管将更加注重协调一致，有利于商业银行业务平稳转型和在发展中解决不良问题。

对银行业而言，政府防风险思路的新变化，有利于实现理财等业务平稳转型，也有利于在发展过程中消化不良资产问题。总的来看，考虑到一般制造业企业的经营状况并不理想、应收账款周期拉长，2019年部分企业偿债压力将有所加大，进而对银行资产质量形成拖累，但资产质量恶化的压力远不及前一轮不良率上升期（2013—2016年）。一是工业企业利润增速虽然有所下滑但仍保持正的增长，不同于此前大幅下降。二是银行风险敞口不断优化，高风险资产占比不断下降。从历史上看，银行业不良贷款主要来自制造业、批发零售业、采矿业这三大行业。目前，这三大行业的贷款占全部贷款比重已不断下降。三是商业银行拨备覆盖率不断上升且处于历史中高水平。这表明商业银行对不良资产的风险资产计提更加充分，风险抵御能力不断增强。2018年末，商业银行拨备覆盖率为186.3%，相比2017年末提高4.87个百分点。

新一轮金融业对外开放的特点与影响

自2018年博鳌亚洲论坛召开以来，中国金融业开放提速成为世人关注的焦点，这标志着我国新一轮金融业开放正式起航，必将对未来我国金融业产生深远的影响，在中国对外开放历史上留下浓墨重彩的一笔。未来我国金融开放要更好地与深化金融改革、优化金融结构、完善金融监管相结合，促进我国金融业由大变强，提升金融服务实体经济的能力和国际竞争力。

一、新一轮金融业对外开放的新特点

2018年博鳌亚洲论坛上宣布的金融扩大开放政策集中体现为力度大、范围广、进程快，涵盖了银行业、保险业、证券业等诸多领域，既包括金融机构的开放，也包括金融市场的开放。同时，此次改革主要政策都要求在2019年内完成。

第一，放宽银行、证券、保险行业外资持股比例和设立限制。在2018年，我国取消银行和金融资产公司的外资持股比例限制，允许外国银行在我国境内同时设立分行和子行。2018年底前对商业银行新发起设立的金融资产投资公司和理财公司的外资持股比例不设上限。将证券公司、基金管理公司、期货公司、人身险公司的外资持股比例上限放宽至51%，且3年后不再设限；不再要求合资证券公司境内股东至少有一家是证券公司；年底前全面取消外资保险公司设立前需开设 2 年代表处要求。

第二，扩大外资金融机构在中国的业务范围。2018 年底前，将落实鼓励在信托、金融租赁、汽车金融、货币经纪、消费金融等领域引入外资；大幅度扩大外资银行业务范围。证券、保险业方面，将落实允许符合条件的外国投资者来中国经营保险代理业务和保险公估业务；放开外资保险经纪公司经营范围，与中资机构一致；2018 年底前将不再对合资证券公司业务范围单独设限，内外资一致。

第三，通过"沪伦通"等进一步拓宽资本市场双向开放。2018 年底前正式开启"沪伦通"，进一步丰富我国资本市场与国际市场的联通渠道。扩容内地资本市场与香港市场的互联互通机制，从 5 月 1 日起把互联互通每日额度扩大四倍。

二、新一轮金融开放将对我国金融和经济的转型发展产生深远影响

第一，有助于促进我国金融业从外延式增长转向内涵式发展，更好地服务实体经济。多年来我国银行、证券、保险都存在不同程度的同质化问题，在业务、产品、客户等方面高度重合，各金融机构大多走的是一种扩规模、拼数量的外延式增长模式，不重视差异化竞争。2017 年召开的全国金融工作会议指出，我国金融业要树立质量优先、效率至上的理念。这要求我国金融业摒弃外延式扩张，转向内涵式发展。外资金融机构更多地进入我国市场有助于丰富我国金融体系，带来更多的差异化经营示范。从加入世界贸易组织以来的开放实践看，外资银行在中国经营往往在特定领域形成多层次、多元化特色，不会盲目扩大规模，赢取较高的风险加权资产收益率。例如，香港上海汇丰银行设立了我国第一家村镇银行，渣打银行在我国市场首创了无抵押信用贷款业务，这些都为我国带来了新业态和新模式，提升了金融业运行效率，促进了融资便利化，缓解了金融抑制和压抑。

第二，有助于中资金融机构提升全球金融资源配置能力，推进"一带一

路"金融创新。从历史经验来看，传统的对外开放可以成为全球资源的吸收者，但只有高水平的开放才能成为全球资源的配置者、经济全球化的建设者。党的十九大报告提出，开放带来进步，封闭必然落后，要以"一带一路"建设为重点形成开放新格局。目前我国金融开放程度已经难以满足配置全球金融资源和推进"一带一路"倡议的需要。本轮金融开放有利于我国金融资本与外资在"一带一路"建设等方面开展深入合作，在国际金融市场中强化全球资源配置能力，在互利共赢中实现"一带一路"金融创新。

第三，有助于我国金融业借鉴国际经验，守住风险底线。近年来我国"影子银行"及交叉金融产品迅猛增长，同业、理财、表外等业务层层嵌套，部分资金借此流向了监管限制的产能过剩、房地产和基建等领域，甚至形成了金融空转，"脱实向虚"倾向明显。防止发生系统性金融风险是永恒主题。这就要求我国金融业提高风险管理能力，纠偏粗放式经营理念。相关部门已多次发文整治金融乱象。外资银行对我国产能过剩等领域的授信较为谨慎，部分机构甚至连与房地产相关的水泥、开发商贷款规模都相对较小。对于交叉金融产品、表外等层层嵌套业务，有着美国次贷危机经验的外资银行则更加谨慎，看不透风险的就不涉足。外资金融机构大多经历了多轮世界经济周期，形成了稳健的风险管理和经营理念，对我国金融机构有着重要的借鉴意义。

第四，有助于我国完善外资准入前国民待遇制度，迈向更高的开放水平。新时代对外开放不单是传统的招商引资，更重要的是对接高标准国际经贸规则，增强国际规则话语权。我国与美国双边投资协定谈判中接受准入前国民待遇规则之后，这一规则成为国际主流，被欧盟等其他国家的自贸协定等广泛采纳。党的十九大报告提出，要全面实行准入前国民待遇加负面清单管理制度。但长期以来我国金融领域与此还有一些差距。我国对外资金融机构附加了一些准入条件，如持有股份的比例限制，但内资并不受到同样的规定约束。本轮金融开放放宽金融业外资股比限制，扩大外资金融机构在中国业务范围，使对内对外待遇趋于一致，是我国完善外资准入前国民待遇制度的重要实践，为增强对外谈判时的规则话语权、迈向更高水平的对外开放奠定了基础。

三、金融开放新政策的落地生根开花需要相关政策配套

习近平主席在博鳌亚洲论坛上着重强调了开放政策要落地。新一轮金融开放要真正落到实处，不仅是简单"放开"，更包括深化改革、结构调整、完善监管政策等一连串政策共同发力。

第一，更好地将金融开放与深化金融改革相结合。改革开放四十年来，我国银行业从"大一统"计划体制走向了商业化和专业化银行体系，资本市场从无到有成为全球资本关注的对象。但如何让市场在利率、汇率等资金价格信号中发挥决定性作用，还有很多工作要完成。同时，外资金融机构长期处于成熟经济体市场化条件之下，对我国利率汇率、跨境资本流动等方面的政策不熟悉、不适应，难以深度融入我国金融体系。因而，新一轮金融开放可以与深化金融改革更好地结合起来，让更为市场化的利率和汇率调节国内外金融资源配置，用调控手段和监管手段取代不必要的资本流动管制，建成与全球化经济大国地位相匹配、内外资都能适应的开放型金融体系。

第二，更好地将金融开放与改善金融结构相结合。与建设现代化强国的目标相比，我国还需要解决一系列金融结构不平衡问题，包括直接融资贡献偏低、投资者不够成熟、衍生品市场发展不足等。金融结构的不平衡阻碍了外资在中国各项业务的协同配套，自身长处往往缺少"用武之地"，使得外资进入我国金融市场的存在感不多。因而新一轮金融开放可以与改善金融结构更好地结合起来，实现直接融资与间接融资、股权融资与债权融资、基础产品与衍生品协调发展，让外资机构能较好地融入我国金融市场，让中资机构"走出去"后更自然地适应国际金融市场结构。

第三，更好地将金融开放与完善金融监管相结合。习近平总书记指出，扩大金融业对外开放，金融监管能力必须跟得上，在加强监管中不断提高开放水平，确保监管能力和对外开放水平相适应。在全面推行准入前国民待遇加负面清单制度的成熟经济体中，也不是完全放任自由的模式。美国金融业在准入环

节保留了部分限制手段和负面清单,更重要的是在境内实施了全面严密的金融监管政策,把"关卡"从"准入"后移到"经营"。外资金融机构的混业经营局面早已形成,我国金融混业经营也在迅猛发展,因而新一轮金融开放可以与完善金融监管更好地结合起来。借鉴国际上成熟的金融监管做法,推进开放条件下的金融监管能力建设,健全宏观审慎管理框架。

"双支柱"调控框架的作用与方向

党的十九大报告对未来金融工作提出了新要求，增加了"健全货币政策和宏观审慎政策双支柱调控框架"的内容。这是由于金融新环境下危机传染性和市场顺周期性增强，对传统的货币政策单一框架提出了挑战。"双支柱"调控框架的构建既有助于保持币值稳定，又有利于防范化解系统性金融风险。国际金融危机后，国内外都开始探索加强宏观审慎管理，逐渐完善金融危机前以货币政策为核心的传统政策框架，并取得了明显进展和成果。未来需要进一步丰富"双支柱"调控框架的内涵、创新和优化政策工具、加强货币政策与宏观审慎政策之间的协调配合。在宏观审慎政策进一步加强的背景下，商业银行要做好准备，积极应对。

一、新时代下我国"双支柱"调控框架逐渐清晰

党的十九大报告指出，中国特色社会主义进入了新时代，我国社会主要矛盾已经转化为人民日益增长的美好生活需要和不平衡不充分的发展之间的矛盾。我国社会主要矛盾的变化是关系全局的历史性变化，在此基础上，党的十九大报告对未来金融工作也提出了新要求，提出要"深化金融体制改革，增强金融服务实体经济能力，提高直接融资比重，促进多层次资本市场健康发展。健全货币政策和宏观审慎政策双支柱调控框架，深化利率和汇率市场化改

革。健全金融监管体系，守住不发生系统性金融风险的底线"。其中，"健全货币政策和宏观审慎政策双支柱调控框架"是新内容，也是中央层面的文件中首次提及"双支柱"调控框架，突出了宏观审慎政策的重要性，是我国在金融宏观调控政策框架方面探索中取得的重要成果。

二、构建"双支柱"调控框架的必要性

国际金融危机爆发后，人们开始对传统的货币政策单一框架进行反思，认识到加强宏观审慎管理的重要性。"双支柱"调控框架的确立既有助于保持币值稳定，又有利于维护金融系统的稳定。

第一，传统的货币政策单一框架在国际金融危机后受到冲击与挑战。20世纪30年代的"大萧条"诞生了凯恩斯主义，开始意识到政府干预对于经济发展的重要作用，央行需要对调控市场有所作为。70年代的"滞胀"后，以弗里德曼为代表的经济学家进一步反思货币政策的作用，认为以货币政策为核心的传统政策框架的主要目标是稳定物价、防止高通胀。在此基础上，西方经济学家们与货币当局达成了"杰克逊霍尔共识"（Jackson Hole Consensus）[1]，即央行货币政策的主要目标是稳定物价、促进经济增长，只有当金融稳定的风险影响到通货膨胀和GDP预期时才需央行有所行动。在"杰克逊霍尔共识"的指导下，美联储依赖泰勒规则实施货币政策，主要关注的是通货膨胀和产出缺口水平。但本次金融危机的爆发让人们意识到，物价稳定并不必然带来金融稳定。金融市场发展（包括互联网金融）改变了传统货币政策的调节、传导机制，同时金融全球化助推了资产价格上涨增加金融风险的可能性。在新的金融环境下，如何实现物价稳定与金融稳定目标是央行面临的新挑战，需要对传统的货币政策单一框架重新进行思考。将货币政策与宏观审慎政策协调配合有助于提高调控有效性，维护金融市场稳定。一方面，稳健的货币政策有助于保持流

---

[1] 在世界各国尤其是美联储很流行，其主要观点：（1）盯住通货膨胀；（2）不以资产价格为目标；（3）通过固定规则来管理市场对未来政策的预期，提高政策的透明度和可预见性。"杰克逊霍尔共识"成功地治理了通货膨胀，但却没有控制资产价格。

动性合理适度，为维护价格和产出稳定、金融稳定营造适宜的货币金融环境；另一方面，宏观审慎政策能够防止资产价格泡沫，防范和化解系统性金融风险。

第二，金融混业经营、金融创新发展、资金跨境流动增大了危机的传染性。不同金融机构资产负债表之间的高度关联性导致金融危机容易彼此传染，近年来金融市场发展新形势也极大增加了危机的传染性。由于金融混业经营发展，资金链条拉长、不同金融机构业务往来增加，造成了金融风险的传递速度加快。随着人工智能、大数据、云计算等在金融领域的应用推广，金融创新步伐加快，互联网金融等领域风险不断累积，金融新业态引起的风险事件频发。资金跨境流动更为频繁、规模增加、渠道复杂，增加了金融风险在不同国别间传染的可能性。新的金融环境下，仅关注单个金融机构或单个行业的风险防范是不够的，还需要从系统性角度防范金融风险，考虑到系统重要性金融机构的市场影响力，有必要适当提高对这些机构的监管标准。宏观审慎管理正是加强防范和化解系统性金融风险的一种有益尝试。从时间维度看，通过对资本和杠杆情况等指标进行逆周期调节，降低金融体系的顺周期波动；从空间维度看，通过对系统重要性金融机构进行规范与约束，防范风险的跨部门传播。

第三，动物精神的驱动，市场非理性行为扩大了市场顺周期性。早在凯恩斯时期就提出了"动物精神"的概念，人们在做决策时并不是完全理性的。此后乔治·阿克洛夫、罗伯特·希勒、理查德·塞勒等行为经济学家们对此进行了深化，认为人是非理性的，信息并不是完全透明的，人们决策时会通过对周围人群或业界领袖进行观察而作出判断。情绪的高涨（或低迷）往往引起人们的从众行为，进而推动市场的狂热（或萧条）状态。这种"羊群效应"使某些市场行为容易被强化，个体理性演变为集体非理性，甚至最终引致危机的爆发。基于市场行为的明显顺周期性，单独靠货币政策很难实现预期的调控效果。这就需要通过宏观审慎政策的逆周期调控作用，使金融发展与整体的宏观经济热度相适应，从而维护金融市场稳定。

三、"双支柱"调控框架的构建需要一个过程

"宏观审慎"概念早在20世纪70年代就已出现，2009年G20峰会提出要

推进"宏观审慎管理"。在此基础上,国际主要经济体开始探索加强宏观审慎管理,逐渐完善金融危机前以货币政策为核心的传统政策框架。中国作为G20成员国之一,在国际金融危机后也积极完善宏观审慎政策框架,并取得了明显进展。

(一)国际经验总结

第一,英国央行直接承担宏观审慎监管的职能。金融危机中,英国金融体系受到了巨大冲击,暴露了"三头监管模式"的诸多弊端,从而引发了英国的金融体制改革。改革的核心是撤销了原由财政部、英格兰银行和金融服务局组成的监管架构。2016年出台的《英格兰银行和金融服务法》最终明确了英国央行在经济与金融体系中的核心地位,形成了由货币政策委员会(MPC)、金融政策委员会(FPC)和审慎监管委员会(PRC)共同组成的新的中央银行组织架构,终止了审慎监管局作为英国央行附属机构的地位,由新的审慎监管委员会负责英格兰银行的审慎监管职能。该委员会包括英格兰银行行长与副行长等4人,成员中至少由财政部大臣选任6人,且英格兰银行行使审慎监管职能的情况需向财政大臣作年度报告,从而保障审慎监管职能的独立性。经过一系列的改革实践,当前英国明确了中央银行集货币职能与监管职能于一身的模式,由英格兰银行行使审慎监管职责,确保了英国央行作为一个整体维护货币与金融稳定。同时,通过立法的完善、议会定期召开质询会议、赋予财政部一定的指导权和建议权等措施,在保障央行货币政策和金融稳定独立性的前提下,对其进行监督。

第二,美国重点加强金融监管机构与美联储的沟通、协调,美联储负责部分宏观审慎监管职能。在金融危机前,美国实行的是联邦和州分级负责、根据不同类别由不同监管主体负责的多头分业监管模式。但这种模式的不足引发了严重的金融风险与危机。此后美国开始了探索改革的道路,重点加强宏观审慎管理。2010年通过的《多德—弗兰克法案》设立了金融稳定监督委员会(FSOC)作为跨部门的系统性风险监测和监管协调机构,负责识别危及美国金融稳定的各类风险,全面加强系统性风险的识别与防范。此外,美联储的监管权力与风险处置权力也得到了扩充，赋予美联储对系统性风险的监管职能，监管范围既包括商业银行还包括银行控股公司、对冲基金、保险公司等金融机构。美联储内部新设负责监管事项的副主席，向美联储提出监管政策建议。总体来看，美国的宏观审慎管理框架以金融稳定监督委员会为依托，进一步加强了金融监管的协调、配合。美联储的金融监管核心地位得到强化，有权对大型商业银行和重要非银行金融机构进行管理。

（二）国内前期探索

第一，国际金融危机后我国就开始探索加强宏观审慎管理。人民银行在《2009年第三季度中国货币政策执行报告》中首次提出要将宏观审慎管理制度纳入宏观调控政策框架，并在2009年第四季度例会中明确表示"要研究建立宏观审慎管理制度，有效防范和化解各类潜在金融风险，保障金融体系安全稳健运行"。2011年，正式引入差别准备金动态调整机制，引导金融机构保持稳健经营并调整信贷投放。在此基础上，人民银行将原有的差别准备金动态调整机制升级为宏观审慎评估体系（MPA），并于2016年开始正式实施。MPA从资本和杠杆情况、资产负债情况、流动性、定价行为、资产质量、跨境融资风险和信贷政策执行情况等七个方面的十多项指标，来引导银行业金融机构加强自我约束和自律管理，使之更全面、有效地发挥逆周期调节作用和防范系统性风险。此后，MPA的范畴得到相应调整，逐步将跨境资金流动、表外理财纳入MPA考核范围。部分房价上涨较快的城市还把房地产信贷调控纳入了MPA考核，强化住房金融宏观审慎管理，限制信贷流向投资投机性购房。当前，我国仍在不断完善宏观审慎政策框架的过程中，与国外相比，我国的宏观审慎政策工具箱的内涵更为丰富，承担的责任也更多（见表1）。

表1　　　　　　　　人民银行宏观审慎评估体系（MPA）

	14类指标
资本和杠杆	资本充足率（80分）、杠杆率（20分）、总损失吸收能力（暂不纳入）
资产负债	广义信贷（60分）、委托贷款（15分）、同业负债（25分）
流动性	流动性覆盖率（40分）、净稳定资金比例（40分）、遵守准备金制度情况（20分）

续表

14 类指标	
定价行为	利率定价（100分）
资产质量	不良贷款率（50分）、拨备覆盖率（50分）
跨境融资风险	外债风险加权余额（100分）
信贷政策执行	信贷执行情况（70分）、央行资金运用情况（30分）

资料来源：作者整理。

第二，我国"货币政策和宏观审慎政策双支柱调控框架"逐渐清晰。"双支柱"调控框架这一概念是人民银行《2016年第四季度中国货币政策执行报告》首次提出，指明"MPA已成为'货币政策+宏观审慎政策'双支柱的金融调控政策框架的重要组成部分"。此后，在《2017年第一季度中国货币政策执行报告》中对"双支柱"调控框架又进行了重申。2017年第五次全国金融工作会议设立国务院金融稳定发展委员会，强化了人民银行宏观审慎管理和系统性风险防范职责，进一步完善了"双支柱"调控框架。党的十九大报告在中央层面首次提及"双支柱"调控框架，表明当前我国"双支柱"调控定位更高，框架更加清晰。

四、未来完善方向

（一）结合中国新时代特征，进一步丰富"双支柱"调控框架的内涵

探索构建"双支柱"调控框架的过程本身就是一个不断丰富其内涵的过程。从将外汇流动性和跨境资金流动纳入MPA，到将表外理财纳入MPA广义信贷范围，我国宏观审慎管理框架得到了不断完善。党的十九大报告指出，中国特色社会主义进入新时代，社会主要矛盾已经发生转变，国内外经济金融形势正在发生深刻复杂变化。因此，需要进一步丰富"双支柱"调控框架的内涵，将更广泛的金融资产、金融机构、金融市场纳入MPA，更全面地防范和化解金融风险。例如，金融混业经营的大趋势下非银金融机构扮演着越来越重要的角色，大量资金通过非银通道从表内转向表外增大了金融风险隐患，可考

虑将规模较大的非银金融机构纳入宏观审慎管理框架。又如，随着互联网、大数据、人工智能等在金融领域的广泛应用，探索将具有系统重要性特征的互联网金融业务纳入宏观审慎管理框架应当是未来发展的一个趋势（见图1）。

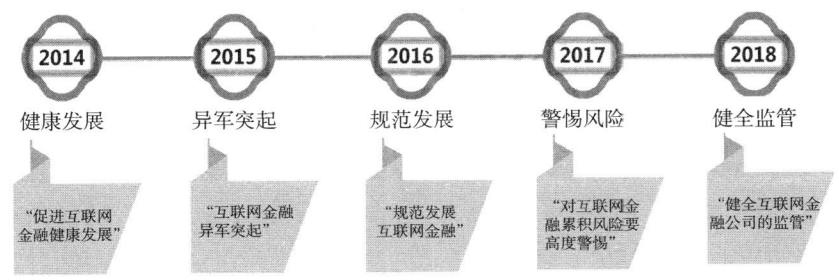

资料来源：作者整理。

图1 政府工作报告对互联网金融措辞的变化

（二）创新、优化货币政策工具和宏观审慎政策工具

"双支柱"调控框架包括货币政策与宏观审慎政策两个方面，未来很重要的内容便是在这两个方面进行政策工具上的创新与优化。

其一，创新货币政策工具，提高货币政策调控的前瞻性、灵活性和有效性。建立完善的政策利率体系，探索构建利率走廊机制，通过公开市场操作释放短期政策利率信号，促进短期利率向中长期利率的传导。创新提供流动性货币政策工具，合理安排流动性期限，将流动性供给与金融机构信贷投放相联系以强化对"三农"、小微等薄弱环节的信贷支持，完善央行合格抵押品框架。

其二，健全宏观审慎政策工具。巴塞尔协议Ⅲ从应对空间维度系统性风险的角度提出了最大杠杆率、留存资本缓冲和逆周期资本缓冲三种工具，并从跨行业维度确定了系统重要性金融机构的评估方法、强化系统重要性金融机构的损失吸收能力等方面的要求。由于各国所处发展阶段、面临的风险来源、对风险的监测能力、对监管成本的容忍度等方面的不同，所使用的宏观审慎政策工具及其适用规则也会有所差异，因此我国应当借鉴国际经验、结合中国实际，创新使用能有效防范我国金融风险的宏观审慎政策工具。

(三）进一步加强货币政策与宏观审慎政策之间的协调、配合

货币政策与宏观审慎政策的目标、工具并不一致，货币政策主要针对宏观经济和总需求管理，侧重经济增长和物价稳定，主要针对经济周期发挥作用；宏观审慎政策则作用于金融体系本身，侧重维护金融稳定，主要针对金融周期发挥作用。当二者配合得当时，可以相互促进、强化政策效果，反之则可能相互制约、产生抑制作用。从全球来看，"双支柱"调控框架的构建仍处于不断探索中，每个国家具体情况不尽相同。因此，需要结合具体的经济金融环境，深入研究货币政策与宏观审慎政策之间的协调问题，这包括二者各自政策方向、工具实施力度以及相互间的配合。既需要事先制定两大支柱之间的协调配合规则，还需要灵活判断所处的经济、金融周期以及引起周期波动的原因，平衡协调货币政策与宏观审慎政策的关系。

五、政策建议

在新时代背景下，"双支柱"调控框架的确立意味着未来宏观审慎政策将进一步加强，需要商业银行做好准备，积极应对。

（一）把握新时代的金融风险新特征，完善风险防控机制

随着时代的发展，金融新产品和新服务不断涌出，不可避免地会带来一些新问题和新风险。在新时代下，中央在部署金融工作时把防范化解系统性金融风险放在了更加重要的位置。商业银行应当在守住不发生系统性金融风险底线的同时，把握新时代的金融风险新特征，强化风险管理，完善防控体系。完善风险管理组织架构，优化风控人员配置，加强业务各环节及业务间连续性管理的风险防控，建立科学、长期、有效的风险评估与监测机制。

（二）深入贯彻新发展理念，积极推动银行战略转型

在宏观审慎管理下，商业银行在资产负债结构、风险管理、经营模式等方

面都面临着调整压力。需要加强资产配置风险管理,更加注重充足资本金,更加注重非传统信贷管控的强化。积极应对新时代中国特色社会主义的新形势,贯彻新发展理念,积极服务供给侧结构性改革、创新型国家建设,支持乡村振兴战略和区域协调发展战略的实施。建立符合自身特点的银行发展模式,走差异化发展路径。

(三)推进金融与科技深度融合,不断创新金融产品与服务

互联网、大数据、人工智能的飞速发展,要求商业银行积极布局金融科技领域。利用大数据、云计算等新兴信息技术,创新金融产品、提升金融服务,提供有针对性的、多元化、多层次的金融产品与服务,以满足新经济主体和新型生产组织的需要。这一方面有利于获取更多的资金来源,满足广义信贷管理的要求;另一方面有利于促进中间业务增长,符合宏观审慎管理的引导方向(见图2)。

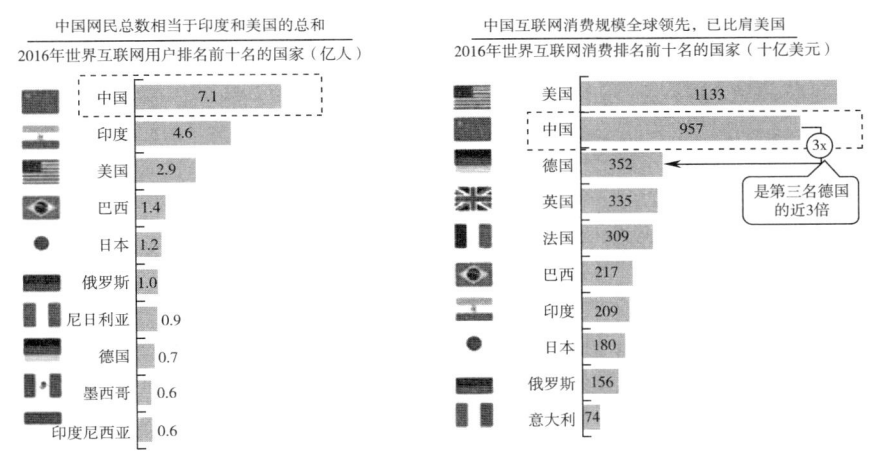

图2 中国进入数字化时代

金融助力防范化解地方政府债务风险

近年来,随着我国地方政府债务的不断累积,地方政府债务风险已成为当前我国经济金融领域的一大潜在风险点。地方政府债务风险的形成原因是多方面的,既有来自地方政府发展经济但财权与事权不匹配的矛盾,也有对隐性债务的监管与监督不到位的原因,还有金融机构及其影子银行等创新业务的推波助澜。防范化解地方政府债务风险需要多方共同努力、形成合力,金融在化解地方政府债务风险中也要充分发挥独特的作用。一要实行穿透式金融监管,增强地方政府举债的约束;二要积极发挥政策性金融的作用;三要进一步拓宽地方政府融资渠道;四是金融与财政形成合力。

一、防范化解地方政府债务风险的紧迫性日益增强

近些年来,各地通过地方融资平台、发行地方政府债券、产业投资基金、政府购买、PPP以及其他途径举借了大量显性的和隐性的政府债务。这些债务对弥补地方财力不足,促进地方经济发展、加大基础设施投资建设和改善社会民生发挥了重要作用,但由于大量隐性债务的存在和局部风险的上升,防范化解地方政府债务风险的紧迫性日益增强。

(一)地方政府债务增长快,并且大量以隐性债务的形式存在,风险难以甄别和预判

据统计,截至2018年末,我国地方政府债务余额为18万亿元,负债率为

37%，低于国际通用的60%警戒线，也就是说地方政府显性债务风险整体可控。但我国地方政府债务缺乏长期性、系统性的统计，结构复杂、透明度低，存在大量隐性债务。2018年8月，党中央、国务院联合下发《关于防范化解地方政府隐性债务风险的意见》，体现了中央对地方政府隐性债务风险的关注和重视。隐性债务虽未被列入官方公布的地方政府债务范畴，但仍需地方政府承担最终责任。一方面，各方面都估计我国地方政府的隐性债务规模很大，但难以估算具体规模。我国地方政府债务来源多元化，如从地方融资平台、产业投资基金、政府购买服务、PPP项目、"互联网金融"举债等，对哪些债务应纳入地方政府隐性债务尚无统一标准。目前对隐性债务的测算较多，方法也不同。从举债主体来看，隐性债务的举债主体主要是城投平台和PPP项目公司，从这两个方面初步测算出我国地方政府隐性债务大约为11万亿元[1]（见表1）。另一方面，地方政府隐性债务透明度低，增大了有效判断其风险的难度。地方政府隐性债务的融资规模、融资渠道、期限、利率、资金投向等信息均不公开、不透明，进一步加大了地方政府隐性债务的风险。《关于防范化解地方政府隐性债务风险的意见》要求各地于2018年10月底前上报隐性债务数据，但具体情况一直没有公布。

表1　　　地方政府债务与财政收入情况（截至2018年底）　　　单位：亿元

地区	地方政府债余额	城投债余额	PPP项目投资额	GDP	公共财政收入
江苏	12894.34	14119.26	10287.04	92595.40	8630.16
浙江	10760.89	5376.27	10953.54	56197.20	6598.08
山东	11260.87	3014.44	11406.59	76469.70	6485.40
湖南	8595.57	4520.50	6229.85	36425.78	2860.68
四川	9151.31	3863.28	18569.87	40678.13	3910.90
广东	9679.56	2938.88	6042.10	97277.77	12102.90
贵州	8732.05	2059.47	16808.54	14806.45	1726.80
湖北	6552.85	3170.37	9520.79	39366.55	3307.03

---

[1] 大致计算过程如下：隐性债务的举债主体主要是城投平台和PPP项目公司，城投债数据全国合计7.5万亿元，PPP项目投资额合计17.6万亿元，其中假设PPP项目中20%形成隐性债务，则由此估算规模约为3.5万亿元，因此地方政府隐性债务规模约为11万亿元。

续表

地区	地方政府债余额	城投债余额	PPP项目投资额	GDP	公共财政收入
北京	5701.44	3837.77	2459.50	30320.00	5785.90
安徽	6451.63	2983.77	5003.21	30006.80	3048.70
辽宁	8289.62	885.41	3180.79	25315.40	2616.00
云南	6820.80	2251.89	11152.34	17881.12	1994.30
河南	6388.10	2379.66	13473.41	48055.86	3763.94
重庆	4587.82	3791.96	1254.41	20363.19	2265.52
天津	4026.75	4134.09	1782.52	18809.64	2106.19
福建	5957.27	2187.82	4582.05	35804.04	3007.36
河北	7023.87	816.47	7400.66	36010.30	3513.70
陕西	5603.57	1947.13	5313.24	24438.32	2243.11
江西	4370.20	2691.96	3523.76	21984.80	2372.33
广西	5300.76	1749.35	3065.43	20352.51	1681.48
内蒙古	6269.82	502.68	3876.67	17289.20	1857.50
上海	4965.90	1151.97	43.03	32679.87	7108.10
新疆	3763.77	1032.53	7014.60	12199.08	1531.46
吉林	3562.14	999.10	3099.81	15074.62	1240.84
黑龙江	3885.33	477.11	1539.14	16361.60	1282.50
山西	2805.36	942.15	2847.58	16818.11	2292.60
甘肃	2291.82	774.92	2623.84	8246.10	870.80
海南	1829.59	62.67	1333.22	4832.05	752.66
青海	1674.13	133.81	1291.09	2865.23	272.90
宁夏	1375.64	125.50	528.11	3705.18	444.43
西藏	126.79	49.00	97.44	1477.63	230.35
合计	180699.54	74971.20	176304.19	900309.50	183351.84

资料来源：各地统计局官网、Wind、中国银行研究院。

（二）地方政府债务规模的快速增长与信用风险、市场风险等相互交织

整体来看，我国地方政府的融资方式多元，使地方政府债务风险与信用风险、市场风险等交织在一起，容易互相传导、相互感染。除银行贷款外还包括债券、委托贷款、信托贷款、理财资金、私募债等，大量政府融资通过银行表外业务、表表外业务进行。近年来城投债、PPP项目和政府购买服务等成为地方政府变相举债的新方式，违法举债、变相举债仍常有发生，隐性债务野蛮式增长。随着"资管新规""理财新规"等的推出，大量影子银行被清理，表外融资大幅收缩，让城投平台的融资链条面临严峻考验，部分政府面临"旧债还不起，新债借不到"的窘境，债务违约风险增加。此外，许多地区同时有多家融资平台，各融资平台之间呈现出高度关联性和风险传染性。一旦某一平台发生债务违约，容易形成债务违约的"多米诺骨牌"效应，进而放大该地区的债务风险。

分地区来看，有些地区政府债务负担重，出现流动性危机和偿债危机的可能性较大，需引起高度关注。基于我国不同省份经济发展差距大、偿债能力和债务规模差异明显，各地区的地方政府债务风险也出现了分化。在考虑到城投债风险的情况下，有些省份的债务率达到72.88%、63.1%和50.74%，负债率分别达到624.94%、662.49%和454.93%[①]。此外，由于大量政府资金投向的是交通、水利等公益项目，收益偏低，政府往往通过"借新还旧"的方式来维持资金周转，进一步增加了局部地区的地方政府债务风险系数。

（三）经济下行压力增大，加大了地方政府债务风险管理难度

地方政府财政状况与宏观经济运行高度相关。进入2019年，各地财政状况更加吃紧，主要与以下因素有关：一是经济下行。当前，我国经济正处在速度换挡、动力切换、结构转换的关键时期，加上中美贸易摩擦不确定、全球经济增长动能减弱等影响，我国经济面临较大的下行压力。2019年前三季度我国GDP增长6.2%，增速比上年同期放缓0.5个百分点，全年增长6.2%左右。二是楼市降温。近年来房地产市场明显降温，政府坚持"房住不炒"基调不变，地方政府的土地出让收入也放缓。三是减税降费。随着2019年大规模减税降费的推出，相关财政收入增速明显下降，1—9月国内增值税同比增长4.2%，比上年同期回落了近8个百分点，个人所得税同比大幅下降29.7%；

---

① 此处债务率和负债率中关于地方政府债务余额的计算，笔者将地方政府显性债务余额与城投债余额进行了加总计算。

1—9月全国一般公共预算本级收入同比增长3.3%，是2010年以来同期收入增速的最低值。

二、地方政府债务风险形成的原因

地方政府债务风险的形成原因是多方面的，既有来自地方政府发展经济但财权与事权不匹配的矛盾，也有违法违规融资行为问责不到位的原因，还有金融机构及其影子银行等创新业务的推波助澜。

（一）地方政府发展经济动力很强，但长期面临财权与事权不匹配窘境

财权与事权的长期不匹配，是导致我国地方财政缺口扩大、政府违规举债的根本原因。自1994年实行分税制改革后，"财权上提、事权下放"的财政体制导致我国地方政府收支矛盾日益加剧。中央政府负责国防、外交、转移支付、战略性开发等预算开支，而地方政府则负责提供普通教育、社会保障、环境保护等一系列纯粹的公共服务。长期以来，我国有些地方简单"以GDP论英雄"，"唯GDP"的政绩考核模式使各地方政府形成"锦标赛"式的横向竞争。加上我国还没有建立起科学合理的政府间转移支付制度，地方政府的财政资金缺口无法通过中央的转移支付得到弥补。这迫使地方政府只能依靠举债来寻找资金来源，通过扩大基建等拉动经济增长。1978—2018年，在我国财政收入中，中央财政收入占比由15.53%升至46.6%，地方财政收入占比则从84.48%降至53.4%（见图1）；但在我国财政支出中，中央财政支出占比由47.42%降至14.81%，地方财政支出占比则由52.58%升至85.19%（见图2）。

（二）对隐性债务的监管与监督仍有待加强

近年来，我国对地方政府融资行为进行了规范化管理，但违法举债、变相举债仍常有发生，有的地方政府通过城投债、PPP项目和政府购买服务等方式变相举债，打政策的"擦边球"。违法违规融资行为加上问责不到位，助推了

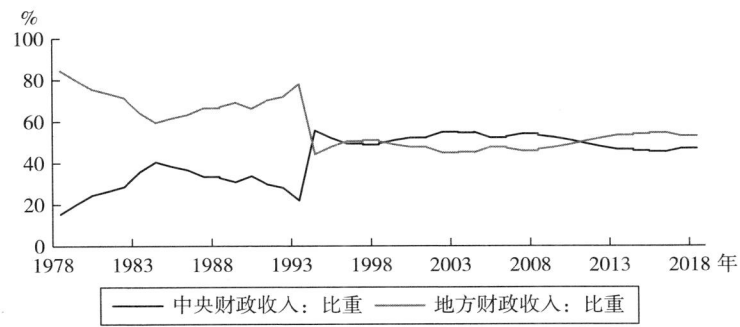

资料来源：作者整理。

图 1　中央与地方财政收入比重

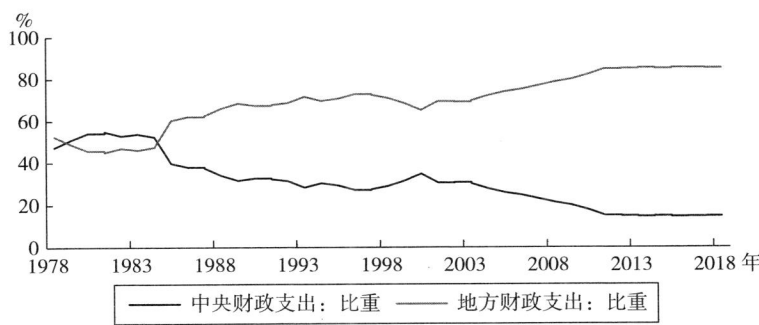

资料来源：作者整理。

图 2　中央与地方财政支出比重

地方政府违规举债的行为。一方面，当前我国仍有不少地方政府没有落实属地管理责任，对相关违法违规人员问责不到位。由于未设立专门的监管机构对相关债务进行监管，举债的决策主体、偿债主体及投资主体的责任缺乏法律认定依据，导致违法违规举债行为屡禁不止；另一方面，地方政府在投融资过程中处于主导地位，缺少社会公众的监督，降低了地方政府项目的安全性和效率性。尽管当前已经实行了政府债务的限额管理，但对最终债务如何界定、如何管理以及地方财政缺口如何解决等问题均未有明确规定，因此仍无法做到从根源上规范地方政府举债行为。

（三）金融机构及其影子银行等创新业务的推波助澜

银行贷款是地方政府通过城投平台融资的主要方式。在利率市场化改革的推进过程中，银行的存贷款利差受到挤压，使银行有动机积极开拓新的利润空间。由于地方融资贷款的资金量大，且有政府信誉托底即隐性担保，金融机构对这类贷款业务较为偏好。同时，地方政府的融资渠道有限，往往利用自己对地方资源的控制力影响商业银行尤其是中小银行，以满足政府的资金需求，结果导致银行贷款的集中度高。这既加重了政府的偿债压力，也加剧了银行的经营风险，近期有些中小银行出现问题就是如此。一方面，由于地方政府融资平台贷款主要投向大型的基础设施与公益性项目，资金需求量大、期限长、回收慢，并且此类项目变现能力比较差；另一方面，商业银行的主要资金来源是活期存款，若投放过高比例的中长期贷款则容易引起资产与负债期限错配问题，导致其面临流动性风险。

三、金融如何助力防范化解地方政府债务风险

防范化解地方政府债务风险需要多方共同协作、形成合力。金融在防范化解地方政府债务风险中要充分发挥独特的作用：一要实行穿透式金融监管，避免新增隐性债务；二要发挥金融力量化解地方政府存量隐性债务；三要进一步拓宽基础设施建设项目融资渠道；四是金融与财政形成合力。

（一）实行穿透式金融监管，避免新增隐性债务

地方政府、财政部门以及相关监管机构对地方政府隐性债务实际规模缺乏真实数据掌握，加之各种数据口径千差万别，严重影响到地方政府债务管理政策的制定和实施。一是对地方政府债务实行穿透式监管，遵循"实质重于形式"的原则，核实举债主体应收应付的资金流向、募集资金的实际用途、债务的还款来源等；识别出承担风险收益的真实主体，厘清政府债务与城投公司债务的边界；明确债务归属，阻断将城投公司等企业债务推给政府的渠道。二

是推进信息共享建设，夯实监管基础。当前，地方政府隐性债务的信息分散于各个主体，应加快推进建立跨部门的数据监控和共享平台，确保各参与主体及时获取数据，客观评价地方政府债务风险水平，增强地方政府举债的内外部约束。三是平衡好监管成本和社会效益之间的关系，合理确定穿透式监管的对象，重点对存在较大隐性风险或创新性的模式实行穿透式监管。四是监管金融机构行为，对现金流可能涉及地方财政资金安排的，要严格核实相关资金的合法合规性，不得向地方政府虚构或超越权限、财力签订的应付账款协议提供融资。

（二）发挥金融力量化解地方政府存量隐性债务

一是充分发挥资本市场的作用。通过资本市场提高政府部分资产流动性，通过资产证券化将已有的债权存量转化为标准化证券，并通过公募或私募市场分散销售给更多投资人，既可以盘活政府的一部分存量资金以缓解地方政府巨大的支出压力和债务压力，还可以分散集中性债权的风险。二是推动地方政府融资平台的转型。根据不同地方的特点，选择合适的转型路径。要理顺融资平台与地方政府间的关系，促使地方政府从"管理职能"向"监督职能"转变，利用市场手段引导城投公司发展。按照"分类处置"原则，对融资平台存量债务进行分类化解，可通过混合所有制改革引入非国有资金，缓解偿债压力。三是在不增加地方政府隐性债务规模的前提下，对存量隐性债务短期难以偿还的，允许融资平台公司在与金融机构协商的基础上采取适当展期、债务重组等方式维持资金周转。

（三）拓宽基础设施建设项目的融资渠道

一是进一步鼓励地方债的发展。加大对项目收益专项债券品种的创新。引入第三方机构参与地方债的发行准备工作，提高地方政府债券管理的专业化程度。二是支持保险资金参与基础设施建设项目，充分发挥险资作为长期资金的优势。三是加强国际融资。加强重大项目在国际市场融资的能力，引入国际资本支持基础设施建设。吸引更多国际投资者投资地方债。四是创新新型融资工具。国际上有较多创新的融资模式，我国可在合法合规范围内、结合自身实际借鉴相关先进做法，例如，英美等国采用社会影响力债券融资将政府资金与社会资金有效结合，主要解决公共服务项目融资问题。鼓励有条件的地区设立基础设施投资基金，更有效地发挥好政府投资杠杆作用，提高政府投资效率，推进基础设施建设市场化运作，进一步吸引社会资本参与。

（四）加强金融政策与财政政策的协调配合，形成合力

从财政方面入手，健全地方政府债务管理制度，"堵后门、开前门"。一方面"堵后门"，打破预算软约束、疏堵并举，更有利于彻底解决地方政府债务风险问题。加强对地方政府隐性债务的清查摸底，敢于暴露问题，提高透明度。纠正一些地方不科学的政绩观，完善对地方政府的信用评级。另一方面"开前门"，在减税降费持续推进背景下，地方政府要通过多元化手段平衡财政收支压力。加强对地区重点企业的服务和支持，确保支柱产业税收不流失。持续推进营商环境优化，发展总部经济，培植新增税源。做好非税收入收缴工作，推进非税收入收缴电子化改革，提高效率。完善财政转移支付制度，提高转移支付使用效率。

存保制度，护航金融安全[*]

存款保险制度、金融监管部门的审慎监管职能和中央银行的最后贷款人安排一道，被世界公认为金融安全的三道重要防线。多国实践表明，该制度自创立以来，在维护金融安全与稳定方面发挥了重要作用。

一、创立与发展

20世纪30年代"大萧条"时期，美国银行业的倒闭风潮催生了该制度的建立，80年代以来已扩张至全球100多个国家和地区。

存款保险制度最早建立于20世纪30年代的美国。当时正值大萧条时期，银行业恐慌蔓延。1930年11月，密苏里州、印第安纳州、伊利诺伊州和北卡罗来纳州等地区拥有1.8亿美元存款的256家银行倒闭，引发了银行业危机。一个月后，共有532家商业银行倒闭，涉及的总存款额达3.7亿美元。1930—1933年，美国银行数量由危机前的超过2.5万家骤减到不足1.5万家。1933年3月6日，美国总统罗斯福宣布全国所有银行暂停营业。大量银行倒闭、停业，恐慌情绪在储户之间迅速蔓延，造成严重的挤兑现象。失控的储户聚集在银行外，要求将其支票、定期存款转换为现金；疲惫的银行家竭力说服储户，

---

[*] 本文撰写于2014年，2019年9月修改。

让后者相信银行是安全的。但实际情况是，由于没有存款保险制度，广大储户储蓄资金荡然无存。1930—1933年，银行倒闭造成储户损失的存款总额达到13亿美元。

为挽救在经济危机的冲击下濒临崩溃的银行体系，1933年6月，美国国会通过《银行法》，成立临时联邦存款保险公司（FDIC）。随后3个月内，7785家州立银行得到保护，FDIC允许其申请存款保险。1934年1月1日，FDIC开始为银行提供联邦保险。1935年，《银行法》将FDIC变为永久机构。此后半个世纪的时间里，美国存款保险制度发挥了显著作用，成为美国金融监管的重要组成部分。1934—1980年，平均每年破产的商业银行为15家，远远低于20世纪20年代每年600家以上的水平。其间，美国国会先后6次提高存款保险的保障额度，由1993年的2500美元提高至1980年的10万美元。

20世纪80年代以来，金融创新浪潮降低了商业银行传统业务的盈利，全球相继发生了一系列银行危机与货币危机，促使越来越多的国家在借鉴他国存款保险制度的基础上，结合本国实际，着手建立或改善已有的存款保险制度，存款保险制度在全球迅速扩张。国际存款保险协会统计数据显示，截至2014年1月末，全球已有113个经济体建立了显性存款保险制度，有40个经济体正在考虑筹建。

二、作用与风险

建立多层次金融安全网，但国际金融危机特别是欧债危机的教训显示，制度本身也存在道德风险。

建立和完善存款保险制度，一是有利于保护存款人特别是中低收入存款人的利益，增强其对银行业的信心。二是完善退出机制，促进商业银行经营市场化，倒逼银行业改革，营造公平竞争环境。三是完善多层次的金融安全网，提高监管水平。四是有效防范金融风险，应对金融危机，保障金融体系和宏观经济的稳定运行。在2008年国际金融危机中，作为危机策源地的美国虽然有数十家银行倒闭，但并没有发生大的挤兑现象。可以说，如果没有联邦存款保险制度，美国金融危机的影响会更加严重。

虽然存款保险制度意义重大，但在建立过程中也存在成本及风险问题。其中，有可能助长道德风险是存款保险制度的主要缺陷，体现在储户、银行业和监管者的多重道德风险。建立存款保险制度后，储户放松对其存款机构资金使用的监管；存款机构在宽松的市场约束环境下，风险约束机制弱化，加大风险与收益不对称的运作；监管者往往在存款保险制度下变得宽容，掩盖虚假数据、放松保险资本金要求及对国际资本流动的监管等，助长了银行的道德风险。

案例一：欧洲小国塞浦路斯是世界商务中心之一，金融业规模十分庞大。其中国外储户为避税方便，同时获得高收益目的，将大量资金存放在塞浦路斯银行，为其疯狂的扩张提供了源源不断的资金支持。国际金融危机爆发，塞浦路斯银行业利用其庞大的金融资产，在许多银行纷纷卖掉持有的希腊国债时，投入数十亿欧元的资金购买了高风险的希腊国债，过度自信的投资行为最终导致其遭受巨大损失。塞浦路斯早在2000年就建立了存款保险制度，但由于银行业规模太大，以至于本国自有的存款保险机制不足以保护有担保的储户。而银行将大量资产信息掌握在自己手中，储户和监管者没法得到足够的信息进行监督。于是，在存款保险制度这一金融安全网的庇护下，储户、银行业、监管者的多重道德风险逐渐发酵，最终导致在欧债危机期间，塞浦路斯银行控制风险失当，蒙受巨额亏损，走上资不抵债、濒临破产的境地。

案例二：冰岛银行业在国际金融危机中同样受到巨大冲击，其境外分行还牵扯到外国存款人的利益，受到国际社会的广泛关注。作为欧洲经济区的一员，冰岛银行业境外分行的数量和规模发展迅速。由于长期依赖批发市场进行融资，考普兴银行、冰岛国民银行和格里特里尔银行三家冰岛最大的银行不可避免地陷入经营困难，2008年9月底至10月初，冰岛金融服务监管局陆续接管了这三家银行。

2008年10月6日，冰岛通过政治承诺的形式，将原来20887欧元的限额赔偿变为全额保障。但冰岛金融服务监管局管理之下的储户和投资者保障基金严重不足，连每个账户20887欧元的偿付都无法保证。

英国、北欧五国、卢森堡、荷兰以及德国是上述三家银行开展国际业务的主要地区。鉴于冰岛偿付能力有限，各国纷纷采取行动，将冰岛在本国的分行纳入监管并冻结资产及支付账户，以保护本国储户利益。英国金融服务赔偿计划在冰岛投资者保障基金没有足够清偿能力的情况下，与英国政府共同承担了最初的赔偿支出，还承担了20887欧元与5万英镑（英国当时的保障额度）之间的赔偿责任。为了维护金融稳定，英国政府还宣布对超过5万英镑的存款进行全额保障。之后，英国与冰岛就赔偿事宜进行数次协商，2011年12月，英国将关于冰岛网络储蓄银行（冰岛国民银行在英分行）的赔偿案提交欧洲自由贸易联盟法庭仲裁，结果以失败告终。

存款保险制度下的道德风险是导致冰岛银行业，尤其是其海外业务快速扩张进而酿成最终危机的原因之一。此外，冰岛银行业破产事件还揭示了存款保险制度可能出现的诸多问题，例如基金规模不足、跨境协调机制不完善等，这些因素都会阻碍存款保险制度保护存款人作用的发挥。

三、改革与趋势

保障额度和范围不断加大，"风险最小化"是总目标，各国存款保险制度因地制宜各具特色。

存款保险制度建立以来，历经危机的考验，本身也在不断完善和巩固中。以美国为例，20世纪80年代以来，由于金融创新活跃等因素，每年破产的商业银行、储蓄和贷款机构数目激增，为过去年份的10倍以上。这对美国的存款保险制度提出了新的挑战，一系列改革应运而生。

1982年，《存款机构法》赋予FDIC和联邦储蓄贷款保险公司在紧急情况下跨州兼并银行和储蓄机构的权力；1989年，《金融机构改革、复兴和加强法案》取消联邦储蓄贷款保险公司，成立储蓄监管局来监管储蓄机构；1991年，《联邦存款保险公司改善法》对FDIC补充保险金，指示其建立基于风险的保险费率制度，限制"太大而不能倒"政策的实施；1999年，《格雷姆—里奇—比利雷金融服务现代化法案》要求包括FDIC在内的监管部门加强对金融机构资本、内部交易以及其他关系的管理；2005年，《联邦存款保险改革法》将个人退休账户保险额度提高至25万美元；授权FDIC调整基于风险的保险费率制度；2010年，《多德—弗兰克法案》明确了问题银行救助模式。

如今，在自愿与强制相结合的投保方式下，FDIC为受保银行所有存款账户提供保险，包括支票账户、可转让支付命令、储蓄账户、货币市场存款账户中的存款或定期存款等。包括非美国公民在内的任何个人或实体均可在任一受保银行获得存款保险。

2008年国际金融危机的爆发严重削弱了欧洲银行体系的稳定性，许多国家都采取了行动。爱尔兰是欧洲最早行动的国家。2008年9月20日，爱尔兰将其存款保障额度提高至10万欧元，10天后又宣布对7家银行进行全额保障。希腊和英国紧随其后，分别于当年10月2日和3日提高保障额度。随后的14天，欧洲共有19个国家提高或者宣布提高保障额度、7个国家实施全额保障。国际金融危机给一些亚太地区经济体的金融市场带来了巨大冲击。除日本、印度等一些主要经济体没有提高保障额度外，其余经济体均上调了保障额度，或采取了临时或永久的全额保障。

各个国家或地区因地制宜，存款保险制度各有特色。按照职能，存款保险制度大体可以分为四类：第一类是"付款箱"型，存款保险机构仅负责在投保机构倒闭后，向其存款人进行补偿支付。第二类是"强付款箱"型，在履行"付款箱"职能的基础上，存款保险机构还会适度地参与风险处置。第三类是"损失最小化"型，存款保险机构的目标是运用多种风险处置工具和机制，将倒闭投保机构的成本和损失最小化。第四类是"风险最小化"型，存款保险机构全面参与投保机构的风险控制，既有风险处置职能，也有监督管理职能。

英国（金融危机前）、荷兰、新加坡、澳大利亚等国家主要采取第一类和第二类存款保险制度；美国、加拿大、日本、韩国、俄罗斯和法国等国家主要采取后两种类型的存款保险制度。

其他层面上，机构参与存款保险模式有自愿加入、强制加入、自愿与强制相结合三种；存款保险制度的保障范围可以从地理归属、机构类别、账户类型三个层次进行选择；存款保险额度分为限额赔偿和全额保障两种；保险费率主要有单一固定费率和基于风险调整的差别费率两种模式；存款保险基金的运作还涉及基金来源、基金规模与存款保险准备金率的调整等问题。

目前存款保险制度的发展趋势是在"风险最小化"的总目标下，强制参保机构加入、有限赔偿（危机中通常提高赔偿额度或者改为全额保障），并采用基于风险调整的差别费率。

四、科学设计，防范风险

尽管存款保险制度存在道德风险等内在缺陷，但它的确在一定程度上维持了金融体系的稳定。如果没有存款保险制度，2008年国际金融危机的破坏性将远远超过想象，塞浦路斯银行业危机中蒙受损失的，也不仅仅是储蓄额超过10万欧元的大储户了。

近年来，我国利率市场化进程明显加快，首批民营银行已获批筹建，互联网金融作为一种新金融业态蓬勃发展。但与此同时，金融改革浪潮下也掩盖着不可忽视的风险。首先，利率市场化改革加剧银行同业竞争，侵蚀银行利润，风险管理能力较弱的金融机构陷入经营困难的可能性增大，因此迫切需要完善金融机构市场化退出机制。其次，互联网金融的兴起相当于提前放开存款利率，银行负债成本增加，挤兑风险在"T+0"（当天买进，当天卖出）模式下显著提升，给金融系统稳定性带来挑战。

推进金融市场化改革、防范该过程中的金融风险，这是我国借鉴国际经验、加快建立具有中国特色的存款保险制度的主要动因。比较而言，美国的存款保险制度较为完善，联邦存款保险公司自1934年为储户提供保障起，从未有储户的受保存款损失过一分钱。此外，从塞浦路斯和冰岛银行业危机中也可以得到诸多启示。

首先，科学合理地设计存款保险制度，结合经济形势灵活调整。保险基金规模不足是冰岛各银行无法按规定及时偿付的直接原因。银行按照上一年度受保存款的一定比例支付保费，但由于冰岛银行存款，尤其是外币存款规模的急速扩张,其上缴的保费远远不足,最终制约了保险基金的及时补充。不妨借鉴美国经验,实行强制性的存款保险制度,厘清存款保险的范围;确定合理的偿付限额,建立基于风险的保险费率制度;赋予存款保险机构风险监控和危机处置的权限。

其次,建立健全相关法律制度,多渠道强化市场约束。美国存款保险制度的建立与完善几乎是一部法律史,健全的法律制度对存款保险制度作用的发挥意义重大。在法律法规的制约下,存款机构与监管机构的道德风险行为可以得到有效控制。塞浦路斯银行业危机提示我们,要逐步加强存款人的保险意识,明确监管机构各自的监管职能。此外,还应提高监管效率,预防道德风险。

最后,加强对国际资本流动的监管,完善跨境协调机制。塞浦路斯银行业规模的快速扩张归功于其庞大的外币存款。长期以来,俄罗斯富人将卢布存入监管环境宽松的塞浦路斯银行实现避税。一旦危机出现,资本外逃对塞浦路斯银行业来说是雪上加霜。在冰岛银行破产事件中,跨境协调机制不完善,导致了破产影响范围的扩大。因此,我国应以国际视野筹建存款保险制度,与国际上其他建立存款保险制度的国家进行广泛的交流、协调及合作,确保银行出现危机时能通力合作,不受制度环境的制约。

不良资产证券化如何走稳走好*

2016年2月,人民银行、国家发展改革委、银监会等八部委发布《关于金融支持工业稳增长调结构增效益的若干意见》,提出"在审慎稳妥的前提下,选择少数符合条件的金融机构探索开展不良资产证券化试点"。同年5月26日,中国银行和招商银行分别发行了规模为3亿元和2.3亿元的不良资产证券化产品,这标志着在时隔十多个年头之后,我国不良资产证券化进入新阶段。

一、缘何要重启不良资产证券化

我国信贷资产证券化业务试点始于2005年,人民银行、银监会等部门先后发布了《信贷资产证券化试点管理办法》《资产支持证券信息披露规则》《金融机构信贷资产证券化试点监督管理办法》等,初步建立起了资产证券化发行的制度框架。2006—2008年,我国共发行了四单不良资产证券化产品。但自2008年国际金融危机以来,由于各界开始反思过度资产证券化的负面作用,我国资产证券化进程放缓甚至停滞。

2015年以来,随着经济下行、银行不良资产"双升",资产证券化再次进

---

* 本文撰写于2016年,2019年9月修改。

入各界的视野。2016年2月，人民银行等八部委联合发布的《关于金融支持工业稳增长调结构增效益的若干意见》，正式确立开展不良ABS试点。2016年4月，银行间市场交易商协会发布了《不良贷款资产支持证券信息披露指引（试行）》，对于基础资产、参与机构和估值定价等信息披露提出明确要求，此次重启不良资产证券化意义重大。

相比银行传统的不良资产处置渠道，不良资产证券化具有其独特的作用。

第一，有助于提高不良资产流动性和不良资产处置效率。目前我国商业银行处置不良资产的渠道一般有三种：一是清收重组和减免；二是自主核销；三是不良资产对外转让。清收重组需要银行一对一地与债务人进行商谈，一旦进入法律程序，将耗费大量时间和资金；债务减免主要针对重点国有企业，该方式不具有普遍性。自主核销主要指银行用坏账拨备来抵销不良贷款，这不仅造成银行利润下降，还使企业债务问题显性化。此外，监管层对自主核销的条件要求严格，整个流程耗时较长。不良资产批量转让主要指银行将不良资产大批量地转让给资产管理公司，但在目前不良资产规模较大且未来还可能进一步增加的背景下，资产管理公司的承接能力有限。比较而言，通过不良资产证券化，可以使银行不良资产快速出表，避免对商业银行资本金和利润的侵蚀，及时腾挪出信贷空间以支持信贷结构调整。与此同时，资产证券化还有助于化解快速处置压力和回收之间的矛盾，提高不良资产处置效率。

第二，有助于改善银行期限错配风险，盘活存量金融资产。资产证券化的本质是将银行持有的非流动性长期资产进行出售，降低短借长贷的期限错配风险。而不良资产证券化则在实现上述功能的同时，还有利于调整商业银行资产结构，提高信贷资产周转效率。对企业来说，不良资产证券化有利于避免银行盲目抽贷和惜贷，达到盘活存量金融资产的目的。

第三，有助于分散金融体系风险，丰富金融产品供给。不良资产证券化将不良债权转化为可流通的有价证券，将潜在风险分担给愿意承担的投资者，有利于缓解金融风险过度集中于银行体系的压力，也为投资者提供了更多新的金融投资产品。从国际经验看，资产证券化是一种重要的金融市场工具。在美国、日本、韩国等国家，通过不良资产证券化技术有效解决了商业银行破产倒闭等引发的经济金融危机。此外,美国还通过住房抵押贷款支持证券MBS,有效地拓宽了住房贷款的资金来源,解决了中低收入人群的住房问题。在德国,自2000年以来,中小企业银行开始联合德国各类银行开展资产证券化业务,为解决中小企业融资难题提供了便利。2015年底我国资产支持证券化规模为7178.89亿元,占国内债券市场规模不到2%,占GDP的比重约为1%,远低于美国的60%,也低于日本的3.6%和德国的2.8%。

二、本轮不良资产证券化的主要特点

对比我国曾经发行过的不良资产证券化产品,此次不良资产证券化有以下几个特点:

第一,实现了对公、零售不良资产批量处置的制度创新。作为我国不良资产证券化时隔十年重启后的首批发行,无论是中国银行发行的"中誉一期"还是招商银行发行的"和萃一期",均在多个领域取得标志性突破,分别实现了对公、零售不良资产批量处置的制度创新。其中,"中誉一期"基础资产主要为中国银行山东分行的不良类公司贷款,发行规模3.01亿元,入池资产规模12.5亿元,折扣率(发行规模相对入池资产总规模之比)为24.01%。"和萃一期"是中国首单信用卡不良资产证券化产品,入池资产均为信用卡透支不良债权,入池资产规模21亿元,发行规模2.33亿元,折扣率为11.09%,具有单笔金额小、无抵押、地域分散、现金流回收特征稳定等特点。

第二,优先档收益保障程度高。次级档占比较高为优先档提高"缓冲垫"。"中誉一期"优先档2.35亿元,占发行规模的比重为78%,"和萃一期"优先档1.88亿元,占其发行规模的比重为81%。换言之,二者"次级档"占比均在19%以上,远大于国际惯例要求的5%~10%的缓冲要求。此外,入池资产抵(质)押水平充足也为提高优先档收益提供了保障。例如,"中誉一期"抵押贷款余额占比达81%。另外,已回收本金多也有利于为资金回收提供充分保证。"中誉一期"已回收了1.8亿元的本金,占到优先档本金2.35亿元的77%,"和萃一期"也已经实际回收了1.85亿元,占到全部优先级证券发行金额 1.88 亿元的 98%。上述三方面因素，都将使优先档偿付风险小。

第三，创新流动性资金安排。为避免不良资产回收时点不确定性导致的资金不能及时偿付等流动性风险，"中誉一期"和"和萃一期"都建立了流动性支持的特殊安排。"中誉一期"首次引入非发起机构的次级投资者在流动性事件发生时提供流动性支持款项，并设立流动性储备账户，保障储蓄额覆盖利息支付日应付金额。"和萃一期"采用信用触发机制，一旦触发违约事件，则资金不再转入流动性储备账户，而是支付相关税费后直接用于偿付优先档利息，确保产品流动性。

作为不良资产证券化的再度试水，"中誉一期"和"和萃一期"都通过挑选相对优质资产入池、压低资产包转让价等方式，保障了投资人的收益，受到了市场的较大认可，其优先档分别以 3.07 倍和 2.28 倍获得认购，这为不良资产证券化进一步推广开启了成功案例，未来随着投资者队伍来源的日益广泛和配套制度的健全，不良资产证券化规模有望进一步扩大。

三、我国不良资产证券化面临的主要障碍

作为盘活存量资产的手段和工具，资产证券化是发达国家最重要的融资工具之一，正确利用好资产证券化，对促进我国经济结构调整、化解不良资产过快上升压力、拓宽债券市场的广度和深度意义重大。但是，在发展初期，不良资产证券化面临着种种发展障碍。

第一，配套法律制度有待健全。不良资产证券化过程和参与主体之间的关系都极为复杂，如果缺少相关法律体系的规范和保护，局部风险很容易扩大为系统性风险。2012 年财政部和银监会联合出台的《金融企业不良资产批量转让管理办法》有效地规范和指导了信贷资产证券化，但同时也给不良资产证券化带来了阻碍。该办法规定金融企业对 10 项以上不良资产进行组包时，必须定向转让给资产管理公司。这一规定限制了市场参与主体的参与程度和不良资产证券化产品的交易范围。特殊目的载体（SPV）是不良资产证券化过程中非常关键的中介，不需要固定的经营场所，其作用仅是收购不良资产进行打

包，证券化后出售。而我国现行《公司法》明确要求，公司成立必须有固定的经营场所和必要的生产经营条件；发行公司债券的有限责任公司其净资产不得低于6000万元，股份有限公司不得低于3000万元。由此可见，SPV在实际运作上依旧存在较多法律障碍。

第二，需要更多专业投资机构参与。不良资产证券化要实现"点石成金"作用的关键是通过多样性投资者的共同参与，达到以"时间"换"空间"和风险分散。受我国金融结构长期以银行为主体等因素的影响，未来不良资产证券化投资主体的培育仍然任重道远。一是合格投资者不足。目前资产证券化产品仅限于银行间市场发行流通，商业银行持有产品份额占到一半以上，券商、保险、基金等机构投资者参与程度不高，缺乏次级档的投资者（主要是一些专业机构投资者），这导致不良资产盘活能力弱、回收现金流得不到充分保障。二是参与主体专业化程度不够。大多数商业银行和非银金融机构均无不良资产证券化产品发行与交易的经验，缺乏相关专业人才，在不良资产组包、发行和交易等过程中容易发生操作风险。三是产品流动性不足。由于参与主体和产品种类单一，发行规模较小，投资者一般会长期持有产品，降低了产品交易程度，不利于市场发展壮大。

第三，定价技术和市场管理能力需提高。不良资产支持证券的定价主要基于资产组合未来现金流收入，这些现金流具有极大的不确定性，定价过程具有较强主观性。折价过低会降低商业银行的回收率，折价过高也会降低对投资者的吸引力，因此合理的定价是不良资产证券化成功发行的前提。相比信贷资产证券化，不良资产的定价尤其困难，这主要是由于不良资产的现金回收更加不确定，加大了估价难度。此外，不良资产证券化过程还涉及大量的中介机构，包括银行内部和外部信用评级机构、信用增信等担保和保险机构等。不良资产回收状况的好坏不仅取决于基础资产本身，也取决于交易中所有第三方的表现，例如服务机构和受托人等，道德风险的上升使得不良资产的信息披露和监督机制更加复杂。同时，在定价所需的基础数据方面，我国的商业银行还未经历完整经济周期的考验，全面的基础资产违约、提前还款和回收的历史数据获取较为困难，评级机构很难对产品准确评级，而中介机构也无法构建合理的定价模型，制约了不良资产证券化的发展。

第四，监管协调要加强。作为一项复杂的金融技术，不良资产证券化涉及发行、审批、交易、信用评估等多个环节，既涉及信用风险的评估，也涉及不良资产的定价，每个环节都需要银保监会、证监会等多个部门的共同参与，在目前分业监管机制下，协调成本较高。

四、开展不良资产证券化的国际经验

1990年，为有效解决储蓄贷款机构倒闭引发的经济金融危机，美国重组信托公司（RTC）开启了不良资产证券化的先河。亚洲金融危机爆发以来，又先后在日本、韩国等国家得到广泛应用。从国际看，主要有四个方面的经验教训。

第一，建立风险隔离制度是根本保证。设立特殊目的载体SPV，有利于降低发起人破产对资产证券化的影响，这一风险隔离制度设计是资产证券化良好运作的根本保证。美国和韩国都设立了具有政府背景的资产管理公司作为不良资产证券化的核心参与主体。美国重组信托公司由财政部为其筹集900亿美元损失准备金，负责接管不良资产，进行资产重组打包处理转给SPV。韩国政府直接持有韩国资产管理公司（KAMCO）约38%的股份，并为其提供政府担保。目前，SPV的设立有两种方式：一是由政府出面设立专门机构，例如成立美国信托资产重组公司专门进行不良资产证券化，实现银行资产的真实出售，这类模式称为表外模式，主要以美国为代表；二是出台配套法律法规，允许发起人出面设立SPV，以日本、韩国等为代表。大多数国家采用第二种方式设立SPV。通常，有政府背景的SPV具有更高的信誉，能够被大多数市场参与主体认可。

第二，信用增级技术是不良资产证券化成功发行的重要前提。如果不良资产支持证券的信用等级过低，会降低对投资者的吸引力，此时就需要对证券进行信用增级。当前国际上采用的信用增级手段主要包括三类：设立储备账户或利差账户；将证券区分为优先级与非优先级，由政府或商业银行对非优先级提供担保；由第三方担保和保险机构对期限较长的债券提供再担保或再保险。从美国资产证券化的实践看，其通常采用"发起—销售"的模式对资产证券化产品进行信用增级，即要求发起人对信用风险进行自留。《多德—弗兰克法案》要求发行人保留5%的信用风险自留。实现方式有三种：（1）各种级别的发行证券各保留5%；（2）保留整个资产池最底端的5%（第一部分损失）；（3）"L"形风险自留，即将上述（1）和（2）两种方案的等量结合。同时规定发行人不得对自留风险部分进行转让或对冲操作。

第三，提高参与主体的专业化水平。不良贷款证券化涉及发起人、发行人、受托管理人和服务商等多个主体，各个主体的专业服务能力是决定不良资产证券化能否"点石成金"的关键。在美国，证券化业务由市场自发产生，市场机制对各类主体的专业化能力起到筛选作用，而我国的不良贷款证券化以帮助银行摆脱不良贷款为目的，受政策推动，缺乏对受托管理人和服务商等主体的服务能力筛选机制，会在证券化产品的较长存续期内形成风险隐患。

第四，避免证券化产品链条过长。2008年国际金融危机中，美国证券化产品链条广受诟病，并认为其是引发此次危机的"导火索"。即证券化的发行人通过对债务担保凭证为基础资产，构造CDO、CDO2、CDO3等再证券化产品，以获取基础资产收益与债务担保凭证各组别支付的差额。这一套利操作使金融机构隐含的表外资产（出于声誉风险考虑，将这些已经出表的资产再次回购）远大于从资产负债表中剥离出来的不良资产。

第五，良好的风险控制是关键。2008年国际金融危机爆发表明，资产证券化定价过程的信息不透明、再证券化程度高以及监督不到位是危机爆发的重要根源，因此危机后各国都加大了对证券化产品的监管。核心内容有：一是加强监管协同，覆盖不良资产证券化运作全流程。美联储、美国证券交易委员会、美国联邦存款保险公司等对资产支持证券的发行、评级、交易的过程及参与主体进行监管，还特别增强了美联储的监管权力。二是加强对评级机构监管，改变由发行人付费的运行模式，降低道德风险，使其能真正发挥对证券化产品的风险提示作用。三是扩大资本对风险的覆盖面，将资产证券化风险等都纳入资本监管范畴，要求将所有银行承担的风险都纳入监管范畴。四是交易集中化，要求场外衍生品交易尽可能集中化。五是加强信息披露。美国证券交易委员会（SEC）要求资产支持证券发行机构对基础资产进行更彻底的审评并公开披露审评结果。

五、加快我国不良资产证券化制度建设进程

借鉴国外经验教训，针对我国现实发展中的瓶颈和不足，未来还需要加快相关制度的建设，为不良资产证券化的顺利推进保驾护航。

第一，建立健全配套法律法规。首先应解决 SPV 设立和运营的法律障碍，规范 SPV 在证券化过程中破产隔离、真实出售、资产池管理和会计处理等关键问题。参照欧美发达国家经验，结合我国金融市场实际情况，构建符合现阶段发展需求的不良资产证券化监管体系，明确各监管部门职责，形成统一的监管框架。出台有关信息披露的法律法规，以确保信息及时公开并反馈至各参与主体，形成有效的市场约束机制。

第二，加快市场需求和供给主体培育，提高参与主体的专业化水平。在确保风险总体可控的条件下，进一步降低不良资产证券化参与主体的准入门槛，推动市场参与主体的多元化。放宽对券商、保险、基金投资范围的限制，加快省级不良资产管理公司成立，允许更多民资和外资参与不良资产处置市场。加快培育证券化流程所需的中介机构，如信用评级和增级、资产评估，提高其专业化水平。提高各参与主体，尤其是不良贷款特殊服务商的服务能力，建立对受托管理人和服务商责任追溯机制，以降低受托管理人和服务商在管理不良贷款池时的道德风险，允许发行人在不良贷款证券化产品的存续期内向不同的特殊服务商转让服务权，以实现服务商之间的有效竞争。

第三，加强信息披露和监督协调，避免不良资产证券化产品链条过长。切实强化信息披露要求，要求发行人全面披露基础资产情况。提高评级机构在不良资产证券化中的参与度，发挥专业力量的监督作用。成立不良资产证券化监管工作协调小组，加强协调。限制不良资产证券化的链条，避免金融机构进行对杠杆水平不敏感的结构套利活动。

银行业如何更好地服务实体经济[*]

近年来,中国金融改革发展取得较大成就,金融市场和机构不断完善、金融产品不断丰富、金融服务不断提升,为国民经济和社会发展作出了重要贡献。但与此同时,中小企业和民营企业"融资难"和"融资贵"、农村金融发展滞后、金融市场分割、流动性不足和流动性过剩同时并存等问题依然突出。这表明与经济社会发展对金融产品和服务的需求相比,我国金融发展仍显得相对滞后。如何加大银行业对实体经济的服务和支持,对于促进实体经济和银行业自身健康发展具有重要意义。

一、银行业与实体经济共生共荣、唇齿相依

实体经济是银行业赖以生存和发展的基础。银行发展的根本动力是实体经济的投融资需求和相关服务需求,基本功能是优化资金资源配置,即吸收社会闲散资金并通过贷款将其转化为投资,进而促进经济增长、优化经济结构。实体经济一旦萧条甚至衰退,银行将面临巨大的系统性风险、较大的信用风险和流动性风险。同样,经济发展离不开银行业提供的金融服务。"金融是现代经济的核心",而银行是核心的核心。经济的较快增长,形成巨大的融资需求,

---

[*] 本文撰写于 2013 年,2019 年 9 月修改。

从而对金融业尤其是银行信贷产生了较大依赖。实体经济的转型与发展，也需要银行业的配合、支持才能得以推动和完成。因此，只有银行业金融机构与实体部门形成良性互动，才能真正满足社会经济和企业居民的金融需求，实现经济和金融的可持续发展。

习近平总书记在2019年2月22日中央政治局集体学习时强调指出，"金融要为实体经济服务，满足经济社会发展和人民群众需要。金融活，经济活；金融稳，经济稳。经济兴，金融兴；经济强，金融强。经济是肌体，金融是血脉，两者共生共荣。"这四组关系深刻揭示了经济和金融二者互为表里、互为因果和互相促进的关系。金融稳定、充满活力是经济繁荣和行稳致远的根本保障，经济兴旺繁荣则是金融又好又稳发展的前提和基础。

二、银行业支持实体经济存在"四个占比较低"的结构性问题

我国银行业对实体经济的支持已取得巨大成就，但目前银行业金融机构还存在"四个占比较低"的结构性问题。

（一）中间业务占比较低

中间业务不占用银行自身的资金，具有投入少、风险低的特点。发展中间业务不仅对银行有利，同时也是实体部门的迫切需求。中间业务能够提供多元化的金融服务，满足客户的投融资需求，提高市场的运行效率，从而推动实体经济的发展。最近几年，我国利率市场化进程加快，商业银行的竞争日趋激烈。2015年，央行对商业银行等金融机构不再设置存款利率浮动上限，基本放开存款利率上限管制，走出了利率市场化改革的关键一步。2019年，中央经济工作会议提出的党的十九大工作任务中，"稳妥推进利率'两轨并一轨'，完善市场化的利率形成、调控和传导机制"排在第一位。

预计未来存贷利率的价差空间进一步缩小，银行依靠传统存贷业务的获利空间也随之缩小。在利率市场化这一大背景下，中间业务收入将日益成为银行

未来盈利的主要增长点。目前我国银行业务的发展还不协调,除传统信贷业务外,其他类型的金融业务发展程度尚不高。虽然中国银行业金融机构中间业务收入占总收入的比重提升较快,但大银行也仅在20%~30%(见表1),与国际先进银行40%以上的平均水平相比存在一定差距。此外,我国商业银行中间业务创新能力不足,存在产品种类少、覆盖面窄等问题,各家银行差异性金融产品及其优势也不是很明显。中间业务仍较多局限于传统的支付结算、代理和银行卡等业务,而咨询服务类、投融资类和衍生金融工具类的中间业务发展滞后。

表1　　　　　　　　　　主要银行非利息收入占比

单位:%

年份\银行	工行	农行	中行	建行	交行	招行
2006	8.82	16.00	12.29	9.03	8.41	13.17
2007	12.17	20.40	21.34	14.27	13.77	17.23
2008	15.08	11.27	28.63	14.27	14.38	15.23
2009	20.56	16.03	31.58	17.99	17.76	21.54
2010	20.24	16.03	29.93	20.44	18.46	20.04
2011	23.66	18.67	30.50	21.91	19.18	20.64
2012	22.18	18.98	29.81	23.34	18.47	22.05
2013	24.80	18.68	30.41	23.41	20.54	25.41
2014	25.10	17.46	29.63	23.33	24.03	32.47
2015	27.20	18.66	30.71	24.36	25.62	32.13
2016	30.19	21.33	36.72	30.95	30.17	35.61
2017	28.14	17.71	29.98	27.22	35.02	34.43
2018	26.01	20.19	28.64	26.20	38.44	35.44

资料来源:各银行历年年报、中国银行研究院。

(二)中小企业贷款和涉农贷款占比较低

尽管近年来银行业不断加大对中小企业、民营企业的信贷支持力度,信贷占比显著提高,但总体占比依然偏低。现在银行业贷款余额中,民营企业贷款仅占25%左右，而民营经济在国民经济中的份额超过60%。民营企业从银行得到的贷款和它在经济中的比重不相匹配。此外，我国的中小企业吸纳了大量就业人口，创造的最终产品和服务价值约占国内生产总值的60%。如果中小企业的融资需求无法得到有效满足，经济发展将会受到重大影响。尤其是在拉动中国经济增长的传统动力不断衰减的大背景下，创新金融产品和服务，加大对民营经济的支持力度，对中国经济的持续较快发展更具有长远的战略性意义。由于农村金融的风险和运营成本较高、收益较低，导致农村金融供给严重不足，金融发展的城乡差距在扩大。根据调查，2018年，农业在我国GDP中所占的比重是7.2%，而每年农业贷款在所有金融机构贷款余额中的比重大约占6%。银行业设在农村的营业网点稀少，有些乡镇甚至出现金融机构空白，只能依赖于民间借贷。即便有些农村地区能得到银行的金融服务，农民可以选择的金融产品也比较单一，信贷资金支农的力度还远远不够。

（三）个人金融服务占比较低

银行业对个人信贷的支持，不仅可以增加银行的收入，更重要的是能够满足城乡居民的消费需求，进而可以扩大内需，繁荣消费市场，推动生产并带动相关产业，对支持国民经济持续稳定发展起到积极的推动作用。作为拉动经济增长的"三驾马车"之一，扩大消费尤其是居民消费是稳定增长、调整结构、改善民生的重要着力点，也是兼顾短期增长和长期发展的有机结合点。如何为居民消费提供更多、更好、更便利的金融产品和服务，对扩大居民消费至关重要。随着经济的不断发展，中国广大居民的生活水平显著提高、财富不断累积，多样化的金融需求也越来越旺盛。但由于个人贷款业务综合收益不高、零售业务缺乏创新动力等原因，虽然中国银行业金融机构个人贷款的占比在稳步提高，但其与工商企业贷款相比份额仍然较低。表2数据显示，六大行个人贷款占比虽然都在稳步提升，但2018年基本仍稳定在30%~40%，与国际大型银行占比50%以上存在着明显的差距。目前，银行业金融机构向个人提供融资服务存在着数量有限、业务品种单一、交易成本高、居民认知度低、产品缺乏创新等问题。

表2　　　　　　　　　　六大行贷款的客户结构　　　　　　　　单位：%

年份	客户结构	工行	农行	中行	建行	交行	招行
2006	公司贷款	81	89	73	78	86	78
2006	个人贷款	19	11	27	22	14	22
2007	公司贷款	79	85	74	76	84	72
2007	个人贷款	21	15	26	24	16	28
2008	公司贷款	80	84	76	77	85	70
2008	个人贷款	20	16	24	23	15	30
2009	公司贷款	77	79	77	75	82	65
2009	个人贷款	23	21	23	25	18	35
2010	公司贷款	76	77	75	75	81	65
2010	个人贷款	24	23	25	25	19	35
2011	公司贷款	73	75	74	73	80	64
2011	个人贷款	27	25	26	27	20	36
2012	公司贷款	73	72	68	72	80	64
2012	个人贷款	27	28	32	28	20	36
2013	公司贷款	71	69	66	70	77	63
2013	个人贷款	29	31	34	30	23	37
2014	公司贷款	70	68	65	68	75	63
2014	个人贷款	30	32	35	32	25	37
2015	公司贷款	69	68	64	65	73	58
2015	个人贷款	31	32	36	35	27	42
2016	公司贷款	65	64	61	60	72	50
2016	个人贷款	35	36	39	40	28	50
2017	公司贷款	64	62	58	58	69	49
2017	个人贷款	36	38	42	42	31	51
2018	公司贷款	62	60	58	56	66	48
2018	个人贷款	38	40	42	44	34	52

资料来源：各银行历年年报、中国银行研究院。

（四）中小银行业金融机构占比较低

在银行业中，中小金融机构只包括各地的城市商业银行、城市信用社和农村金融机构。大银行具有系统重要性，中小金融机构则可与大银行形成业务互补，深化金融服务层次，创造金融市场活力。更为关键的是，中小金融机构因其自身的特点，使其相对于大型金融机构更倾向于向中小企业贷款，因而在解决中小企业融资难、个人金融供给不足、促进农村金融繁荣等方面具有天然优势。数量充足、实力强劲的中小金融机构是有效服务地方经济的保证。由于历史等多种原因，银行业中小金融机构存在着数量少、规模小的问题。图1显示，银行业中的中小金融机构占比只有26%左右，与国外发达经济体相比差距较大。虽然近年来中小金融机构发展较快，仍然无法有效满足实体经济的金融服务需求。

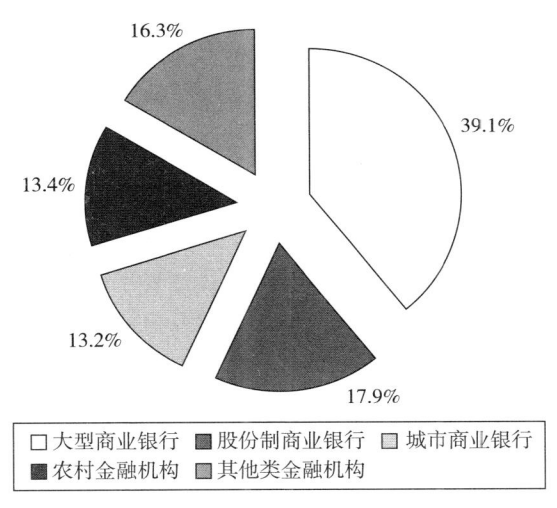

资料来源：中国银保监会。

图1　2019年5月银行业金融机构资产份额

三、加快银行业转型步伐，增强服务实体经济的能力

针对中国银行业在服务实体经济中存在的"四个占比较低"问题，并结合金融市场发展的现状，我们认为，加大对实体经济的服务应着重从创新入手。尤其当前面对着宏观经济走势下滑、利率市场化加速推进、金融"脱媒"

现象日益明显、资本监管压力增大等种种挑战，更需要银行业加快创新和转型步伐。

（一）理念上的创新

理念是行动的先导。由于种种原因，过去金融业创新的动力或意愿相对不强。如今，在新的形势下，银行业应顺势转变理念，把创新提升到经营发展的战略高度。首先，银行业金融机构应敏锐地感知到实体经济的需求，充分意识到金融创新的紧迫性；其次，银行业金融机构应将创新的理念贯彻到实际的经营管理中，打造特色化、差异化的经营管理策略。银行业金融机构只有具备改革创新的精神，不断提升创新的能力，才能使自身在竞争中获得优势，也才能更好地支持实体经济的发展。

（二）产品上的创新

产品创新是金融创新的载体和关键领域。产品开发应以现实需求为出发点，尤其要满足中小企业、涉农领域和个人消费等薄弱领域的资金需求，引导信贷流向实体经济。在中小企业信贷方面，要针对其贷款"小、急、频"的特点，创新抵押、质押、保证等担保方式，开发出有特色的信贷产品；同时应积极探索参与中小企业私募债券，并扩大中小企业集合债、集合票据和短期融资券规模，加大对中小企业的扶持。在涉农领域方面，应放松对金融创新的管制，重点发展担保类创新产品，建立多层次农业担保体系。银行需加强与政府部门、资本市场、保险市场和小额信贷机构的合作，改善农村融资环境。个人金融方面，应在推广住房贷款、购车贷款的基础上，创新推出其他个人消费贷款和个人经营类贷款等产品。在贷款利率、期限、额度、还款方式的制定上，应实行差别化策略，以充分满足客户的多元需求。

（三）服务上的创新

服务水平将成为银行未来竞争的决定因素。银行业金融机构只有从客户角度出发，创新服务方式、提高服务质量，才能更好地服务客户并保持自身的竞争优势。人员建设方面,银行从业人员应提高自身服务态度和业务素质,在响应客户的诉求时能够及时、准确地作出答复;渠道建设方面,要优化网点布局;网点内部,应创新配置便民设施,提高系统运行效率,减少客户等待的时间;客户关系建设方面,应加大服务宣传力度,普及基础金融知识,可以通过举办针对居民、中小企业主、农户等的培训,设立专门的咨询平台等方式,加深客户对银行产品和服务的了解,使客户明确自身的金融需求并维护自身的合理利益,实现客户需求和服务供给的有效对接。

(四) 机制上的创新

银行机制上的改进与革新能够提高其结构效率和运营效率,从而更好地服务实体经济。第一,创新信贷调查、审批和发放机制。对经济薄弱领域开通绿色信贷通道,简化贷款手续并缩短审批时间,方便贷款客户。第二,创新客户评级机制。汲取国外先进的评级经验,针对不同客户的特点开发不同的评级方法、评级指标和权重,并对评级结果及时更新。第三,创新金融机构内部管理机制。应针对从业人员制定激励与约束机制,引导其关注经济薄弱领域的信贷投放。例如设立中小企业、涉农贷款的年度考核目标,鼓励金融机构向实体经济投放贷款,克服"惜贷"行为。

(五) 技术上的创新

科技创新日新月异,银行业金融机构应将先进的信息技术融入业务,提高服务效率和水平。首先,加大对银行信息系统的建设并提高科技投入,提升银行对客户信息的收集、处理和传递能力,分析和预测客户需求,及时提供个性化金融产品与服务。大力推广网上银行、手机银行、智能IC卡、电子支付结算等新型银行业务,在保证安全的基础上拓宽覆盖范围。中小企业和农村地区尤为需要信息技术的有力支撑,比如依托网络平台,发展网上融资业务,为中小企业和"三农"领域拓宽融资渠道。其次,要重视银行IT队伍的建设,建立正面的创新激励,鼓励IT人才积极开发出满足现实需要的科技产品,并全面负责所在单位的科技研发、运行、维护和推广。

（六）机构上的创新

居民部门和企业部门、大型企业和中小企业、城镇地区和农村地区对金融的需求各不相同，反映出实体部门的需求具有层次性。这在客观上要求金融机构也应该是多层次的。中小金融机构在服务中小企业方面具有比较优势。针对当前的情况，为满足中小型企业、农村经济和一般居民的金融需求，应在金融体系上着手创新，不仅要重视大型金融机构的发展，更要创建能够全面服务经济发展的中小金融机构。创新多层次银行业金融体系的重要途径是引进民间资本。民间资本进入银行业，有助于引导市场的充分竞争，进而推动银行业的转型，增强银行业金融机构的自主创新能力。政府应该大力支持民间资本创新发起面向中小企业和农户的中小金融机构，如社区银行、村镇银行、小额贷款公司、金融租赁公司等，逐步建立起"大银行重点服务于大客户，中小金融机构重点扶持中小企业和农户"的专业化、特色化的金融体系。

银行流动性管理对货币供给的影响[*]

始于 2008 年的国际金融危机唤起了国内外对加强银行流动性管理的重视，相关研究方兴未艾，监管新规陆续出台。总体来看，现有研究大多集中于对危机中暴露的流动性管理缺陷的反思、对国际监管新趋势的把握，以及对流动性风险管理实践提出策略建议等方面，而较少论及流动忄管理对货币供给的影响。本文从流动性监管的核心指标入手，分析银行流动性管理对货币供给的影响及其作用机制。

一、流动性定义与银行流动性管理的演进

流动性这一概念有不同角度的解释。在货币定义和货币层次划分中，流动性是指金融资产变现的能力（变现的难易、成本和速度）；在宏观经济领域，流动性"不仅包括银行的存款负债，还包括范围广泛的其他金融中介机构的短期负债"。对商业银行而言，流动性是其为资产增加而融资以及偿还到期债务的能力。相应地，流动性风险是指商业银行虽然有清偿能力，但无法及时获得充足资金或无法以合理成本及时获得充足资金以应对资产增长或支付到期债务的风险。

---

[*] 本文撰写于 2012 年，2019 年 9 月修改。

西方国家对银行流动性管理的研究和实践经历了资产管理、负债管理和资产负债综合管理三个阶段。在我国，则由于受国家信用的担保、未完全市场化的利率以及长期以来较为充裕的社会流动性水平等因素的影响，国内商业银行在过去很长一段时间"没有开展过真正严格意义上的流动性管理"，因而对其的研究与实践都相对薄弱。

2007年次贷危机爆发，并逐步形成席卷主要资本主义国家的"金融海啸"。在此次国际金融危机中，许多资本水平充足的银行因流动性管理体系存在缺陷，在市场流动性水平突然逆转的情况下，丧失了流动性而陷入困境。对危机的反思，使社会各界对银行流动性风险管理给予了前所未有的重视。巴塞尔银行监管委员会相继出台了《稳健的流动性风险管理与监管原则》和《流动性风险计量标准和监测的国际框架》，首次提出了全球统一的流动性风险监管定量标准，构建了商业银行流动性风险管理和监管的全面框架。顺应这一新的监管导向，2009年银监会颁布了《商业银行流动性风险管理指引》，2011年10月又拟定了《商业银行流动性风险管理办法（试行）》（以下简称《办法》）。《办法》提出了多维度的流动性风险监测分析框架及工具，构建了全面的流动性风险管理框架，有助于引导银行提高流动性风险管理的精细化程度和专业化水平。

二、加强流动性管理对货币供给的影响

目前，监管部门为商业银行的流动性管理设定了存贷比、流动性比例、流动性覆盖率和净稳定资金比例这四个监管指标以及流动性缺口、流动性缺口率、核心负债比例等七个监测参考指标。这些指标共同构成了商业银行流动性管理的指标体系。作为货币创造主体的商业银行，在实现自身流动性指标符合监管要求的同时，其经营与业务结构也在发生变化。这些变化通过资产负债表的传导最终将对全社会的货币供给带来影响。以下从四个监管指标入手，分析流动性管理对银行货币创造的影响。

（一）存贷比指标对货币供给的影响

存贷比等于各项贷款余额除以各项存款余额。其中，各项贷款包括各种短期贷款、中长期贷款等，但不包含票据融资；各项存款包括单位存款、居民存款、财政存款和金融同业存款等。监管部门要求商业银行存贷比不得超过75%，这意味商业银行新增的存款最多只能有75%能够被贷放出去。

如同一对孪生兄弟，存贷比与法定存款准备金率一样，对商业银行发放贷款进而创造出货币的机制有着相近的直接抑制作用。也就是说，25%的法定存款准备金率之于货币创造的作用大体等价于75%的存贷比。

但另一方面，两者对货币供给的影响又有所不同，主要体现在两个方面：一是针对的存款对象不同。法定存款准备金计提的对象是一般性存款，而存贷比指标计算的是各项存款，两者的差异在于各项存款还包括了未纳入一般性存款的金融同业存款和部分财政性存款。因此，从这个角度说，存贷比指标的约束范围更广。二是在特定区间两者的约束力将呈现一定的互斥效应：当法定存款准备金率在0~25%的区间内时，受75%存贷比红线的制约，降低法定存款准备金率并不能有效拉动银行贷款增长；同样，当法定存款准备金率过高（如高于25%）时，75%的存贷比控制线也就形同虚设，不利于调动银行流动性管理的积极性。

（二）流动性比例指标对货币供给的影响

流动性比例等于流动性资产余额除以流动性负债余额。其中，流动性资产包括现金、黄金、超额准备金存款以及一个月内到期的其他资产（如一个月内到期的同业往来资产方净额、应收利息及其他应收款、合格贷款、债券投资等），流动性负债包括活期存款（不含财政性存款）和一个月内到期的其他负债（如一个月内到期的定期存款、同业往来负债方净额、已发行债券、应付利息及各项应付款、中央银行借款等）。银保监会要求商业银行流动性比例不得低于25%，即银行每吸纳四个单位的流动负债就至少要有一个单位的流动资产作为保障。银行提高流动性比例以满足监管要求的方法主要是增加流动性资产或者缩减流动性负债。

目前，国内银行以客户存款为主体的负债格局短期内难有根本转变，但通过金融市场融资、同业拆借等手段进行的主动负债规模越来越大，总体上商业银行的负债仍具有较大的被动性。负债管理的刚性与难以自主性使得商业银行主动缩减流动性负债远比主动增加流动性资产来得困难，因此，增加流动性资产是商业银行提高流动性比例的主要途径。从流动性资产的内部结构看，商业银行流动性最高的资产主要是库存现金、在中央银行的超额存款准备金以及存放其他商业银行的活期存款，它们可以随时用于清偿支付；其次是短期同业拆借、短期债券投资等；贷款尤其是中长期贷款的流动性较差，也面临较大风险，即使是短期流动资金贷款，能否到期收回也具有不确定性。因此，商业银行需要提高自身流动性比例时，往往选择增持超额存款准备金、同业活期存款以及可靠的短期债券等高流动性资产的手段，而不会选择扩大贷款（哪怕是短期贷款）规模。于是，银行的贷款业务受到抑制，存款货币的创造能力受到制约，货币供给能力下降。

（三）流动性覆盖率指标对货币供给的影响

流动性覆盖率等于优质流动性资产储备除以未来30日现金净流出量。其中，优质流动性资产指具有低信用风险和市场风险等特征，在无损失或极小损失的情况下容易快速变现的资产，它包括以现金、央行准备金（压力下可以提取的部分）为主的一级资产，以及能满足特定条件的主权证券、公司债券为主的二级资产；现金净流出量是各类负债科目（含表外承诺等或有项目）余额与其预计流失率（被提取率）的乘积减去各类应收款项余额与其预计流入率的乘积。银保监会要求商业银行的流动性覆盖率应当不低于100%，即未来30日内每单位现金净流出都至少有一单位优质流动资产提供支撑。显然，商业银行提高流动性覆盖率以满足监管要求的方法不外乎增加优质流动性资产储备或减少未来现金净流出两种。

从分子看，根据定义，增加优质流动性资产意味着银行的资产配置要向库存现金、超额准备金和低风险的有价证券倾斜，而能够派生存款创造出货币供给的贷款资产配置减少，货币供给受到抑制；从分母看，减少现金净流出意味着银行要增强自身负债的稳定性并提高及时融入新资金的效率，即需要不断提高自身吸纳资金的能力，减少资金"脱媒"。因较强的资金吸纳能力往往与较强的货币创造能力相伴，因此，银行减少现金净流出将有利于货币供给的形成。

综上所述，流动性覆盖率监管对货币供给既有促进的一面也有抑制的一面，最终效应取决于商业银行的行为选择——是以增持优质流动资产为主要手段，还是以减少现金净流出为主要手段。从我国当前情况看，负债的稳定性仍取决于客户的行为偏好，如年末年初现金需求旺盛带来的 M0 扰动，2004—2007 年因股市交易活跃带来的居民活期储蓄存款剧烈波动，乃至为谋求更高收益的"存款搬家"等；而融资的便利性、及时性则主要取决于金融市场的成熟度和社会流动性的总体情况。因此，从实际出发，增加优质流动资产仍是当前我国银行提高流动性覆盖率指标所能采取的主要手段。这样，流动性覆盖率监管总体上倾向于抑制货币供给的扩张。

（四）净稳定资金比例对货币供给的影响

净稳定资金比例等于可用的稳定资金除以所需的稳定资金。其中，可用的稳定资金是指在特定的持续压力情景下，1 年内可作为稳定资金来源的权益类和负债类资金，包括一级资本、二级资本、部分稳定存款和"欠稳定"存款等；所需的稳定资金是银行各类资产或表外风险暴露项目与相应稳定资金的需求系数（以下简写为 RSF）之和。银保监会要求净稳定资金比例不低于 100%。

如同存贷比"孪生"于法定存款准备金率，净稳定资金比例与资本充足率有着相近的结构：分子项，前者比资本充足率多了部分负债，如有效余期大于等于 1 年的有（无）担保借款、零售和小企业客户的"稳定"存款等；分母项，两者都是表内资产和表外风险暴露的加权和，差异在于具体项目及其对应的加权系数并不相同。相近的结构也决定了两者对货币供给有着相近的影响——如同资本监管抑制了银行高风险资产业务的扩张。由于补充资本的相对困难以及上文所述的负债管理的被动性，当银行需要提高净稳定资金比例时，往往只能采取减少分母即缩减所需的稳定资金规模的策略。这意味着以多数贷款资产为代表的高 RSF 系数的资产项目将被压缩，银行资产配置将向低风险的现金、同业拆借、有价证券投资等低 RSF 系数的资产倾斜，贷款扩张受到压制，货币供给水平下降。

三、结论及相关建议

以上分析表明，在对货币供给的作用和影响机制方面，存贷比在促进商业银行稳健经营的同时，对其吸收存款发放贷款进而派生货币的机能也会产生一定的影响，与法定存款准备金政策有着大体相近而又不完全等同作用；流动性比例和流动性覆盖率着眼于资产的流动性对负债流动性或现金流的抵补和保障作用，但在负债自主性、稳定性等要素仍是银行不可控因素的现实背景下，往往会促使商业银行缩减贷款规模转而配置更多的现金、超额准备金、有价证券等低风险、高流动性资产；净稳定资金比例与资本充足率监管有着相近的作用，将促使商业银行增加低资本占用、低稳定资金占用的资产业务，传统"双高占用"的信贷业务将受到挤压，进而抑制商业银行的货币供给功能。因此，商业银行在加强流动性管理的同时，将对货币供给产生一定的抑制效应。

综上所述，微观监管政策及金融机构对自身资产负债结构进行最优安排等因素，正对我国货币供给的规模产生越来越显著的影响，使得中央银行货币政策对货币供给的实际影响受到削弱。对此，在加强宏观货币政策与微观监管政策协调配合的同时，着眼于建立健全宏观审慎管理框架，要把货币政策调控手段如利率、汇率、存款准备金率等与微观审慎管理的要求如存贷比、资本充足率、拨备率、流动性比例等有机地结合起来，从而更为系统、有效地实施宏观货币调控。

金融助力农业企业"走出去"*

农业企业"走出去"是保障我国粮食安全和重要农产品有效供给的战略需求。加大金融支持是我国农业企业"走出去"的重要保障。近些年来,随着我国农业企业"走出去"步伐加快,金融支持农业"走出去"力度也明显增强。未来,应借鉴国际经验,构建和完善金融支持农业企业"走出去"的政策体系,助力我国农业企业提高全球竞争能力。

一、金融支持农业企业"走出去"新趋势

第一,支持主体多元化。支持农业企业"走出去"的金融机构主要包括政策性金融机构和商业性金融机构两类:政策性金融机构主要以国家开发银行、中国进出口银行、中国出口信用保险公司为代表,它们主要提供出口信贷、优惠贷款、担保、保险以及外汇管理等政策性金融支持;商业性金融机构以五大行为代表,它们不断通过市场化方式向"走出去"企业提供全方位的金融服务。另外,2012年12月,中国农业产业发展基金正式成立,基金旨在通过支持龙头企业提高资本实力,发挥龙头企业的带动作用以提升农业产业化水平发展;除此之外,以农业部、外汇管理局为代表的政府部门不断加强与金

---

* 本文撰写于2016年,2019年9月修改。

融机构的沟通与合作，为促进农业"走出去"发挥了积极作用。

第二，支持力度明显增强。主要体现在两个方面：首先，政策性金融机构是服务的中流砥柱。农业发展受多重因素制约，面临市场和自然的双重风险。政策性金融能够体现国家产业发展方向，是金融服务支持农业"走出去"的主力军。截至2014年末，中国进出口银行相继对100余家农业产业化龙头企业提供贷款支持，累计金额168亿元人民币。截至2015年第一季度末，国家开发银行共支持379个农业对外合作和农业"走出去"项目，累计发放贷款157亿美元，贷款余额67亿美元。其次，商业机构的支持力度明显增强。比如，中国银行凭借国际化领域的优势不断加强对农业"走出去"的支持力度。2013年，中国银行支持双汇集团出资71亿美元收购美国史密斯菲尔德公司，创造了中国对美企业并购、非国企海外并购以及全球畜牧业领域最大金额并购等多项纪录；中国农业银行建立了"走出去"分层工作机制，安排专项资金满足"走出去"企业客户的融资需求，突出自身支持农业发展定位，为农业"走出去"客户提供了全方位金融服务。

第三，支持手段日渐丰富。除了传统商业银行的存、贷、汇业务，金融支持农业企业"走出去"的手段日渐丰富。例如，中国银行利用综合化经营优势，通过投行、商业银行业务条线的协调机制，促成双汇收购案的实施；工商银行与出口信用保险公司合作推出PPP项目投融资、大宗商品结构化融资、次主权担保项目融资、当地币出口信贷、中信保项下债券发行、租赁与保险组合产品等十项创新业务；国开行充分利用国家政策支持，向东道国央行、金融机构开展授信、转贷等服务。

第四，机构合作持续加深。主要体现为：通过协同集团内部子公司提升服务品质。中信银行借助综合化经营优势，借助中信证券及中信银行国际有限公司等集团旗下机构建立业务协同机制，定期召开联席会议为"走出去"的企业服务。银行间、银保、保险间合作不断加深。2006年进出口银行与中国农业发展银行签署了合作框架协议，双方在代理业务、项目、融资等多个方面达成了合作共识。出口信用保险公司已与包括国开行和俄罗斯工业通讯银行在内的35家中外资银行在短期和中长期出口信用保险、投资保险、担保等项下开展业务合作。中国出口信用保险公司主动与多家农业保险公司沟通，提出了"分段承保、全程覆盖、促进融资、扩大出口"的构想，并积极寻找有潜力的"共同客户"作为试点。产业基金成为政府和机构合作的新形式。2012年12月，农业产业发展基金首期规模为40亿元，由财政部联合中国信达、中信集团和中国农业发展银行共同发起设立。自成立以来，基金在2013年和2014年分别实现净利润915.25万元和3883.81万元，国有资本保值增值率分别达100%和102%。

二、金融支持农业企业"走出去"存在的突出问题

第一，涉农贷款规模仍然较小，比重偏低，难以满足"走出去"农业企业的资金需求。以五大行为例，截至2014年底，五大行累计投放涉农贷款余额为6008亿元，不足同期五大行资产规模的1%，较美国、英国、法国等发达经济体大型银行平均4%的占比存在明显差距。同时，政策性银行的涉农贷款投放力度也有待进一步加大。截至2014年底，农业部共向进出口银行推介项目346个，合计资金642亿元，进出口银行审批通过的项目仅为86个，合计资金227.2亿元，审批成功率和资金比例分别仅为24.85%和35.39%。

第二，贷款期限不能很好地满足农业"走出去"企业的融资需求。农业生产周期较长，农业企业对中长期贷款的需求要明显多于短期贷款。但从实际农业企业获得贷款的期限结构看，短期贷款的占比高达80%，中长期贷款比重仅为20%左右，部分龙头企业由于中长期贷款不足，不得不占用流动资金贷款来对接长期项目，部分企业甚至使用"过桥"贷款等高成本资金。

第三，贷款审批程序冗长，金融服务成本较高。申请涉农贷款除了前期需要准备大量材料外，还需通过抵押评估和银行审贷等一系列程序，这无形中又增加了企业的融资成本。另外，为补偿农业贷款较高的信用风险，商业银行倾向于在发放贷款的过程中确定更高的风险溢价，如在原定利率的基础上增加1.2%~2%的费用。

第四，金融服务以存贷款业务为主，难以满足多元化需求。我国银行服务

"走出去"农业企业还是以传统的存贷款业务为主,提供的金融服务相对单一,涉及投行、资本市场的金融服务相对较少。2014年全年,工、农、中、建四大行的海外收入中,利息收入占比高达90%以上,而同期全球海外利润占比在50%以上的大型银行中,利息收入占比平均在50%左右。根据2014年对政策性银行客户的调查问卷,有64%的客户希望政策性银行加强结算环节的业务和服务,84%的企业希望加强融资贷款服务,72%的企业希望获得信用担保服务。企业的诉求反映出政策性银行在满足客户多元化金融需求方面仍然存在较大的改进空间。

第五,中资银行的国际化难以满足农业企业"走出去"需要。首先,我国大型银行网点布局的广度和深度仍不足,这主要体现在网点基础设施、海外机构数和海外员工数上。截至2014年底,五大行海外机构数占比分别为2.4%、0、5.5%、0.2%和1.9%;在海外设点的国家数分别为41个、10个、41个、15个和12个,与同期日资三大银行相比存在明显差距(日资银行的平均水平分别为24%和39个国家)。另外,从海外布局的结构来看,目前的海外布局难以满足匹配我国农业企业对外投资的需要。以国际化程度最高的中国银行为例,截至2014年底,中国银行境外机构数为628家,且境外机构中的80%分布在港澳台地区,而我国涉农对外直接投资多分布于东南亚、非洲和大洋洲地区,商业银行的海外布点与农业对外投资企业的投资地点并不一致。

第六,涉农贷款的风险防范机制有待增强。一是信用风险。农业企业将大量资金投入农业基础建设和农地经营权租赁,这些投入形成的资产难以满足金融机构的抵押要求。与此同时,金融机构许多涉农贷款都是以信用贷款的形式发放,缺乏足够的抵押、担保。除此之外,国内金融机构对国内农业企业母公司的信用评级未能在境外推广和接受,难以参考这些信用资料为境外新公司建立信用记录,制约了境外公司(控股公司)的融资能力。二是流动性风险。农业生产周期较长,农业企业对中长期贷款的需求远大于短期融资,银行海外的资金来源较为匮乏,我国五大行海外运营中的贷存比压力尤为突出。三是国别风险。农业受一国国内社会治安、自然气候以及地缘政治等因素的影响较大,针对这些风险,中资商业银行截至目前尚没有较好的风险对冲机制。

三、金融支持农业企业"走出去"的政策建议

（一）提升中资金融机构跨国金融服务水平

第一，加快构建我国金融机构的离岸金融体系，提高金融机构的国际化程度。推动金融资本和农业产业资本高效联合"走出去"，扩大金融服务覆盖地区和范围，支持已开设境外分支的金融机构加快海外经营网络建设，提高离岸金融网点的服务能力，建立全球统一授信体系，更为有效地实现跨境授信、跨境放款，更好地满足境外企业的需求；鼓励尚未创设海外分支的金融机构积极开展离岸金融业务，通过扩展海外合作网络和信息化建设，实现在境内满足境外农业企业对金融产品和服务的需求，降低农业企业交易成本。

第二，优化金融机构海外金融服务流程，丰富海外金融产品和服务。密切关注国家在农业领域的对外投资战略规划，建立"走出去"项目库，主动营销"走出去"客户。针对农业企业"走出去"的不同特点，提供差异化金融产品和服务，如股权融资、出口应收账款质押贷款、海外资产抵押贷款等，从传统贷款提供者向金融综合服务商转变。利用金融机构的信息优势和人才优势，为农业企业对外投资的资金往来提供银行结算服务，并针对农业企业"走出去"对监管审批、尽职调查、商务谈判、投资管理等服务的需求，积极发展交易咨询、并购顾问等投行服务。

第三，鼓励商业银行在民营企业对外投资比较集中的区域，尤其是境外农业经贸合作区、农业开发区所在地设立分支机构或办事处。对于那些不确定因素较多的国家和地区，可探索政策性银行先设立分支机构、商业银行后跟进的方式。

第四，修订贷款通则中禁止资本金贷款的限制，允许商业银行贷款给农业"走出去"企业用于境外公司的资本金投入，特别是境外并购。探索农业"走出去"企业以境外资产、股权、矿业开采权、土地等做抵押，由境外银行出具保函进行"外保内贷"的融资模式。

（二）拓展境外投资的多元化融资渠道

设立覆盖全产业链的农业对外投资基金。仿照丝路基金的创建模式，各部委合作组建以股权投资为主的开放式专项产业基金。初期资金由财政资金和政策性银行构成，在中后期加入市场化的社会资金，甚至吸收"走出去"农业企业的资金。

鼓励农业企业充分利用海外资本市场融资，积极推动符合条件的跨国经营企业发行短期融资券、中期票据、集合票据等债务与股权融资工具。探索农业企业与商业金融机构之间联合股权投资支持的模式，引进风险投资基金或私募基金，支持境外农业企业的科技研发。

疏通境内外企业之间的资金流通渠道，建立开展跨境人民币双向资金池模式。取消境外投资规模限制以及放宽股东贷款的条件限制，为农业企业提供全方位的金融服务解决方案；在部分"走出去"农业企业较多的省份或自贸区内，引导企业开展跨境人民币双向资金池业务，便利企业根据自身需求在境内外自由进行资金的双向调拨，进而提高资金使用效率。

（三）构建部际联合金融支持体系

拓宽和深化农业部门同人民银行、证监会、银保监会、政策性银行等部门的战略合作，积极探索金融促进"走出去"的模式，形成合力，为金融支持农业企业对外投资注入更加持久的活力。巩固完善现有的部际联席沟通机制，继续强化农业部门和金融部门的定期磋商机制，加大协调指导力度，加强各部门之间的联动，促进金融支持"走出去"政策的落地。明确农业对外合作金融支持总体规划，形成农业企业对外投资、金融提供"一条龙"服务的良性互动。

（四）健全境外投资风险分担机制和信用保险支撑

完善境外农业投资风险评估和多渠道风险分担补偿体系，帮助企业有效地判断和分散风险。一是尽快建立境外投资风险评估机构，针对农业企业经营的特点和风险特征，设立科学规范的风险评估体系；根据不同风险级别、地理区域建立风险跟踪机制；根据东道国的政策动向、重大政治经济事件建立风险预警机制。二是鼓励企业完善跨国经营风险管理制度，合理采用各类市场手段分担化解企业运营过程中的经济风险。三是政府需要建立农业境外投资的损失补偿金制度，构建海外投资税收和贴息的风险补偿机制。

鼓励政策性和商业性保险机构设立专门针对农业"走出去"的优惠保险体系，建立审批业务和保险业务相分离的出口保险制度，形成由政策性保险机构承担审批职能，政策性和商业性保险机构共同承接保险业务的海外投资保险制度。一是稳步放开短期出口信用保险市场，增加经营主体，形成中短期业务以商业保险为主、中长期以政策性保险为主的格局。二是创新和完善专门针对农业企业对外投资保险险种，充分利用商业银行的研发能力和灵活度，针对承运风险、自然灾害风险和市场风险等进行保障，而政策性保险可以兜底保障政治动乱风险、外汇风险等。三是扩大对农业企业对外保险、担保的使用范围和功能，将承保环节从出口报关延伸到生产养殖阶段。四是丰富对外担保的方式和手段，降低专项保险和对外担保的费率，根据企业实际情况设计差别化产品。

（五）创新政银企对接合作的支持模式

建立银企合作的产融结合战略发展模式。银企联手开展战略合作，优势互补，超越传统的借贷关系，达成战略上的一致，共同控制农牧业的产业波动风险，实现即时的产融合作。

建立政银合作的财政支持双选项目模式。为农业"走出去"项目提供差异化选择，综合发挥商业银行方式灵活和政策性银行贷款利率低的优势，由之前定向推介方式转变为"项目选银行，银行选项目"的双选方式，以竞争促进服务效率提高，以市场机制筛选最合适的项目，对项目本身也有倒逼改进的作用。

建立政企合作的直补放贷或财政质押模式。发挥财政补贴政策的杠杆效应，最大限度调动金融机构放贷的积极性，可以先通过直补放贷或承保金融机构的形式，间接支持获得政策性金融机构贷款或投保政策性保险机构的项目企业。

建立政银企大型并购案应急行动机制。当前全球农业跨国并购风起云涌，重量级的跨国并购项目骤然增多，导致企业单笔的融资巨额化，如孟山都等上游跨国农化巨头及"ABCD"等大型下游粮商驱动的全球兼并重组。建立政银企大型并购案应急行动机制，及时预判风险、合理估值，并能抓住机遇迅速组成战略联盟。

第五章
国际经验借鉴

概 要

借鉴他国的经验教训,是最大程度地避免我国在实施过程中发生此类事件的最好方法。本章将根据国外的案例试图对我国防范通货紧缩、推进城市化发展、加大金融支持工业化和城镇化发展力度以及针对我国当前通货膨胀日益加剧的压力进行分析总结。

第一,就通货紧缩而言,近期,各界对当前我国是否出现通货紧缩的问题分歧争议较大。从全球通货紧缩的历史看,在经济结构转型过程中容易出现物价大起大落和经济金融动荡。因此,准确预警通货紧缩和制定合理的反通货紧缩政策是最为关键的。

最为经典的例子就是美国的"大萧条"和罗斯福新政问题。其通货紧缩的原因有三点:一是凯恩斯认为由于三大需求不足,导致生产能力过剩而引发危机;二是费雪认为经济主体过度负债会导致通货紧缩;三是弗里德曼认为通货膨胀(紧缩)是一种货币供给不足的现象,他还认为货币存量会对物价产生时滞效应,相机抉择的货币政策会加剧经济波动。罗斯福就任以来,采用了凯恩斯和费雪的政策主张,实行扩张性财政政策,增加货币供应。加快结构调整,以促进经济增长。因此,在经济结构转型的大背景下,政府需要采取积极的干预措施以治理通货紧缩,但是也要避免过度用力,根据本国经济发展水平,制定合意的通货膨胀水平。

除此之外,"流动性陷阱"也给日本带来很大的创伤。自1991年经济泡沫破灭以来，日本经济增长率骤降、物价持续下跌，并且陷入长期负增长。从1998年开始，日本通货紧缩，至今也还未完全摆脱。其主要原因有四点：（1）内部环境的频繁变化；（2）外部环境的冲击；（3）生产能力过剩和银行惜贷；（4）跌入"流动性陷阱"对供需下降产生的复合影响。对此，日本政府的反通货紧缩政策主要是以扩大财政开支、实施"零利率"政策、增大货币投放量等措施刺激经济复苏。因此，我们发现过激的反通货紧缩会导致资产价格泡沫，对宏观经济趋势的误判会错过治理通货紧缩的最佳时机，仅仅依靠传统的范围及政策是很难产生影响的。

通过上述两个例子我们发现，仅仅依靠单一总量和需求政策并不能有效地治理通货紧缩，因此在治理通货紧缩时，需要重视微观机制和经济结构的调整，宏观调控要重视短期和中长期目标的配合协调，并且高度重视外部冲击带来的影响。

第二，就城市化发展而言，世界城市化问题已经有两百多年的历史。推进城市化对促进经济增长、加快经济结构调整、扩大内需和促进就业具有十分重要的战略意义。世界城市化发展分为四个模式：（1）西欧模式。主要是集中性城市化，即农村人口和非农村经济活动向城市聚集，并使城市得到不断发展的城市化。最为典型的国家是英国。（2）美国模式。主要是扩散型城市化，即人口、生产要素、经济活动和基本功能不断向外传导，将周围非城市区域转化为城市区域，影响并带动其发展。（3）拉美模式。主要是过度城市化，即城市化明显超过了工业化，造成城市与经济发展阶段相脱节。主要的问题是失业率居高不下、城市贫困和社会问题突出以及"城市病"迅速滋生和蔓延。（4）印度模式。主要是滞后城市化，即城市化落后于工业化和经济发展水平。根据这些模式出现的问题我们发现，首先，城市化必须根据本国国情来探索城市化发展道路；其次，大国的城市化离不开制造业的大发展；再次，城市化过程中要更加注重社会城市化和环境的保护；最后，需要合理地界定政府在城市化过程中的行为边界。

第三，就工业化和城镇化发展而言，金融支持是工业化和城镇化发展的必要条件。世界发达国家工业化和城镇化经历了四个阶段。在初级阶段时期，传统的手工业生产方式改变,工业占国民经济比重逐步提升,但工业生产效率仍较低。紧接着进入高速发展阶段,这一时期商业资本主义加速演进到工业资本主义,制造业占国民经济比重不断上升。在发展后期阶段,制造业占国民生产总值的比重不断下降,服务业占比逐渐上升。工业化后期,由于各国工业化程度不同,有些国家已经完成了城镇化。最后一个阶段是后工业化阶段。这个阶段工业资本主义转向了金融资本主义,经济生产和销售逐渐全球化。从此开始,世界主要城市大体分为能源资源型城市、交通枢纽型城市和金融中心型城市。

然而,在发达国家工业化和城镇化进程中,金融也在持续地发展。概括而言,全球金融参与工业化和城镇化的模式有两类:一类是资本市场主导型,另一类是银行主导型。

前车之鉴,对今日中国的工业化和城镇化有如下启示:首先,在工业化"增量"高速发展时期,银行可以为企业提供更集成、更廉价的信贷资本,而随着工业化、城镇化的完成和经济总量扩张力度减弱,由"增量"扩张为"存量"调整,市场主导型模式需适应"存量"配置。其次,城镇化应当与工业化发展相适应、相协调,工业化阶段决定了城镇化与金融发展水平。再次,城镇化和工业化完成之后,信用扩张带动消费扩张,但随之而来的信用过度膨胀的风险则需防范。最后,交通运输技术的变革是发达国家城市发展的先导因素,交通运输的快速发展,使得物流、人流、信息流和资金流的速度不断提高、规模扩大,进而促进了工业化和城镇化的进程。在当前和未来一段时间,我国需要加大新型城镇化建设的金融支持力度、推动金融体系由银行主导型转向市场主导型,有序开放准入限制,促进基础设施投资主体的多元化,积极探索基础设施证券化、市政债券、公私合营等新型融资模式,拓宽城市基础设施建设融资渠道,并且需要积极防范金融参与工业化和城镇化的潜在风险。

第四,一些经济学家对货币增长是否为通货膨胀的主因产生一系列的争论。以弗里德曼(1968)为代表的货币主义学派认为通货膨胀随时随地都是一种货币现象,在短期内货币增加既可以引起物价上涨也可以引起产量增加,但在长期内货币增加会全部反映在物价上涨上。然而,早在20世纪七八十年代，一些美国学者认为通货膨胀不仅仅是一种货币现象，政府的财政政策在价格水平和通货膨胀中也起着非常重要的作用。为探究货币增长和通货膨胀的相关性，研究者们采用了不同的方法和数据进行大量的实证研究，研究结果显示，无论是在理论上还是在实践中，货币增长与通货膨胀之间存在着不容否定的高度联系。然而，我国是仍处于市场化转轨进程中的新兴经济体，市场化时间较短，货币增长与通货膨胀关系在不同时期呈现出不同的特点并且异常复杂，对货币增长与通货膨胀关系的研究还处于初步阶段，无论是研究方法还是数据可得性与外国相比都存在一定差距。因此，这项研究对于中国而言还是任重而道远的。

治理通货紧缩的国际经验及启示[*]

近期,各界对当前我国是否出现了通货紧缩问题,分歧争议比较大。从全球通货紧缩的历史看,在经济结构转型过程中,往往容易出现物价的大起大落,并伴随经济金融动荡。一旦陷入"流动性陷阱",还可能引发长期衰退。为此,各国都采取了多种手段应对通货紧缩。但是,如具对是否陷入通货紧缩认识不到位,过于夸大通货紧缩程度,并采取不合理的刺激政策,反而容易导致更加严重的问题,引发新一轮危机。因此,如何准确预警通货紧缩,制定合理的反通货紧缩政策是关键。本文通过分析、总结美国和日本的通货紧缩及其治理,试图对我国防范通货紧缩提供有益参考。

一、"大萧条"与罗斯福新政

美国历史上曾经发生过几次典型的通货紧缩,对经济影响程度最大的一次发生在1929—1933年"大萧条"时期。在此期间,美国物价下降了27%,货币数量年均递减10%,银行数目减少了42%,实际国民生产总值下降了30%。

(一)原因分析

对通货紧缩形成的原因,不同学者有着不同的解释。代表性观点有:

---

[*] 本文撰写于2015年,2019年8月修改。

一是凯恩斯的"有效需求不足"理论。这一理论认为由于三大需求不足，导致生产能力过剩而引发危机，因此建议宏观调控应"逆周期抉择"，即在经济收缩、物价下行时，通过积极扩张财政和货币政策以走出通货紧缩。

二是费雪的"债务—通货紧缩"理论。该理论认为经济主体过度负债会导致通货紧缩，而通货紧缩又会使未清偿债务相对上升，当过度负债规模超过临界值时，就会产生债务人还得越多而欠得越多的恶性循环。

三是弗里德曼的货币数量理论。认为通货膨胀（紧缩）无论何时何地都是一种货币现象，造成1933年经济大萧条的主要原因是货币供给不足。弗里德曼还认为货币存量对物价的影响具有时滞效应，相机抉择的货币政策不仅无助于经济稳定，反而会加剧经济波动。

（二）反通货紧缩政策及其效果

1933年3月，罗斯福就任总统以来，主要采用了凯恩斯和费雪的政策主张，通过采取积极的财政政策和货币政策以帮助经济走向增长。

一是实行扩张性财政政策。政府通过发行巨额国债，加强公路、铁路等基础设施建设，赤字占GDP比重由1933年的4.5%上升到1936年的5.4%，并将财政扩张政策持续到第二次世界大战结束。

二是增加货币供应。1934—1937年，M2重回增长，年均增速达到9.1%。同时，建立联邦存款保险制度，以遏制金融恐慌，重振公众对金融业的信心。此外，赋予美联储公开市场操作职权，并购进银行持有的政府债券，以增强银行体系信贷创造能力。

三是加快结构调整，以促进经济增长。出台农业调整法控制过剩农产品生产、增加农民收入；调整收入差距，降低低收入者税率，提高高收入者税率，以促进消费增长；采用税收补贴等多种方式鼓励出口。这些政策对美国经济走出萧条产生了比较好的效果。物价水平从1934年开始止跌回升，国民收入也从1933年的396亿美元增加到1937年的736亿美元。凯恩斯的需求管理理论也逐渐成为西方各国宏观调控最重要的理论基础。但是，这些政策在20世纪60年代至80年代，愈来愈显示出其局限性，美国经济陷入"滞胀"怪圈。在此背景下,新自由主义及货币主义学派主张得到重视,里根政府及之后时代,这一理论成为各届政府宏观调控的基础。自 2008 年国际金融危机后,新自由主义理论及其主张也受到重大挑战,宏观调控更多地显示出二者融合的新趋势,即短期调控主要以遵循需求管理理论,长期则遵循新自由主义理论,减少政府干扰,并从供给端入手促进经济增长。

(三)美国通货紧缩治理的经验教训

一是在经济结构转型的大背景下,仅靠经济自身的力量难以走出通货紧缩,政府需要采取积极的干预措施以治理通货紧缩。

二是如果不惜一切代价地避免通货紧缩,就会导致累积性通货膨胀。

三是如何根据经济发展水平引导合意的通货膨胀水平至关重要,西方国家大多数将 2% 的通胀率看作是合意水平,但对新兴市场国家而言,这一数值会相对更高一些。

二、"流动性陷阱"与日本"失去的二十年"

自 1991 年经济泡沫破灭以来,日本经济增长率骤降、物价持续下跌,并陷入长期负增长(见图 1)。1992 年开始,日本 GDP 增长率从 20 世纪 80 年代

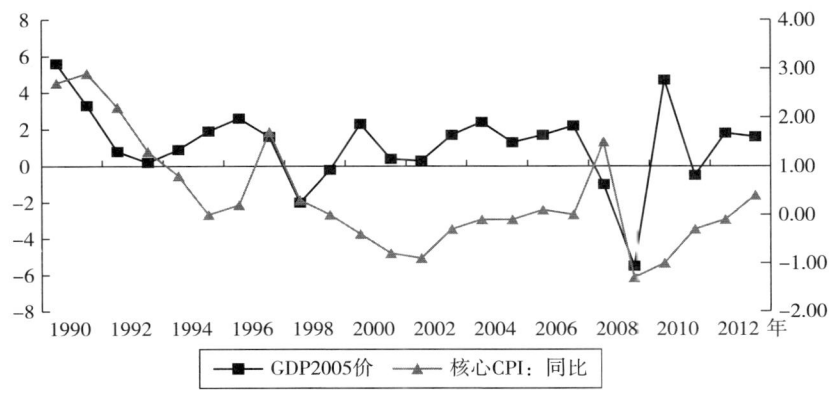

资料来源:作者整理。

图 1　20 世纪 90 年代以来日本 GDP 增长率和物价率

的年均 6.4% 下滑至 90 年代的年均 1.5%，并进一步下滑到 21 世纪以来年均 1% 的增速。某些年份，甚至大幅衰退，出现负增长。从物价情况来看，核心 CPI 长期保持零增长甚至负增长。日本的通货紧缩从 1998 年开始，已持续大约 20 年，至今也还未完全走出通货紧缩泥潭。

(一) 原因分析

日本经济长期陷入通货紧缩主要与以下因素有关：

一是内部环境的变化——经济泡沫的破灭。1988—1989 年是日本经济泡沫严重发展的年份，尤其是房地产泡沫最为严重。据估算，面积仅为美国 1/20 的日本，1989 年末全国土地的评估价竟然是美国全国土地评估价的 4 倍。1989 年第四季度以来，日本金融当局对过热的经济产生警惕，货币政策开始转向，连续五次提高贴现率。至 1990 年，贴现率已由货币政策转向之前的 3.25% 提高至 6.0%。受此影响，日本经济开始进入"去泡沫"阶段，经济增长率和物价水平快速下降。

二是外部环境的冲击——广场饭店协议和亚洲金融危机。20 世纪 80 年代中期《广场饭店协议》出台以后日元面临升值压力，导致日本进口产品价格指数下降。通货膨胀时期进口物价下降有利于缓和国内通货膨胀压力，但在经济陷入不景气时进口物价的下跌，会导致国内物价总水平的进一步下降。1995 年，日本实际汇率已由 1986 年的 110.5 大幅升值至 153.5。日元升值，一方面降低了其出口竞争力，加剧国内紧缩压力；另一方面造成进口价格指数下降，带来输入型通货紧缩压力。1991 年以来，日本的进口价格指数由 1990 年的增长 10.5% 下降至负增长 9.4%，并连续五年出现负增长。

三是经济结构的转变——生产能力过剩和银行惜贷。泡沫经济时期，日本企业盲目投资，生产能力大量过剩，导致日本企业出现了"设备过剩、债务过剩和人员过剩"的现象。据统计，日本全国年汽车生产能力为 1400 万辆，但 1998 年和 1999 年的产量都不到 1000 万辆。而且，这种现象几乎存在于每一个行业。同时，银行惜贷加剧了通货紧缩。1997 年底以来，多家金融机构破产，导致日本金融机构普遍收缩业务，惜贷现象随处可见，大量企业尤其是中小企业面临资金困难。

四是跌入"流动性陷阱"对供需下降产生的复合影响。一方面，资产价格泡沫带来企业资产负债表衰退，导致企业行为改变。即企业由于资不抵债而减少外部融资，并试图通过积累利润偿还负债，压缩投资需求。因此，即使货币政策极度宽松也难以刺激投资需求上升，这种"流动性陷阱"是造成日本经济长期萧条的根本原因。日本的通货紧缩，也与少子化、老龄化不断深化，产业结构不适应新一轮全球化环境、潜在经济增长率等结构性因素有关。

（二）主要政策

日本政府的反通货紧缩政策，主要以扩大政府财政开支，降低利率等措施刺激经济复苏。主要政策有：

一是采取紧急措施，化解1997年下半年以来席卷日本的金融危机。1998年10月，日本国会通过了《金融再生法》和《金融早期健全法》，宣布政府准备拿出60万亿日元的巨资处理不良债权，并向15家大银行注资以稳定金融市场。

二是积极运用财政政策。1998年4月，日本政府公布了总规模约为16万亿日元的"综合经济对策"，此后又相继通过总规模约为23万亿日元的"综合经济对策"和总规模达18万亿日元的经济振兴计划。

三是实行"零利率"政策，增大货币投放量。日本金融当局从1995年9月开始就将官方的再贴现率维持在0.5%及以下的水平，并维持至今。同时，扩大央行资产负债表规模，1999—2006年，央行资产负债表从1998年的91兆亿日元上升至2006年155兆亿日元，占GDP的比重由18%上升到30%以上。其中，基础货币增长更是超过80%。2012年以来，随着安倍经济学的实施，宽松货币政策再次升级。其核心主要是：实行通货膨胀目标制，将通胀目标大幅提升至2%；扩大基础货币投放；每月将购买超过7万亿日元的国债，使之于2014年末达到190万亿日元，是2012年末89万亿日元的两倍；积极干预日元汇率，创造有利于经济复苏的汇率环境。安倍经济学推动日本经济出现了短暂复苏。2014年第一季度，实际GDP增长5.8%。但是受消费税推出、政策效应递减等因素影响，第二、第三季度经济又重新陷入衰退（分别为 -6.7% 和 -1.9%）。物价也出现了回调，核心物价指数 CPI 自 2014 年以来逐月上升，2014 年 11 月，核心 CPI 当月同比上涨 2.7%，涨幅相比上年同期扩大了 1.5 个百分点。

（三）经验教训

一是过激的反通货紧缩政策导致了资产价格泡沫。日本生产者价格指数从 1985 年 5 月开始连续下跌三年多，通货紧缩压力不断加大，为此，日本政府采取了过激的反通货紧缩政策，不断下调央行贴现率，由 1986 年初的 4.5% 下调到 2.5%。受此影响，房地产泡沫不断膨胀，物价也快速反弹。东京圈城市土地价格指数由 1986 年的 85.3% 上升至 1991 年的 191%。

二是对宏观经济形势的误判贻误治理通缩的最佳时机。1992 年，泡沫经济破灭后，日本政府严重低估了泡沫经济的恶果，对金融机构持有的庞大不良资产采取等待观望的态度，拖延了处理不良资产的时间，使得问题愈加严重。1996 年前后，日本政府又错误预估物价形势，在该时期错误实行紧缩财政政策，导致 1998 年以后，物价全面下跌。

三是仅靠传统的反危机政策难以奏效。由于引发通货紧缩的原因较为复杂，除与国内外总需求放缓有关外，还与供给层面，例如人口老龄化等长期因素相关。因此，日本将反通货紧缩政策主要寄托于超常规的宽松货币政策上，而对提高劳动参与率、加快技术革新、推进产业结构调整等结构性改革重视不足，导致政策难以奏效，政策效果欠佳。

三、美、日治理通货紧缩的经验教训和启示

（一）单一总量和需求政策在治理通货紧缩时存在重大缺陷

反通货紧缩的宏观政策对短期经济状况的调整能起到一定的作用，但采用单纯的总量政策和需求政策治理通货紧缩，从长期看有可能掩盖潜在的问题。因此，要把握好调控的时机和合适的度。一方面，财政政策在短期对抑制通货

紧缩效果更为显著，但不宜作为长期工具，否则反而会加大未来潜在通胀压力；另一方面，在严重的通货紧缩环境下，货币政策要把握好宽松的度，避免因治理通缩过度宽松而导致随后的严重的通货膨胀。

（二）治理通货紧缩更要重视微观机制和经济结构的调整

从通货紧缩产生的微观基础和结构因素看，需求放缓、供给能力下降都可能导致经济停滞和通货紧缩。例如，人口老龄化可能导致需求的放缓，也可能对长期经济供给产生影响。因此，宏观政策必须兼顾微观基础，政策措施必须有利于劳动生产率的提高，有利于供给能力的改善。

（三）宏观调控要重视短期和中长期目标的搭配和协调

使用货币政策等总量性政策通常能产生更直接、更明显的扩张或紧缩效果，但是它也可能存在反应过激，导致问题的不断积累。例如，日本20世纪90年代房地产泡沫的再度累积、美国60~80年代的滞胀均与实行了过度的总量货币政策，而对产生通货紧缩的微观基础重视不足有关，导致问题持续积累和恶化。美国20世纪90年代之所以能重新步入新的增长周期，主要与里根时代采用了新自由主义主张，既注重短期调节，又注重促进经济增长的长期结构性改革有关。

（四）高度重视外部冲击对通货紧缩的传导效应

开放经济条件下，通货紧缩的国际传导更为直接。对通货紧缩原因分析要看到外部因素的作用程度，否则就会不适当地使用财政或货币政策。1998年以来，受亚洲金融危机冲击，日本通货紧缩压力不断增大，但日本政府在该时期错误实行紧缩财政政策，导致物价形势继续恶化，日本经济彻底陷入通货紧缩的自我强化的泥潭。当前我国面临的通货紧缩压力，国际大宗商品价格大跌引起的输入性通货紧缩是一个很重要原因，因此在制定预防通货紧缩政策时要充分考虑到这一点。

世界城市化主要模式及其启示[*]

毫无疑问，推进城市化对促进经济增长、加快经济结构调整、扩大内需和促进就业具有十分重要的战略意义。世界城市化已经有两百多年的历史，既有成功的经验，也有失败的教训。在能源资源环境约束进一步增强、国际竞争进一步加剧、全球治理体系发生大变局等大背景下，总结世界城市化发展的成功经验和教训，对积极稳妥地促进我国城市化具有十分重要的现实意义。

一、世界城市化发展的主要模式

（一）西欧模式：集中型城市化

集中型城市化是指农村人口和非农经济活动不断向城市聚集，并使城市得到不断发展的城市化。英国是集中型城市化的典型代表。城市化率从1801年的32%到1999年的83%，英国城市化经历了约两百年的时间。其主要特征有以下几点：

第一，城市化的启动与工业革命、圈地运动密切相关。当年英国的圈地运动使大量劳动力流向城市；工业革命使工业和商业迅速发展，吸引大量人口进入城市，实现了工业化和城市化进程的同步发展。

---

[*] 本文撰写于2011年，2019年9月修改。

第二，城市化的部分启动资金来源于殖民掠夺和对外贸易。英国等西欧国家在城市化之初，通过大量的对外贸易、海外殖民掠夺积累了大量资本，为城市化准备了大量启动资金。

第三，高度集中的城市化。由于人口密度高，土地资源紧张，西欧国家在城市化后期非常注重土地集中利用和农业耕地的保护，农业用地在总国土面积当中所占的比重都非常高。1976—1991年，英国、荷兰、法国三个国家的农田占全国土地的比例几乎没有缩减，主要是由于大多数城市扩张发生在森林草场，较少占用已开垦的农田。

第四，城市化伴随着产业结构的优化升级。城市化初期，以纺织、煤炭等劳动密集型工业为主导；第二次技术革命后，机械制造、汽车和电子等资金密集型产业逐渐代替了原产业结构；城市化后期的产业结构则以服务业为主导。

（二）美国模式：扩散型城市化

扩散型城市化意味着人口、生产要素、经济活动和基本功能不断向外传导和辐射，将其周围的非城市区域转化为城市区域，并影响和带动一定范围内的次级城市和城镇发展的过程。第二次世界大战以后，随着家庭汽车的普及和居民可支配收入的增长，郊外的田园生活模式逐渐由富有阶层向中产阶层延伸并随之普及。1956年至20世纪70年代早期，4.3万英里的州际高速公路、快速路以及大量的环路成为美国城市扩散的关键因素。

城市郊区化导致城市空间的迅速扩张，城市基础设施的大量投资和建设占用了大量土地。从1950年到2000年，美国城市用地从5.9万平方公里增加到23.9万平方公里，增加面积相当于1950年城市用地的3倍，快于全国人口和城市人口的增长。2000年美国总人口和城市人口分别只比1950年增加了86%和116%，而城市用地占全国土地面积的比重却由1950年的0.65%上升到2000年的2.6%，增长了三倍多，并且增加的大部分是郊区用地。50年期间，美国农业用地减少了104.6万平方公里。

（三）拉美模式：过度城市化

过度城市化也称超前城市化（Overurbanization），即城市化明显超过了工业化，造成城市化与经济发展阶段相脱节。由于存在经济社会发展的二元结构，城市具有极大的拉力和农村具有极强的推力，导致许多发展中国家存在过度城市化现象，以拉美国家为典型。20世纪30~70年代，大多数拉美国家先后进入了现代化的起飞阶段，城市化也进入了快车道。1920年，拉美地区城市化率仅为22%，到1950年达到41.8%，1980年进一步提高到64%，1998年已达78%。拉美国家城市化所取得的成就是有目共睹的，但由于是在相对短的时期内实现的，拉美国家城市化过程中缺少统筹规划，致使城市化充满"无序"和"混乱"。

一是失业率居高不下。由于有较高的工资、较多的工作机会和较大的市场潜力等相对优越的条件，大量拉美农村人口无秩序地、不受任何限制地向城市地区转移，形成了许多人口集中的如墨西哥、圣保罗、里约热内卢等大城市或特大城市。但由于经济发展缓慢，城市人口膨胀，导致拉美城市的失业率居高不下。1970年16%的在利马市进入工作年龄的男性没有工作，1995年拉美地区公开失业率为7.3%，约有42%的拉美工人在非正规部门工作。尽管非正规部门为新移民提供了就业机会，推动了农村人口流向城市，但这反过来又加剧了失业。

二是城市贫困和社会问题突出。由于农民短期内大量涌入城市，城市经济发展缓慢，正规就业岗位有限，大部分人或者找不到工作，或者在非正规部门就业，导致居民收入很低，城市贫困问题异常突出。根据联合国拉美经委会报告，"20世纪90年代拉美地区有30%~40%的人处于极端贫困状态，20%的人的收入占社会总收入的4%"。从1999年到2003年，拉美贫困率不仅没有降低，反而有所上升，贫困人口达到2.25亿人；极端贫困率增加了0.9个百分点，达到19.4%，近1亿人口。阿根廷2002年的贫困率比1999年上升了22.7个百分点，达到45.4%，乌拉圭贫困人口从9.4%上升到15.4%。

由于贫富差距悬殊，引起社会不满和不稳定因素增加，各种社会问题迅速凸显，暴力活动、毒品犯罪、道德沦丧等问题泛滥成灾。如巴西的里约热内卢，每天有20多人被杀，成为世界上暴力活动最多的城市之一。拉美城市的贫民窟成为从事毒品交易和犯罪的温床。严重的社会问题，反过来导致社会动荡和政权不稳。政权更迭频繁，导致政府没有更多的精力关注和解决城市发展中存在的严重问题，形成城市无序和政权更迭的恶性循环。

三是"城市病"迅速滋生和蔓延。由于人口过度膨胀超过了城市资源和环境的承载力，导致许多拉美的城市尤其是大城市空气质量恶化、环境污染严重、交通拥挤、供水困难，"城市病"比其他国家更加严重。在拉美，一座300万人口的城市每天要产生22.5万吨固体垃圾，而得到处理的还不足总量的5%。大多城市受到汽车尾气和工业烟尘的严重污染。墨西哥城是世界人口密度最大的城市，许多地区缺乏合格的饮用水和垃圾处理设施，300多万辆汽车每天向大气排放20万吨污染物。巴西圣保罗有400多万辆小汽车，不仅造成交通堵塞，也造成严重空气污染，政府不得不强制实行汽车停驶计划（见表1）。

表1　　　　　　2008年世界部分国家城市化与经济发展水平比较

单位：%，美元

国家	城市化水平	人均GDP	国家	城市化水平	人均GDP
美国	81.7	46715	中国	43.1	3263
英国	89.94	43088	俄罗斯	72.84	11338
德国	73.64	44470	乌克兰	67.98	3899
法国	77.36	45981	阿根廷	92.0	8235
日本	66.48	38443	巴西	85.58	8340
澳大利亚	88.74	47498	墨西哥	77.2	10211

资料来源：《中经网统计数据库》。

（四）印度模式：滞后城市化

滞后城市化又称城市化不足（UnderUrbanization），是指城市化落后于工业化和经济发展水平。与城市化过度一样，城市化不足也是一种违背工业化和现代化发展规律的城市化，以印度、埃及、巴基斯坦等为典型代表。

近些年来印度的城市化一直比较缓慢，城市化率明显偏低。20世纪90年代初，中等收入国家城市化率比印度高13个百分点，到2008年，这一差距进一步扩大到19个百分点。按照世界银行数据，印度1960年的城市化水平为17.9%，1991年为25.72%，2005年为28.7%，45年内累计仅提高了10.8个百分点，年均提高0.24个百分点。即使从1991年实施经济改革到2005年的14年经济高速增长期间，印度城市化率累计提高2.98个百分点，年均仅提高0.21个百分点。

为什么印度经济增长比较快，而城市化速度相对缓慢？一个重要原因在于印度特殊的产业结构。印度经济增长的一个突出特点是服务业的高增长，1991—2008年，服务业年均增长高于第二产业增长近2个百分点。尽管印度的金融和信息产业在世界上是比较先进的，但这些部门增长的惠及面只是那些受过良好教育的精英阶层，吸收农村剩余劳动力的能力非常有限。因此，印度城市化水平的提高主要源于城市人口的自然增长，城市人口增长的动力机制主要源自农村贫困的推动，而非城市繁荣的拉动。有的学者把印度的城市化概括为"贫困推动的城市化，而不是人口迁移推动的城市化"是有一定道理的。由于土地改革不彻底，印度农村土地集中现象特别严重，农村中有大量的人口，既无耕种地，也无宅基地（见表2）。

表2　　　　　　　2008年部分国家城市化与工业化水平比较　　　　单位：美元，%

国家名称	人均GDP	非农劳动力比重	非农产业比重	城市化水平
中国	3263	60.4	88.7	43.1
埃及	1997	68.6（2006）	85.9	42.7
印度	1068	—	82.4	29.5
巴基斯坦	1013	56.4（2007）	79.6	36.2

资料来源：《中经网统计数据库》、《中国统计摘要2010》。

同时，土地价格过高也阻碍了印度城市化的脚步。孟买房价在全世界都属于较高的行列，但孟买的高房价并不是"供需两旺"下的高房价，而是现代化的住房极其短缺条件下的高房价。这种格局给周边的"贫民窟"土地价格提供了误导性的过高的参照系。畸高的房价和大量的贫民窟占地形成了恶性循环。房价高导致贫民窟拆迁重建困难重重。不能对大量贫民窟进行改造，整个城市的有限土地供应极其短缺，经济增长追逐极其短缺的土地，结果是房价被继续推高。土地和房价轮番上涨，导致城市发展所需要的基础设施建设成本高昂，阻碍了城市化的健康有序推进。

二、世界城市化发展对我国的启示

城市化是人类经济社会发展中的自然历史过程，对人为的强力推进的城市化要十分谨慎和小心。对世界各国盲目城市化过程中出现的各种弊病不容忽视，如发达国家城市过大导致的"城市病"，以及发展中国家在不合理城市化过程中出现的两极分化和贫困化问题，需要引以为戒。

第一，必须根据本国国情来探索城市化发展道路。世界各国的经济发展、人口规模、自然条件、幅员大小和历史文化等方面存在巨大差别，因此在城市化道路的选择上，并不存在放之四海而皆准的理想模式。各国城市化必须与本国资源、环境禀赋、人口和经济发展等国情相结合。由于土地资源稀缺、能源短缺、人口密度大，以英国为代表的西欧国家，大都选择了集约型的城市化发展道路；土地资源丰富，人口密度较小，能源价格低廉，使美国具备条件选择分散型的城市化道路。

完成像中国这样一个人口接近14亿的大国的城市化，在世界城市化发展史上无疑是一个伟大的创举，没有现成的经验可以借鉴，面临的困难和挑战前所未有。我国城市化的时代背景与欧美国家当年完全不同，更决定了我国城市化道路应该结合我国国情，不应也不能复制或盲目照搬他国模式。即使我国城市化整体水平还比较低，但居住在城市的人口规模已接近7亿，几乎相当于美国、日本、英国、德国、法国、加拿大等几大发达国家人口的总和。同时，由于"儒""释""道"等中国传统文化的影响，中国人对家族、家乡、土地的认识和情感与西方人完全不同，如果不是城乡收入和生活水平差别太大，中国人是不会轻易背井离乡踏上进城之路的。中国地域辽阔，发展差距悬殊，各地城市化无论"量"还是"质"都存在巨大差别，因此，即使在国内，城市化政策也不能"一刀切"。

第二，大国的城市化离不开制造业的大发展。城市化必须与工业化水平相适应、相协调、相匹配。如果超越经济发展阶段，率先发展没有制造业作支撑的第三产业，第三产业的发展最终也会出问题。印度是人口和劳动力大国，但在其城市化过程中没有制造业的长足发展，服务业失去重要的服务对象，进而在很大程度上丧失了技术进步和生产率提高的源泉。由于没有制造业的充分发展，居民收入水平和消费水平难以持续提高，服务业的需求也难以持久。因此，发展制造业尤其是劳动密集型制造业，是大国城市化早期不可超越的历史阶段，切不可"未富先空"。

由于人口基数庞大，我国城市化率每提高一个百分点，新增城市人口达1000多万，这将给城市就业带来巨大压力。因此，在我国城市化过程中，既要发展高端服务业和技术密集型制造业，促进产业结构升级换代，也要大力发展低端服务业和劳动密集型制造业，为新增城市人口创造合适的就业岗位，防止"未富先空"。近年来，有些地方为了提升产业结构，提出加快淘汰劳动密集型产业，大力发展高科技产业的战略决策。这种做法可能在某些地区是适用的，但却不适合在全国各地全面推广，至少在目前阶段是如此。

第三，城市化过程中更加注重社会城市化和环境保护。"城市，让生活更美好！"应该成为城市化发展的核心价值目标。拉美、印度等地区和国家的城市化告诉我们，仅仅追求城市化率的提高，而不考虑人口、经济、社会、自然的全面发展是不可持续的城市化。在加大财政投入的同时，引导社会力量投资城市文化、教育、卫生、体育等社会事业建设。加大户籍制度改革，取消地方政府针对农民工就业的种种歧视做法，逐步建立全国城乡统一的社会保障体系，加快消除农民进城的体制障碍。

城市化必须与环境承载能力相适应。注重环境保护，建设可持续发展城市，已经成为世界各国城市化的共同目标。一个城市能否成为可持续发展城市，主要看其在自然环境、经济和社会发展等方面是否具有可持续性。维护城市的可持续性，关键是保护城市的生态环境，提高自然和环境的承载能力。

目前，我国城市化多是依靠高能源消耗、高污染、高排放的粗放型增长来推动的。粗放型的城市发展模式，使资源利用效率低、浪费严重，进一步加剧了我国资源短缺和环境恶化，严重阻碍了城市综合质量的提高和功能的正常发挥，降低了城市的聚集和承载能力，制约和影响了城市的持续健康发展。

第四，应合理界定政府在城市化过程中的行为边界。各国城市化经验表明，政府和市场两者在城市化过程中的作用不可或缺。在拉美、印度等地区和国家的城市化过程中，明显存在政府行为不足或缺位的问题，要么城市人口大规模无序增加，产生过度城市化问题，要么城市化未能充分吸纳农村剩余劳动力进城，产生城市化不足的问题。

在我国城市化过程中，应正确把握市场和政府两者之间的关系，既要发挥市场配置资源的基础性作用，又要政府的科学引导和宏观调控。关键在于合理界定政府在城市化过程中的行为边界，该干什么，不该干什么，应该有更加科学合理的界定，有相应的监督约束机制。

金融在工业化与城镇化
进程中的支持作用[*]

金融支持是工业化和城镇化发展的必要条件。发达国家历史经验表明，金融支持工业化和城镇化的模式有两大类：银行主导型和资本市场主导型，银行主导型金融模式适应"增量"发展，资本市场主导型金融模式适应"存量"配置；交通运输业大发展是工业和城市发展的先导性因素，交通运输的大发展又离不开金融的支持和参与；金融支持工业化和城镇化要甄别城市类型、主导产业周期、城镇化水平、资源禀赋和国家政策等差异。支持我国工业化和城镇化协同发展，需要推动金融体系由银行主导型向市场主导型转变，放宽投资准入限制，积极探索PPP、基础设施证券化等多种融资模式。同时要防范金融参与工业化和城镇化的潜在风险。

一、世界主要发达国家工业化和城镇化发展的主要阶段

（一）世界主要发达国家工业化和城镇化共经历了四个阶段

根据人均收入、三大产业占比和生产方式的变化等，可以把工业化大致分为初级萌芽阶段、中级快速发展阶段和高级稳定发展阶段。根据城镇化发展的

---

[*] 本文撰写于2013年，2019年8月修改。

"S 曲线"理论，在城镇化率小于 30% 的初级阶段，城镇化发展相对缓慢；在城镇化率处于 30% 至 70% 区间时，城镇化处于中期，城镇化发展加速进行；当城镇化率超过 70% 后，城镇化进程再度放缓，城镇化进入后期平稳发展阶段。

综合已有研究和考察目标，本文将世界主要发达国家的工业化和城镇化发展分为四个阶段：

第一阶段（1760—1840 年）：初级阶段。在这个阶段，传统的手工业生产方式被突破，工业占国民经济的比重逐步提升，但工业生产效率较为低下。尽管工人们涌向城市，城市人口的比例逐渐提高，但这个阶段的城镇化尚处于启蒙阶段，城市也缺乏必要的市政管理。在此阶段，工业化和城镇化发展几乎没有金融的参与和支持。

第二阶段（1840—1945 年）：高速发展阶段。这一时期商业资本主义加速演进到工业资本主义，第二产业特别是制造业占国民经济的比重不断上升。在此阶段，企业家们致力于摆脱商业资本的束缚，并建立起自己的、从原材料来源到消费者应用的市场体系。这种改变，一方面增加了企业家对外来资本的需求；另一方面也导致了社会经济的变化，所有制结构不再是社会分层的决定性因素。这一时期城市人口快速增长，城市建设也有了很大进展。金融在这一阶段积极参与并有力推动了工业化和城镇化的蓬勃发展。

第三阶段（1945—1970 年）：发展后期。第二产业占国民生产总值的比重不断下降，第三产业（服务业）占比逐渐上升。同时，经济后起国家加速赶超，一些发达国家的社会制度开始变革，新型中产阶级崛起，国家福利得到提倡。经济由自由市场经济的"刚性"体制向弱化市场作用和范围的"弹性"体制转变（厉以宁，2010）。这一阶段工业发展进入成熟期，现代社会制度逐步建立。在工业化后期，由于各国工业化程度不同，有些国家已经完成了城镇化，原来居住在城市的居民为了生活舒适纷纷迁出城市中心区，城镇化转而向郊区化演进（如英国和美国），而有些国家特别是战败国与摧毁严重的国家则加快了工业化和城镇化进程。到 20 世纪 70 年代，世界主要发达国家的城镇化进程基本完成。

第四阶段：(1970年至今)：后工业化阶段。在这个阶段，信用制度盛行起来，在信用制度的基础上工业资本主义转向了金融资本主义，包括金融业在内的服务业在国民经济中的地位变得越来越重要，工业在国民经济中的地位相对下降。在后工业化时代，经济生产和销售向全球化演进，西欧国家的经济结构也迅速分化：有些国家（如英国）将工业生产的重心转移到海外，享受国际化红利，但带来了本国制造业的"空心化"问题；有些国家（如德国）坚持本土生产并不断提高产品的国际竞争力，经济增长虽稍缓但较为稳定（见表1）。

表1　　　　　世界主要发达国家工业化与城镇化进程

时间	年代	1730	1760	1780	1830	1840	1860	1920	第二次世界大战	1970	2000
英国	工业化			初期		主要发展时刻				后期	后工业化时期
英国	城镇化		起点		发展			完成并郊区化			
法国	工业化				初期		主要发展时刻			后期	后工业化时期
法国	城镇化			起点		发展		完成			
西德	工业化					初期	主要发展时刻			后期	后工业化时期
西德	城镇化				起点	发展		完成			
美国	工业化				起点	主要发展时刻		后期			后工业化时期
美国	城镇化			起点		发展		完成			
日本	工业化						初步发展	重工业发展		高速发展	后工业化时期
日本	城镇化							初步发展	快速发展	完成	

资料来源：作者整理。

（二）工业化进程中的城市兴衰

从发展历程可以看出，发达国家的工业化与城镇化基本上是同步进行的，城镇化创造需求、工业化创造供给，两者互为依托、互相促进。大量的工厂建设使得人口集中涌向城市，城市人口的比例逐渐提高；而城市建设和城市生活便利化也进一步促进了人口、资源和就业向城市的聚集，提高了规模效应，从而促进了工业化。可以将世界主要城市大体分为三类：

1. 能源资源型城市。随着工业化的推进，对煤炭、水泥和钢铁等原材料的需求大大增加，应运兴起了大量工矿型城市。比如，建于沙漠中的世界名城拉斯维加斯曾因内华达州发现了金银矿而迅速兴起，于 1905 年建市。但随着矿产资源的枯竭，城镇被丢弃，仅仅 5 年之后，拉斯维加斯便因人口剧减而再度衰败。1931 年，为了应对大萧条，内华达州允许赌博合法化，拉斯维加斯凭借博彩业而再度崛起，现在已经发展成为以博彩业为中心，集旅游、购物、美食和度假为一体的世界知名度假胜地。与此相反，英国康沃尔郡的城镇曾因采锡和制铜而著名，铜产量在 19 世纪中叶占英国总产量的大部分。然而，在经历了 30 年的繁荣之后，英国的铜矿业衰落，矿场被放弃，村镇再度贫穷化。

2. 交通枢纽型城市。考察发达国家的城市发展史，可以发现因交通运输而兴起的城市比比皆是。在西欧，一些港湾和航运枢纽城市在中世纪后期就已经很兴旺了，后来随着工业化进一步发展成为规模更大的商业中心。在美国，早期国内交通主要由收费或收税的公路组成，并只集中在新英格兰和大西洋沿岸的中部各州。航运和铁路的大开发使中西部和东北部联合起来，使中西部成为美国经济的第二中心，中西部城市也得以兴起。与工矿型城市不同，作为交通枢纽的城市很少出现迅速兴起和急剧衰落的情况。这是由于工矿城市常因矿藏的发现而迅速兴起，随着矿藏的枯竭而迅速败落；而交通枢纽型城市的发展则与经济发展直接相关，货运量逐渐增加、人口不断集聚支撑着城市不断发展壮大。

3. 金融中心型城市。金融中心的确立也促进了许多大城市的发展。企业为了获得金融业的支持，更愿意设在离银行较近的地方。大量同类或不同类的有一定规模的企业集中在城市，从而使城市职能更为完备，市场更为广阔，产生了更为强烈的集聚效益。在 19 世纪中期的美国，大部分储蓄银行设在美国名列前茅的四大城市，即纽约、波士顿、费城和巴尔的摩。

二、世界主要发达国家工业化和城镇化进程中的金融发展与支持

概括而言，全球金融参与工业化和城镇化的模式有两大类：一类是资本市场主导型，另一类是银行主导型。在早期金融市场比较发达的国家（如英国

和美国),资本市场为工业化提供了有力的资金支持;在金融发展相对落后的国家(如德国和日本),银行在整合社会资本、扶持重点行业的发展中发挥了独特的优势和作用。

(一)逐利金融资本与工业化城镇化的协调发展

在发达经济体中,由于早期商业资本主义的发展,私人部门大多实力雄厚,金融资本也大多产生于私人部门。私人部门的金融资本对实体经济的参与过程都是逐利的过程,集中体现在工业化初期金融资本的缺失和高速发展时期金融资本的热情参与。这种以逐利为目的的参与方式具有较强的自发性,虽然对工业化的推动较政府的支持相对缓慢,但逐利的金融资本在微观层面更有效地实现了资源配置与金融服务的同步发展,保证了金融发展与工业化、城镇化之间的协调关系(见表2)。

表2　　　　1855—1913年英格兰和威尔士的银行及分行数目　　　　单位:家

年份	股份银行		乡村私人银行①		伦敦私人银行②		总计		营业所数/每行
	银行	分行	银行	分行	银行	分行	银行	分行	
1855	100	631	252	492	57	62	409	1185	2.9
1870	117	1063	206	518	42	47	365	1628	4.5
1885	120	1814	160	598	39	48	319	2460	7.7
1900	83	4212	59	329	22	29	164	4570	27.9
1913	41	6476	17	133	12	14	70	6573	93.9

注:①特指当时伦敦以外的私人部门建立的银行,主要从事当地收付、贸易商资金划拨以及政府税收收款业务。②有两类分别位于伦敦金融中心区的私人建立银行和伦敦西区的私人建立银行:前者主要经营政府债券和特许经营公司的股票;后者为绅士和贵族从事质押和透支放款。

资料来源:金德尔伯格. 西欧金融史[M]. 北京:中国金融出版社,2010:99.

现代银行体系伴随工业化和城镇化而发展。在工业化的高速发展阶段,欧洲大陆上金融支持工业化的典型特征是现代银行制度的发展。"在欧洲大陆上出现了一场巨大的、更有效率的金融资源净化运动:新的银行网络能够吸纳迅速增加的储备和无数中小商人以及生产者的流动资本;它们在历史上第一次使农村地区能够与城市一样方便地进入货币市场"(哈巴库克等,2002)。这说明银行作为金融中介在吸收存款与发放贷款业务上对工业企业的支持,即通过普及银行网络将社会闲散资金迅速集中起来并支持企业的发展。表2数据清楚地反映出这一时期银行业发展的特征：第一，银行体系整体庞大，机构多、网点广；第二，新型的股份制银行逐渐壮大，传统私人银行逐渐退出历史舞台；第三，20世纪之后，银行业竞争加剧，合并运动加快，银行数量大大减少；第四，随着银行合并，分支机构网点迅速增加。银行业的参与为工业化高速发展注入了资金，使扩大再生产和远距离、长周期的项目融资（如采煤、冶炼、修建铁路）变得极为便利。银行以各种方式支持了工业化，可以说，没有现代银行业的参与和支持，就没有工业化的高速发展。这一时期欧洲的银行业也为城镇化发展提供了有力的资金保障。在德国，虽然不同时期对农业、铁路和工业的投资有所变动，但社会投资对城市建设（包括非农业房屋、公共建筑和地下建筑）的投入比例始终维持在40%左右。银行在公用事业上的投入使城市建设迅速发展，城市生活质量的提高也吸引了更多人搬进城市。在法国、荷兰和意大利，存在许多专门向地方政府公共部门贷款的银行，银行信贷占基础设施的融资比重大都在60%以上。此外，伦敦、巴黎、法兰克福等大城市金融中心地位的确立也吸引了城市人口的进一步集中。

股份公司与资本市场同步壮大。19世纪中期有限责任股份公司制度的确立，为工业化加快发展奠定了重要的制度基础，即集聚资金和分散风险。在当时，工业股票的发行备受追捧，铁路股票的热销大大加快了英国铁路建设的步伐。股份公司激励储蓄者把积蓄用于投资，促进了工业化。除了股票市场，债券市场也得到了新的发展。

(二) 新兴融资模式的不断深化

与发达国家的城镇化与工业化有所不同，城镇化进程中的基础设施项目的特点是资金需求大、建设周期长、收益相对稳定、准公共产品性。由于传统的融资模式（包括直接融资和间接融资）不能很好地满足这些项目的融资需求，近百年来尤其是第二次世界大战以后市政债券、PPP和资产证券化等一些新兴融资模式应运而生。市政债券（Municipal & Bond）是地方政府及其授权代理机构发行的有价证券。美国是世界上发展历史最悠久、规模最庞大的市政债券市场。根据美国证券业与金融市场协会（SIFMA）的统计，截至2011年第三季度末，美国市政债券余额为37336亿美元，规模为世界第一，占全国债券市场规模的10.27%。其筹措到的资金主要用于城市建设和公共服务，包括教育、交通、住房、公共设施和社会福利等领域。经过多年的发展，美国地方政府在市政债券发行和管理方面已经形成一套成熟的运作体系。美国市政债券的投资者比较多元化，近十几年来主要有银行、保险公司、基金和个人投资者等，其中个人投资者和共同基金持有的市政债券比例均稳定在30%左右。同时为了防范风险，美国法律和监管机构在市政债券的发行规模、信息披露、风险预警和危机化解等方面对市政债券发行人进行控制和监督。

公私合营[①]（Public-private partnership，PPP）作为一种开放式融资模式，能够更加迅速地满足项目融资需求，具有独特的优点（见表3）。近年来，PPP模式在英国、澳大利亚和中国香港等地得到了广泛应用，如中国香港红磡海底隧道、英国伯明翰北道Relief公路、澳大利亚悉尼城际隧道等，都是利用PPP模式投资、建设和运营的典型。已有研究表明，PPP模式的确能够为项目提供更好的价值和更好的基础设施（丰景春等，2019）。

表3　　　　　　　　　　PPP模式的优点和潜在风险

PPP模式的优点	PPP模式的潜在风险
a. 减轻公费部门/政府的财政负担。 b. 有利于促进政府机构的效率，让政府能够抽出更多的精力专注于策划和管理。 c. 私营机构相比公营机构有更好的流动性，通常会拥有更多的技能、技术和知识。 d. 私营机构能够凭借其专业能力，为公众提供更好的服务。 e. 鼓励私营机构的发展，创造更多就业机会，能够带动经济发展并且解决社会问题。	a. 运作流程较为复杂，项目指标过程通常比较漫长。 b. PPP项目对私营机构各方面的实力要求均较普通项目要高，故满足条件的私营机构不多，导致投标数量较少。 c. 对招标文件更高等级的要求会造成投标成本的提升。 d. PPP项目较普通项目会关联更多方面，风险因素也相应有所增加。

资料来源：陈炳泉等. 公司合营模式在交通基础设施项目中的关键性成功因素分析 [J]. 都市快轨交通第23卷，2010，6（3）.

---

① 公私合营（PPP）是指公共部门和私营部门合作的融资模式，该模式能够在多个层次上有效地为公共机构和私营机构提供优势互补的项目合作平台，在交通基础设施项目特别是城市轨道交通建设和管理中被广泛采用。

资产证券化是将金融市场上原有的流动性较差但有稳定现金流的资产分类打包，形成金融创新产品再投放到金融市场，并通常由金融机构担保在市场上交易的过程，是现代金融最重要的创新之一。美国资产证券化起源于20世纪70年代，目前已发展成为全球规模最大的资产债券化市场，约占全球75%的市场份额。欧洲也是全球重要的资产证券化中心，近年来得到了迅速发展。美欧资产证券化市场以住宅抵押贷款证券化为主，范围遍及租金、高速公路收费等各种领域。相关产品有住宅抵押贷款证券化、应收账款证券化、汽车贷款证券化、信用卡贷款证券化，以及CDO、CDS等衍生产品。从发展的逻辑顺序来看，美欧资产证券化市场经历了一个从不动产证券化到动产证券化的过程。最先由住宅抵押贷款证券（MBS）发展到汽车贷款证券，最后发展到以信用卡贷款和应收账款等一系列更灵活、广泛的资产支持证券（ABS）。

（三）各国金融支持工业化和城镇化的差异性

纵观历史，各国金融支持工业化和城镇化存在方方面面的差异。

其一是较早进入工业化的国家经济发展程度较高，私人部门和金融市场的力量都比较强大；城镇化和工业化起步越晚的国家，银行对工业企业的融资作用越强。比如，无论是1750年前后的运河热还是1830年之后的铁路热，英国人所需的大量资金大多都是由资本市场提供的。相对而言，德国的经济金融起步则要晚得多。在制度僵化的普鲁士王国统治下，德国直到1850年才通过改革确立了资本主义制度，并开始了"追赶型"工业化。由于是追赶已有模式，银行集中社会资本并发放工业贷款的效率得到认可，产业信贷型银行纷纷建立。银行与工业企业一开始就紧密团结在一起，银行家和企业家互相担任对方公司的董事，并利用持有的股票参与经营表决。战败后，德国建立起诸多不以盈利为目的的公立银行。在全能高效的银行体系扶持下，德国有效地整治了战后通货膨胀，并在战争废墟上迅速建立起了强大的德国。时至今日，私人银行、公立银行和合作社银行依然是德国银行体系的三大支柱。在银行全方位的支持下，德国企业得到了迅速发展，英国人用数百年时间才完成的私人公司与金融发展，德国人仅用了短短65年就完成了（见表4）。

表4　　　　　　　　　　　德国银行体系

主体				其他
私人银行	公立银行		合作社银行	包括不动产信贷银行、专业银行、投资银行、特殊银行等
	州立银行	储蓄银行	DZ – Bank 及其成员银行	

资料来源：中国银行研究院。

其二是越晚进入工业化的国家，政府在工业资本形成过程中的作用越强。作为第一个进入工业化的国家，早在1688年"光荣革命"之后，英国就确立了适宜资本主义发展和经济增长的制度环境。换言之，英国的私人部门力量基础非常雄厚。富裕的私人财产和发达的金融市场为英国率先进入工业化提供了有力的资本支持，"既可以在伦敦，也可以在其他地方筹集到为庞大的工程所需要的相当数额的资本"（贝里尔，1963）。区别于其他西欧国家，英国国内金融市场的充沛资本供应使其最先完成了工业化。相比较，稍晚才进入工业化的德国和法国，私人部门的力量就没有那么强大。在保守的普鲁士政权统治下，德国的经济和金融都未得到充分发展。虽然法国的经济金融曾比英国还繁荣，但"密西西比泡沫"导致法国金融市场发展受阻，此后的法国大革命又掀起了近百年的社会混乱。在英国的工业化进程已经遥遥领先之时，西欧大陆国家纷纷摒弃了缓慢的私人部门崛起之路，政府在加快促进工业化和城镇化发展中发挥了重要作用。

其三是不同模式导致各国走上了不同的经济发展之路。西欧国家工业化与城镇化基本完成于20世纪70年代，随着国内市场日趋饱和与工人工资高涨，寻找新的市场和廉价生产地成为发达国家企业的新出路。与此相适应，金融制度也发生了重大变化：客户（如非金融企业）跨国经营需要国际化的金融服务，这样的服务需要全球金融体系更加自由，自由的金融体系需要更多风险管理工具。因而20世纪70~80年代全球范围内迎来了金融自由化浪潮，各种形式的金融管制被取消，国际资本流动加剧，各种金融产品创新不断涌现，特别是衍生品得到蓬勃发展。在经济全球化和金融自由化背景下，英国和德国走上了两种不同的经济发展之路。前者加大了产业国际转移和金融资本跨国扩张，后者坚守了高端制造业本土生产与略显保守的金融制度。从今日效果来看，英国模式为英国带来了近50年的繁荣，但本国出现了产业"空心化"问题，且在本轮金融危机中成了金融机构"大而不能倒"的典型；德国模式虽然较为保守，但成功避免了发达国家的产业"空心化"问题，并在此轮金融危机中表现出极高的抗压能力。具体而言，自20世纪70年代始，为了降低生产成本，英国工业开始大规模向海外转移，金融服务也迅速顺应客户需求而全球化发展。1979年英国政府取消了外汇管制，为工业全球化提供了适宜的制度基础。在产业全球化与金融自由化浪潮下英国制造业几乎完全放弃了本土生产。英国企业的海外战略导致本土工业生产萎缩，从1970年到2010年，工业增加值占GDP的比重从42%直线下降到20%左右，服务业增加值占比则由55%上升为78%。相反，德国在全球化浪潮中坚持本土制造业的发展道路，本土制造业的竞争优势使德国商品贸易并没有像英国一样停滞不前，甚至在20世纪90年代再度焕发出巨大的活力。同样，德国的金融业也顶住了国际化和证券、外汇、衍生品大发展等一系列带来巨大收益的过度创新业务的诱惑，甚至在全球金融大发展面前显得有些保守。在德国以银行为主导的金融体系中，除了"全能银行"体系的商业银行、储蓄银行和信贷合作社之外，还有一种银行被称为"特殊银行"（Special Banks），这些特殊银行为国有银行服务，受到政府财政的大力支持，但不以营利为目的。

（四）金融参与工业化和城镇化发展的风险

在金融参与工业化和城镇化并获得极大机遇的同时，也蕴含着很大的金融风险，概括起来包括两大类：一类是周期性风险，主要表现为在工业化和城镇化高速发展进程中，因为对繁荣的过度追捧导致资产泡沫。这种泡沫在铁路建设、对外贸易和城市建设中都曾出现过。早期的南海公司和密西西比公司泡沫、中期的法国投资银行危机（分别发生在19世纪50~60年代和20世纪20年代前后），甚至后期的1929—1933年大萧条都是其表现。比如，在欧洲国家城镇化发展中期，在柏林和维也纳兴起的建筑热潮催生了大量专门投资于本市建筑业的银行。由于不动产价格的变动，这些银行大都因为房地产投机遭受巨额损失而倒闭。另一类是结构性金融风险，表现为趋势性和不可逆性，在一定地区表现为系统性风险，如在大多数资源枯竭城市的房地产投资，在夕阳产业中的工业投资等。

三、世界主要发达国家金融支持工业化和城镇化发展的启示

尽管当年发展模式不可复制，但发达国家工业化、城镇化与金融发展相伴生、相促进的历程所揭示的一些经验和启示，对今日中国的工业化和城镇化仍具有重要的参考价值。

（一）银行主导型模式适应"增量"发展，市场主导型模式适应"存量"配置

作为主导资金流动的渠道，金融中介（银行）和金融市场在整体上都能有效地发挥链接资金供求双方的作用，但两者对资金供求的配置方式不同，适用经济环境也不一样。一般来说，银行更适应于私营部门欠发达的环境，更有利于整合社会资本，集中力量发展重点行业和城市，从而扶持支柱行业、大企业和城市基础设施建设，加速工业化和城镇化；而金融市场更适应于私人部门财富已经聚集的社会，更有利于分散风险，从价格和期限上优化资源配置。这充分说明，不同的金融模式适用于不同的经济发展时期。在工业化"增量"高速发展时期，银行可以为企业提供更集成、更廉价的信贷资本，大规模的融资便利也更有利于促进城市基础设施和道路交通的建设；随着工业化、城镇化的完成和经济总量扩张力度的减弱，由"增量"扩张转为"存量"调整，金融市场发现价格、配置资源的功能则变得更加重要。金融市场公开交易多样化的金融投资产品可以满足不同风险偏好的资金需求者和供给者的需求。金融市场参与者众多的特点也有利于风险在全社会范围内甚至是全球范围内分散，这在一定程度上也鼓励了技术创新和相应的投资。

(二) 工业化阶段决定了城镇化与金融发展水平

工业化和城镇化的发展历史表明,城镇化应当与工业化发展相适应、相协调,一国的工业化和城镇化过程首先是以制造业为核心的支柱产业不断发展和轮替的过程,只有工业及服务业能提供足够的就业岗位,城镇化才能顺利进行。例如,美国城镇化的过程,就是伴随着制造业的周期性轮替过程,即"棉纺业＞铁路＞汽车与房地产＞电子业与现代服务业";相反,由于制造业发展滞后、就业岗位不足,"未富先空"导致了印度城镇化过程中的大量贫民窟、贫富差距过大等严重问题。金融究竟是工业化和城镇化发展中的一个被动过程,还是以积极姿态参与其中,主要取决于工业化与城镇化发展的所处阶段。总体来说,在工业化与城镇化的起步阶段,金融发展处于需求跟随者的地位,金融发展是其不断满足对实体经济金融需求的结果;在工业化和城镇化的加速阶段,银行信贷、债券、股票、民间资本和财政资金等多种融资方式,对工业资本的集聚和分配、对城市发展发挥着重要的推动作用,并在此基础上发展了金融自身;随着工业化逐步完成,工业发展从扩大规模转向提高技术创新能力与寻找新的市场,金融服务的职能也由支付功能、存贷中介和风险管理转为零售银行自动化、风险管理与金融产品创新,即存贷中介功能的弱化正是金融市场发达和工业企业对外部资金需求减少的反映;支付功能转向零售银行自动化则是技术进步、金融产品丰富和服务要求提升的结果。

(三) 重视发挥政策性金融机构的"安全阀"作用

城镇化与工业化完成之后,信用扩张带动消费扩张是经济发展的一般规律,但随之而来的信用过度膨胀风险则需要防范。过度金融化的风险在2008年之后集中爆发,金融机构去杠杆化、重塑金融体系成为人们的共识。在这种环境下,特别是在欧债危机重灾国重重围堵下,德国的金融体系却表现出了极大的抗压性,德国的高端制造业也让德国的出口贸易免受危机的太大冲击。德国的金融体系,特别是银行体系在追逐利润的同时也兼顾了"社会性"。德国规模庞大的公立银行虽然是商业化经营,但也负有一定的社会责任。德国的特殊银行①更是扎根于"社会"之中,相对于以营利为目的并扎根于"市场"的其他银行和非银行金融机构,具备了一定的中立性和补充性(余南平等,2010),因而对市场风险有很高的抵抗能力,为德国金融体系抵御市场系统性风险提供了有力支撑。德国在欧债危机中之所以能够保持一枝独秀,特殊银行的"安全阀"作用不容忽视。

(四)交通运输是城市发展的先导因素,金融的参与必不可少

交通运输技术的变革是发达国家工业化和城镇化的先导性因素。交通运输业的加快发展,使物流、人流、信息流和资金流的速度和效率不断提高、规模不断扩大,进而促进了工业化与城镇化进程。而交通运输项目投资规模大、周期长、需要异地投资等特性决定了金融在交通运输业发展中起着不可或缺的巨大作用。与此同时,交通运输业对金融服务的需求也极大促进了金融业的发展。事实上,不论是英国和美国的运河、铁路,还是日本新干线的发展,都充分体现了融资方式的创新,即债券、股票和银行信贷都曾深入参与其中。

四、政策含义

我国城镇化总体上滞后于工业化。为促进工业化和城镇化的均衡发展,带动经济持续增长,在当前和未来一段时间,我国需要积极稳妥地推进城镇化,并由注重规模扩张阶段过渡到规模扩张和质量提升并重阶段。我国金融发展还相对滞后,金融支持工业化和城镇化,增强服务实体经济的能力尚待进一步提高。

(一)加大对新型城镇化建设的金融支持力度,促进我国工业化和城镇化的协同发展

加大对新型城镇化建设的金融支持力度需要金融业选取有潜力的农村或城

---

① 不以营利为目的,由财政拨款,其业务范围既定。在一定程度上相当于我国的政策性银行。

乡结合地区作为支持发展的突破口。大力支持其建设高标准农业和轻工业，实施规模化发展，以加快城镇化建设的进程。同时，要对种养合作社等新型农业发展模式给予更多的支持，帮助这些企业主体扩大生产。此外，金融支持还需要重点关注新型城镇化建设的软实力方面，为城镇化建设的主体人群提供金融服务工作，支持创业和就业，给予各类大学毕业生创业者和进城经商创业的农民适当的信贷支持。同时为避免过早出现"产业空心化"、促进工业转型升级，我国应把资金密集型和技术密集型产业作为未来工业发展的基本方向。大力发展资金密集型和技术密集型工业，不仅需要银行等传统金融业创新金融产品、提升金融服务，更需要股票、债券、保险、基金和风投等非银行金融机构的蓬勃发展。加大金融业对城镇化尤其是在城市基础设施、城市经济转型、交通运输、城乡统筹发展、医疗教育等领域的支持。

（二）推动金融体系由银行主导型向市场主导型转变

金融体系由银行主导型向市场主导型转变是经济发展到一定阶段后的客观要求。我国工业化发展已经进入中后期，城镇化发展也凸显出融资需求长期性与银行资金短期性之间的矛盾，这表明我国经济发展已经开始由侧重"增量"扩张向侧重"存量"调整阶段转变。在"存量"调整阶段，金融市场在实现价格发现功能和优化资源配置上具有先天优势，因而有必要大力推进金融体系的市场化建设。金融体系市场化建设的核心是发展多层次的金融市场，并保证各市场之间可以有机连接。一般而言，技术创新型企业和中小企业更需要股权融资，与之相配套的风险投资、私人股权等金融机构需要发达的股票市场满足其退出需求；成熟性企业和大型企业更倾向于债权融资，而固定收益市场正是连接股票市场与货币市场的关键。因此，建立和健全多层次、一体化的金融市场体系，是价格正确反映资金稀缺程度，资本得以有效配置的重要保证。当然，发展以资本市场为主体的金融体系并非弱化银行，而是要求银行以市场主要参与者的身份在市场中更好地运作。国际经验表明，工业化完成后，银行的基本职能将由"吸储—放贷"向"风险管理"方向转化，银行将更多根植于金融市场经营运作，这就要求银行积极做好相关转型的制度安排。第一，发挥银行各业务模块的联动功能，准确量化成本、收益与风险。第二，明确流动性管理和风险转移是金融风险管理的最佳途径。第三，积极参与市场建设。我国金融市场尚处于发展的起步阶段，如固定收益市场发展空间巨大，银行参与固定收益市场具有先天优势，银行应发挥领先优势、加大产品创新，成为市场规则的制定者而非市场跟随者。

（三）有序放开准入限制，促进基础设施投资主体的多元化

私人资本已经成为世界主要国家城市基础设施建设的重要力量。但在我国基础设施建设中，政府依然占主导地位。因此，在城镇化快速推进、投融资需求急剧增大的背景下，我国有必要有序开放准入限制，培育各方投资者，促进基础设施建设投资主体的多元化。当然，引入私人资本并不是对公用事业的完全"私有化"，政府在公用事业改革和发展中的地位和作用不可替代。例如，尽管英国是世界上最早对水务行业进行私有化改革的国家之一，也是水务行业私有化最彻底的国家，但英国政府"以法律为先导"的严格监管体制、科学定价机制（RPI－X价格管制机制）成为英国水务行业改革成功的制度保证。在我国公共基础设施市场化改革过程中，一是要明确改革不是私有化，而是为了提高公共基础设施的运行效率和公共服务质量，提供公共基础设施服务始终是政府的基本责任。二是要加快制定国家层面的公用事业改革的"顶层设计"，尤其是总体思路和战略规划，打破"先改革再立法"的传统。三是公共基础设施建设改革的核心，不是产权改革，而是最大程度发挥市场竞争机制的作用。

（四）积极探索基础设施证券化、市政债券、公私合营等新兴融资模式，拓宽城市基础设施建设融资渠道

基础设施资产证券化不仅可以支持投资者在短期内收回投资，加快资金周转，而且还能分散项目风险。我国应积极探讨和推进基础设施资产证券化，加快构建资产证券化相关法律法规体系，完善和规范基础设施资产证券化的技术体系，为基础设施资产证券化创造有力的政府支持机制和监督机制。适当加快

我国市政债券发行试点工作，为城市基础设施建设开拓新的融资渠道，减少各地政府对土地出让收入和房地产的过度依赖。一是建立刚性的财政预算制度和严格的财政纪律；二是适当把握发行节奏和发行规模；三是充分发挥信用评级、会计审计等第三方机构的作用，建立完善的地方政府债券信息披露制度；四是建立健全法律法规。积极引入 PPP 等项目融资方式。基础设施项目分为非经营性项目和经营性项目，前者投资主体为政府，应以政府财政资金或市政债券投入为主；后者的投资主体可以是国有、民营、外资企业，采取项目融资的方式。经过多年的发展，项目融资已经在国际上形成了多种融资方式，我国可以根据国情，扩大和试点 PPP 等新型融资模式，拓宽城市基础设施建设融资渠道。

（五）积极防范金融参与工业化和城镇化的潜在风险

金融在支持工业化和城镇化，加快自身发展、形成良性互动的同时，也需要因地制宜、充分调研、科学决策，准确判断参与的程度、时机和节奏，把参与和支持城镇化过程中可能带来的金融风险降到最小。第一，要评估不同城市的类型和其主导产业所处的生命周期。一般而言，能源资源型城市、金融中心型城市，面临的风险相对较大。如果一个城市的主导产业是夕阳产业，或是受政策调控的行业（如"两高一资"），面临的风险则较大。第二，要考虑不同地区城镇化发展水平和潜力。城镇化水平较低但潜力较大的城市，面临的风险相对较小。第三，考虑不同项目的类型、规模和周期。如果是非经营性项目，其偿还资金主要依赖财政收入，因此需要重点考察城市政府的财政状况和财政潜力，如赤字水平、债务余额、经济增长、人口规模等；如果是经营性项目，则需要重点考察项目本身的现金流和盈利性。项目规模越大、周期越长，风险相对越大，越需要采取与其他金融机构组成银团贷款等方式，实现共享收益、共担风险。

货币增长是通货膨胀的主因吗[*]

货币增长是否为通货膨胀的主因历来是经济学家关注和争论的热点问题。针对我国当前日益加剧的通胀压力,不少学者将其源头直指央行近年来实施的宽松的货币政策,认为巨额信贷投放和货币超发是本轮通货膨胀的主因。但也有不少学者指出货币增长不是我国当前通货膨胀的主因,货币增长与通胀之间并不具有必然的联系。本文试图对近年来货币增长与通货膨胀关系的研究进行回顾和综述,以期为研究我国本轮通货膨胀问题提供有益借鉴。

一、货币增长是否影响通货膨胀

近年来,国内外学者对货币增长与通货膨胀的关系进行了大量的理论和实证研究,但采用不同方法研究得出的结论也不尽相同,目前尚未形成一个被学界广泛认同和接受的观点,关于货币增长是否为通货膨胀主因的讨论依然在持续着。

(一)货币增长影响通货膨胀

以 Friedman(1968)为代表的货币主义学派认为,"通货膨胀随时随地都

---

[*] 本文撰写于 2011 年,2019 年 9 月修改。

是一种货币现象"。该学派认为,在短期内货币增加既可以引起物价上涨也可以引起产量增加,但在长期内货币增加会全部反映在物价上涨上。这一论断得到了绝大部分经济学家的认可,即长期来看通货膨胀自始至终是货币现象,货币供应量的变化是导致物价波动的最直接原因,尽管短期内货币增长和通货膨胀之间不可能同步等幅变动。Growder(1998)也研究指出,由于货币增长率与通货膨胀率之间存在着长期的相互关系,货币的扩张或者紧缩最后都将在价格水平的膨胀或者收缩上体现出来。Bernanke 和 Mihov(1999)使用 VAR 模型和脉冲响应函数对美国的物价水平和货币增长进行了研究,得到的结论也验证了 Friedman 的观点,即由于价格存在某种刚性,使得市场中的货币增长对物价的冲击首先体现在产出上,并在滞后一段时间后才会在价格上有所表现,不过从长期来看这种影响是始终存在的,持续性也较强。也有人研究发现,尽管长期内货币增长对通货膨胀产生显著影响,但货币增长影响通货膨胀的程度受到诸多因素的制约。根据 Walsh(1998)的研究,当经济出现正向供给冲击时,如果经济处于扩张阶段,货币增长的效应将较快地体现在价格上涨中,货币政策的长期价格膨胀效应在短期内就会呈现出来;当经济中出现反向需求冲击时,如果同时伴随着轻微的通货紧缩,那么实际经济对货币的交易需求降低,较低的利率和价格水平将导致货币持有动机增强和经济活性降低,从而减弱货币对物价长期影响的显现。在国内,谢平(1994)运用中国 1985—1993 年相关数据研究认为,转轨经济中的货币化进程导致超速的货币供应,当经济货币化进程接近完成时,货币发行收入已不多,但利益补偿所需的贷款压力仍然很大,这是引起通货膨胀的主要原因。Estrella 和 Mishkin(1997)研究显示,在一个抑制通货膨胀的环境下,货币的流通速度会发生变化,因而货币增长与物价之间的关系会变得不再稳定。对此,Roffia 和 Zaghini(2007)认为只有在探究不均衡状态下的超额货币程度,才可以对货币增长与物价水平的关系有一个较为准确的解释。基于此,他们测算了 15 个工业经济国家 30 年间的货币供应与物价水平之间的关系,研究发现,在货币供应大幅增长时如果伴随着股票和房地产价格大幅上涨以及信贷资金宽松,则在 3 年之后爆发通货膨胀的概率大大增强;反之,如果货币供应增长并没有带来资产价格持续显著上涨,那么通货膨胀压力就很小,在此情况下央行则不需要实行紧缩性的货币政策。

(二) 货币增长与通货膨胀之间的弱相关性

早在20世纪七八十年代,美国一些学者在研究货币需求函数稳定性时,通过实证分析发现,进入20世纪70年代中后期以后,美国的货币供应量变动与通货膨胀基本上没有关系,并提出了新的价格决定理论即财政理论学说来试图解释这种反常关系。该理论认为,通货膨胀不仅仅是一种货币现象,政府的财政政策在价格水平和通货膨胀的决定中也起着非常重要的作用。近年来,随着金融创新的发展,新兴金融市场和众多金融工具的问世,金融资产规模的扩大和种类的丰富,金融资产囤积的结果使更多的资金在虚拟经济部门而不是在实体经济部门流转和循环,虚拟部门发挥了重要的"资产池子"的作用。这样,额外的货币供应就不一定会导致通货膨胀,因为多余的货币直接流入了资本市场等虚拟部门,并不会直接影响商品和服务等实体部门的价格。其结果是货币增长伴随着实业投资低迷、物价下跌和资产价格膨胀,货币供应与物价关系出现了异化(伍志文,2003)。Schinasi 和 Hargraves(1993)的研究表明,20世纪80年代以来银行贷款规模与股票价格变动之间存在因果关系,过多的流动性进入资本市场,从而降低了过剩流动性对商品和服务的通胀压力,结果是减弱了货币增长与通货膨胀之间的因果关系。在最近分析通货膨胀指标的预测能力时,霍华德·罗恩发现,狭义货币(M1)发生转折点的信号有很多是与通货膨胀周期无关的,广义货币(M2)也是如此。根据这些信号根本无法确定货币增长究竟是引起了通货膨胀的加速还是减速。因此,他们倾向于否认两者(货币增长和通货膨胀)之间存在稳定的关系。后来,即使是货币学派的 Friedman 和 Kuttner(1992),在检验货币增长与通货膨胀的关系时,也发现了两者因果关系的消失。Binneretal(2010)认为,如果货币和通胀之间存在长期稳定的关系,那么通过近期的货币供应及增长状况就可以预测未来的通货膨胀。但他们利用美国1960—2005年的相关数据,采用循环神经网络和最小二乘法回归对货币增长能否预测通货膨胀进行了研究,结果表明,货币增长不能很好地预测通货膨胀,即货币增长与通货膨胀之间不存在相关性。国内相关研究也得出了类似结论。王宏利（2005）运用偏最小二乘法与 BP 神经网络模型对 2005 年的居民消费价格指数（CPI）等进行了模拟与预测。结果表明，中国物价走势已从货币控制为主转为宏观经济变量结构性控制为主，货币供应量（M2）调控物价的作用并不显著。桑百川（2008）等人的研究也认为，导致中国价格上涨的核心原因在于经济高速发展带来的供应短缺以及相应的各种成本的急剧上涨，而非货币性因素。王国刚（2009）对我国 1998 年以来的物价变动进行了研究，指出物价变动的具体成因在各个时期是不一样的，通货膨胀与货币增长之间无法确立稳定的函数关系。

二、货币增长影响通货膨胀的动态机制

鉴于通货膨胀在货币政策分析中的重要地位，吸引了众多经济学家对通货膨胀的动态机制进行不断的探索和研究。传统理论主要从宏观视角诠释通货膨胀的动态决定机制。以 Phelps（1967）和 Friedman（1968）为代表提出的"附加预期的菲利普斯曲线"可以看作是传统的短期通胀率动态机制的雏形和基本理论依据。这一理论最初主要用来分析通胀率与失业率之间的长、短期关系，强调实际通货膨胀与预期通胀率之间的差异与失业水平之间的联系。随着对通货膨胀理论研究的更加深入，通货膨胀动态机制已经从早期的完全基于宏观视角建立动态模型发展到现代新凯恩斯学派的具有微观基础的现代短期通货膨胀动态理论机制（张成思，2009）。比如 Woodford（2007）采用了一组新凯恩斯模型来解释通货膨胀的决定因素，这组模型包括菲利普斯曲线方程、IS 方程、泰勒规则方程，指出采用这三个方程可以解析通货膨胀的动态机制，但模型中不包括货币需求函数。Woodford 得出结论认为，通货膨胀与利率相关而与货币增长无关。但 Nelson（2008）对 Woodford 的观点提出了质疑，认为研究通货膨胀决定因素的新凯恩斯模型中应包含货币需求函数。为此，描述通货膨胀决定因素的新凯恩斯模型包括菲利普斯曲线方程、IS 方程、泰勒规则方程、货币需求方程四个，产出和实际利率在长期来看是稳定的，即为常数，因此在对货币需求方程一阶微分的情况下，可以得出，通货膨胀率与名义货币增

长率在长期呈一一对应的关系。Nelson（2008）指出，短期内货币非中性，货币供应通过流动性影响实际利率和名义利率，进而也影响产出；长期内名义价格刚性消失，价格与货币供应同比例变动。

三、货币增长与通货膨胀关系的实证研究

为探究货币增长与通货膨胀的相关性，研究者采用不同的方法和数据进行了大量的实证研究。根据研究方法和采用数据的不同，这些研究大致可分为三类。

（一）货币增长与通货膨胀数据的相关性

该类实证研究一般采用多国长期历史数据探讨货币增长与通货膨胀的相关性。Pakko（1994）对苏联的 13 个加盟国家货币增长和通货膨胀数据进行了研究，发现较高的通货膨胀率往往对应着较高的货币增长率。McCnadles 和 Weber（1995）考察了不同货币统计口径下 110 个国家、跨越 30 年的样本数据资料，通过计算众多国家在一个较长期间内的平均通货膨胀率、平均产出增长率以及不同口径（M0，M1 和 M2）下的货币增长率，得到的结论是：在长期，货币供应增长和通货膨胀率之间存在很高的相关性，但货币增长和实际产出之间不存在相关性。

（二）货币增长与通货膨胀的低频波动

该类研究主要是针对单一国家长期货币增长率与通货膨胀率的变动趋势进行研究，一般采用长时间数据移动平均来消除高频数据对波动周期的影响。A. E. Burger（1978）对美国 1953—1977 年价格增长率和货币增长率进行了分析，对 5 年价格水平和货币年增长率均值进行了对比，指出尽管 1972 年、1974—1975 年，货币增长率与通货膨胀率出现了较大程度的背离，但这主要是突发性事件如价格管制、农业气候变化、国外原油产量变动等影响的结果，从长期来看这些影响是局部和短期的，价格增长率始终围绕货币增长率变动，

货币增长是通货膨胀的主因。Benati（2005）对 1870 年以来美国和英国有关货币增长与通货膨胀低频波动的相关变量进行了研究，采用 30 年的价格和货币年均增长率均值对比，结果显示价格增长率和货币增长率存在较高的一致性。

（三）货币增长与通货膨胀的协整（Cointegration）分析

协整分析主要从分析时间序列的非平稳性着手，探求非平稳经济变量间蕴含的长期均衡关系，两个以上非平稳时间序列组合为平稳序列，这种平稳线性组合为协整方程，且可被解释为变量之间的长期稳定的均衡关系。Wesche 和 Gerlach（2006）发现欧洲地区货币增长与通货膨胀为非平稳性序列，但两者具有协整关系，表明了货币增长与通货膨胀具有相同的随机趋势。长期来看，1 个百分点的货币增长率和 1 个百分点的通货膨胀率相对应，该结论与货币数量论的观点高度一致。Bruggeman（2003）同样采用协整分析对欧洲地区货币增长与通货膨胀之间的长期关系进行了研究，得出了类似的结论。在国内，赵留彦、王一鸣（2005）采用协整和误差修正技术考察了 1952—2001 年中国的货币存量与价格水平之间的长期关系和动态关系，结果表明流通中货币和价格水平之间存在稳健的协整关系，误差修正模型显示了货币供应是导致物价变动的一个关键性因素。但也有部分学者研究发现，货币增长与通货膨胀之间不存在协整关系，导致这种分歧的原因主要在于样本区间及取样频率的不同。如 Friedman 和 Kuttner（1992）研究发现，货币、收入和价格仅在 20 世纪 80 年代以前具有较为明显的协整关系，此后的 10 年，货币、收入和价格三者的关系变得不再稳定，而且即使对于同一个样本区间，利用年度数据得出的协整结论也未必适用于季度或者月度数据。

四、结论性总结

综上所述，货币增长与通货膨胀的关系一直是宏观经济理论及政策研究中的热点问题。货币主义坚信"通货膨胀随时随地都是一种货币现象"，长期来看，货币供应只影响价格，不影响产出。尽管反对者不否认通货膨胀的货币因素，但更倾向于非货币因素是通货膨胀主因的论断。尽管从现有研究文献看，支持者和反对者各有其理论基础和解释力，不过应当注意的是，随着国际金融危机后各国宽松货币政策的实施，市场流动性充裕甚至泛滥，已经成为原油、粮食和铁矿石等国际大宗商品和新兴经济体通货膨胀的重要推手。因此，无论在理论上还是在实践中，货币增长与通货膨胀之间存在着不容否定的高度联系。作为一个仍处于市场化转轨进程中的新兴经济体，我国经济市场化时间较短，货币增长与通货膨胀关系在不同时期呈现出不同的特点并且异常复杂，对货币增长与通货膨胀关系的研究还处于起步阶段，无论是研究方法还是数据可得性与国外相比都存在一定的差距，因此对该课题的研究依然任重而道远，不论从满足理论发展还是指导实践的需求来说均是如此。特别值得强调的是，当前关于货币增长与通货膨胀关系的研究已经从宏观层面进入到微观层面，基于新凯恩斯模型的通货膨胀动态机制研究有可能成为解开货币增长与通货膨胀之关系的密钥，这一点应引起同仁的高度重视。

参考文献

[1] 陈卫东, 周景彤. 通胀压力到底有多大 [J]. 中国金融, 2014 (14).

[2] 方福前. 大改革视野下中国宏观调控体系的重构 [J]. 经济理论与经济管理, 2014 (5).

[3] 黄群慧. "新常态"、工业化后期与工业增长新动力 [J]. 中国工业经济, 2014 (10).

[4] 李扬. 新常态下的宏观调控要有新思路 [J]. 国家行政学院学报, 2015 (5).

[5] 刘伟, 苏剑. "新常态"下的中国宏观调控 [J]. 经济科学, 2014 (4).

[6] 苏剑. 新供给经济学: 理论与实践 [M]. 北京: 中国人民大学出版社, 2016.

[7] 张杰, 翟福昕. 多重目标下宏观调控思路调整与政策匹配 [J]. 改革, 2014 (9).

[8] 周景彤, 吴卫星. 从繁荣走向辉煌——经济大国宏观调控的智慧 [M]. 北京: 机械工业出版社, 2018.

[9] 周景彤. 收入不均等对人力资本的影响研究 [M]. 北京: 经济科学出版社, 2009.

[10] 刘守英. 百名学者前瞻中国经济 [M]. 北京: 中国发展出版

社，2016.

[11] 朱民．把脉经济与金融［M］．北京：中国经济出版社，2018.

[12] 课题组．聚焦新秩序［M］．北京：中信出版社，2013.

[13] 课题组．新一轮市场化改革［M］．北京：人民出版社，2011.

[14] 课题组．我国消费需求发展趋势和消费政策研究［M］．北京：中国经济出版社，2006.

[15] 刘伟，苏剑．中国经济增长报告（2018）［M］．北京：北京大学出版社，2018.

[16] 课题组．北部湾经济体制创新研究［M］．北京：华文出版社，2009.

[17] 周景彤，李思佳，李佩珈．房地产市场形势展望［J］．中国金融，2019（13）．

[18] 周景彤．外部冲击与我国房地产政策调整［J］．经济学动态，2008（11）．

[19] 周景彤．收入不均等对经济增长影响的研究评述［J］．经济学动态，2008（2）．

[20] 闫海龙．英国PPP模式发展经验借鉴及对我国的启示［J］．商业经济研究，2016（12）．

[21] 谢宝富．新加坡组屋政策的成功之道与题外之意——兼谈对中国保障房政策的启示［J］．中国行政管理，2015（5）．

[22] 谢鹏飞．伦敦新城规划建设的经验教训和对北京的启示［J］．经济地理，2010（1）．

[23] 崔国清，南云僧．关于公共物品性质城市基础设施融资模式创新的探讨［J］．经济学动态，2009（3）．

[24] 余南平，梁菁．金融危机下政策性金融机构抗压能力研究——以美、德、日三国为例的比较［J］．华东师范大学学报（哲学社会科学版），2010（5）．

[25] 吴晓求，汪勇祥，应展宇．市场主导与银行主导：金融体系变迁的金融契约理论考察［J］．财贸经济，2005（6）．

后 记

改革开放以来，经过40多年的蓬勃发展，中国经济由小变大、从计划走向市场、从封闭走向开放，成为全球第二大经济体，极大地改变了中国贫穷落后的面貌和14亿人的生产生活条件，这在中国几千年的历史长河中是没有过的，即使是在中国历史上曾经出现过的几次所谓盛世时期也是如此。同时，中国的崛起也改变和正在改变着世界，世界经济重心由欧美逐渐东移，全球产业链、价值链分工体系由此发生重大调整，贫困人口大幅减少、贫困发生率急剧下降。从发展阶段看，过去40年中国经济跨越了两大步：第一步，从1978年到2000年，在改革开放、全球产业转移以及低生产要素成本三因素的"碰头"作用下，中国经济顺利跨越"低收入陷阱"或曰"马尔萨斯陷阱"，摆脱了贫困实现经济"起飞"，由低收入国家（人均GDP 1000美元以下）跃升为下中等收入国家（人均GDP1000~4000美元）；第二步，从2001年到2009年，加入世界贸易组织和持续推进改革开放，推动中国经济又从下中等收入国家转变为上中等收入国家（4000~12500美元）。2018年，中国人均GDP达到9760美元，2019年突破10000美元，接近或达到全球人均GDP平均水平。2018年是中国改革开放40周年，2019年又是新中国成立70周年，抚今追昔，栉风沐雨，一路走来，中国经济社会发展能达到今天的程度，的确不容易。作为一名经济研究工作者，能赶上、亲历和参与这样一个伟大时代，无疑是十分幸运的。这也是促使自己将多年来对中国经济的观察与思考整理成书的主要

中国经济:从大调整迈向高质量发展
Zhongguo Jingji: Cong Datiaozheng Maixiang Gaozhiliang Fazhan

缘由。

本书《中国经济:从大调整迈向高质量发展》共分五个部分。第一部分是国际环境和内部条件巨变背景下中国经济的转型与发展,外部变化包括全球经济减速、世界治理体系格局变化和中美贸易摩擦等,内部条件变化包括我国人口年龄结构、资本供求格局、产能过剩以及新旧增长动能转换等。第二部分是我国宏观调控政策思路的新转变。关于宏观调控,我和吴卫星教授合著的《从繁荣走向辉煌——经济大国宏观调控的智慧》一书对此作了专门研究。本部分主要研究了供给侧结构性改革的"前世"和"今生",得出现在和未来一段时间我国宏观经济政策的主线就是完善供给结构、提高供给质量,以新供给来满足已经变化了的内部(投资和消费)和外部(出口)新需求。第三部分是房地产市场及其调控政策。房地产在中国不仅是一个行业,也是一个关系到经济增长、财政收入、银行贷款、居民杠杆、金融风险、收入分配以及居民福祉的系统性问题。自1998年住房制度改革以来,我国房地产行业的长足发展对中国经济的快速发展产生了重大作用,这是不可否认的。但发展到今天,从土地资源、财政模式、房价水平、经济运行成本与可持续性等多方面考量,房地产和土地财政模式都走到了一个"十字路口"。正因为如此,这几年党和政府特别强调"房住不炒""不把房地产作为短期刺激经济的手段"。本部分探讨房地产调控、租赁市场、保障性住房以及地产金融等问题。第四部分是金融服务实体经济。中国金融的创新过度与不足并存,金融监管空白、重叠与套利并存,导致金融链条延长和"空转"。这直接导致了两个结果:一是金融风险不断积聚和暴露,影子银行井喷式增长,"四市"(股、汇、债、楼)波动频繁;二是经济"脱实向虚"趋势明显,实体经济融资难融资贵问题突出,经营压力增大。为解决这些问题,2017年下半年召开的第五次全国金融工作会议将防范和化解金融风险作为金融工作的三大任务之一,习近平总书记在2019年初又提出了金融供给侧结构性改革。本部分主要探讨金融如何回归本源、加大金融供给侧结构性改革,降低社会融资成本,以更好地服务实体经济,防范和化解系统性金融风险。第五部分是国际借鉴,主要探讨国际上治理通胀、城镇化融资等方面的经验与借鉴。这五部分的内容从宏观到中观再到政策，从经济到金融，互相补充、相互照应，致力于为观察和理解中国经济运行轨迹和政策变化逻辑提供有益参考。

中国银行研究院（原国际金融研究所）有着悠久而厚重的历史，学术氛围浓厚、研究条件齐备，名家辈出、人才济济，每年都为服务国家宏观决策、服务中国银行发展以及服务社会提供了大量研究报告和成果，在社会上产生了广泛的影响和良好的口碑。在本书写作过程中得到了许多同事和朋友们的帮助和支持，他们分别是温彬博士、李佩珈博士、徐奕晗博士、高玉伟博士、李艳博士、梁婧博士、盖新哲博士、范若滢博士等，在此对他们表示一并感谢。

特别感谢中国银行研究院陈卫东院长、宗良首席研究员，中国人民大学刘伟校长、清华大学五道口金融学院朱民院长（IMF前副总裁）、国家信息中心首席经济师祝宝良主任、北京大学国民经济研究中心主任苏剑教授、对外经贸大学研究生院院长吴卫星教授、中国民生银行研究院黄剑辉院长等领导和专家学者，他们在宏观经济形势、金融市场动态、宏观政策框架等方面都给予了宝贵的专业意见和帮助。

最后要特别感谢本书的责任编辑黄海清主任。黄主任在本书写作、编辑过程中提供了诸多帮助和建议，尤其是对本书的顺利出版提供了重要支持。当然，所有的文字责任最终由作者承担。

在繁忙的工作之余，能完成本书的写作、修改、整理、校对等大量研究工作，全依赖自己对研究工作的执着和热爱，也源自同行的鼓励与支持。本人深知，由于时间和精力限制，本书难免在观点、结构和数据资料等方面还存在许多欠缺，希望广大读者批评指正！

周景彤
2020年1月于西单